조용헌의 사주명리학 이야기

때時를 고민하는 당신을 위한 인생수업

조용헌의
사주명리학
이야기

조용헌 지음

RHK
알에이치코리아

'운명'이란 게
정해져 있단 말인가?

10년이면 강산도 변한다고 한다. 자연(自然)도 변하는데 인공(人工)
이야 오죽하겠는가. 인공의 산물인 책도 10년이면 대개 수명을 다한
다. 당대의 문제의식은 10년이 지나면 연기처럼 사라지기 마련이다.
그런데 이 책의 초판 서문을 쓴 지 벌써 10년이 되었는데 다시 개정
판 서문을 쓸 수 있다는 게 신기하기만 하다. 아직 이 책의 문제의식
이 살아 있다는 증표 아니겠는가.

   그 문제의식이란 '운명'이다. 운명이 과연 있는 것인가? 앞일이 정
해져 있다는 말인가? 운명이 있다는 것을 받아들인다면 인생의 고비
고비에서 눈물 콧물 짜면서 안달복달할 필요 없는 것 아닌가? 그렇
다면 인간의 자유의지는 어떻게 되는 것인가? 오직 정해진 대로만
가는 것인가? 정해진 운명을 알 수 있는 방법이 과연 있단 말인가?

그리고 이러한 운명을 딱 맞아떨어지게 예측했던 도사가 있단 말인가? 만일 운명을 미리 알 수 있는 도사가 되고자 한다면 이론 공부만하면 되는 것인가, 아니면 타고난 영발(靈發)이 있어야 하는 것인가,아니면 이 두 가지를 다 겸비해야만 하는 것인가?

이런 의문은 필자만 가지고 있는 것은 아니리라. 누구나 다 가지고 있다. 이 의문을 향한 답을 찾으려는 내 나름대로의 노력이 이 책에 농축되어 있다. 아마도 20대 중반부터 노력한 것 같다. '도사 찾아 3만 리'였다고나 할까. 이 책은 그 '3만 리' 보고서라고 해도 틀린 말은 아니다. 대략 30년에 걸친 '스피리추얼 오디세이(Spiritual Odyssey)'라고 이름 붙여보고 싶다. 10년이 지나도 계속해서 독자들이 찾기에 개정판을 낸다는 것은 나의 문제의식에 대한 독자들의 공감이 있다는 것 아니겠는가.

그런데 나는 왜 이 분야를 연구하게 되었는가? 하고많은 탐구분야 가운데 하필이면 왜 사주팔자란 말인가? 얼마 전 그리스의 신탁(神託)으로 유명한 델포이(델피) 신전을 방문한 적이 있다. 서양 고대 지중해문명권에서 가장 영험했던 신탁은 이곳에서 나왔다. 헤로도토스의 『역사』는 이 델포이의 신탁이 그 서사의 밑그림이 되었다. 서양 영발(靈發)의 배꼽이자 정수가 이 신전이다. 델포이 신전은 해발 2,200미터의 파르나소스라는 산자락 남쪽에 있었다. 신전 뒤편으로는 깎아지른 듯 험한 절벽이 병풍처럼 펼쳐져 있어서 바라보는 사람으로 하여금 그 어떤 신기(神氣)와 짓누르는 듯한 압도감을 느끼게 했다.필자가 신전 입구에 들어서는 그 순간에 어떤 장면이 눈에 들어왔다.

야생 염소 열댓 마리가 신전 뒤편의 그 깎아지른 듯한 절벽에서 한가롭게 풀을 뜯어먹고 있는 장면이었다. 다른 사람에게는 범상한 장면이었을 것이다. 그러나 나에게 이것은 범상한 장면이 아니었다. 강한 메시지를 던지는 장면이었다. 나는 이 광경을 델포이 신전이 나에게 주는 신탁이자 선물로 받아들였다. 의미는 주관적인 해석에 달려 있는 것이다. 나의 태몽이 '하얀 염소'였던 것이다.

그동안 이 염소에 대해서 확실한 의미와 이미지를 형성하지 못하고 있다가, 델포이 신전 절벽의 염소를 보는 순간 감을 잡았다. '아! 나는 신전 뒤편 절벽에 살던 염소였구나!' 그래서 그렇게 바위산에 관심이 많았구나. 나는 험난한 절벽 높은 곳에서 속세를 굽어보는 동물이었구나. 신전 주변에서 얼쩡거리며 풀이나 뜯는 채식동물이었구나. 육식을 탐해서 이전투구 판에 들어가서는 안 되는 동물이었구나. 술집과 시장(市場)이 아니라, 하필이면 다른 동물들이 접근하기 어려운 절벽이 놀이터였구나. 헤비급도 아니고 밴텀급의 분수를 지켜야 하는 동물이었구나. 나는 그곳에서 델포이의 3천 년 영발이 다 사라지지 않고 아직도 은밀하게 작동되고 있는 것을 느꼈다. 염소 풍경을 서양의 도사들이 몇 천 년을 기다리고 있다가 동양의 같은 과(科) 학인(學人)이 오니까 축하의 메시지를 선물한 것으로 나는 받아들였다. "왜 이제야 왔니?" 하고 말이다.

2014년 4월
축령산 휴휴산방(休休山房)에서 조용헌 쓰다

한자문화권의
르네상스를 꿈꾸며

동양사상을 연구하는 데 있어서도 두 가지 경향으로 나뉘는 것 같다. 강단동양학(講壇東洋學)과 강호동양학(江湖東洋學)이 그것이다. 강단동양학이란 학교에서 가르치는 동양사상을 가리킨다. 쉽게 말하면 논문 쓰는 데 초점을 맞춘 것이다. 주로 이(理)나 기(氣)와 같은 개념 파악에 집중하는 경향이 있다. 분석적이고 형이상학적인 사고의 연마에는 어느 정도 효과가 있지만, 현실문제의 해결에는 별로 도움이 되지 않는다. 논문을 중시하는 학교 강단에서만 통하는 동양학이다. 강단과 들어줄 학생이 있다면 모를까, 학생과 칠판 그리고 강단이 없어지면 아무런 힘도 발휘하지 못한다. 강단이라는 무대장치가 사라지면 마치 연못의 붕어가 연못 밖의 맨땅에 던져지는 꼴이 된다고나 할까.

반대로 강호동양학이란 강호에서 좌충우돌하는, 실전에서 요구되는 동양학을 가리킨다. 무대장치가 없이도 그 맥을 이어가는 생명력을 지니고 있다. 해방 이후 강호동양학은 대학의 커리큘럼에서 철저히 배제되었다. 그래서 제도권보다는 재야의 기인, 달사들 사이에서 그 맥을 이어왔다. 강단파와 강호파를 구분하는 가장 확실한 기준은 이렇다. 학교와 강단이라고 하는 직장을 떠나도 굶어 죽지 않으면 강호파에 속하고, 강단을 떠나기만 하면 굶어 죽는 차원이라면 강단파로 분류된다.

'TV 동양학'이라는 전인미답의 새로운 장르를 개척한 도올 김용옥은 학교를 떠났어도 굶어 죽지 않았으니 강호파에 속한다고 볼 수 있겠다. 이 글을 쓰고 있는 필자는 아쉽게도 아직 강단파의 범주를 벗어나지 못하고 있다. 아직 내공이 부족한 탓이다. 앞으로 내공이 쌓이면 계룡산학파(鷄龍山學派)를 복구해서 이를 되살리는 것이 꿈이다.

그렇다면 강호동양학이란 무엇인가? 강호동양학을 구성하는 3대 과목은 사주, 풍수, 한의학이다. 이 3대 과목은 공통적으로 조선시대 과거시험인 '잡과(雜科)' 출신이라는 사실을 유념해야 한다. 조선시대 잡과는 오늘날의 시각에서 보자면 그야말로 실용적인 과목들이었다. 필자가 보기에 사주, 풍수, 한의학은 천·지·인 삼재사상(三才思想)의 골격에 해당하기도 한다.

천문이란 바로 때(時)를 알기 위한 학문이다. 하늘의 별자리를 보면 하늘의 시간표를 알 수 있고, 하늘의 시간표를 알면 인간의 시간표를 알 수 있다는 게 천문연구의 목적이다. 시간표를 알면 언제 베

팅할 것인가를 알 수 있다. 즉 타이밍을 파악할 수 있는 방법이다. 자기 인생이 지금 몇 시에 와 있는가를 파악하기 위해 한자문화권의 역대 천재들이 고안한 방법이 사주명리학이다. 사주명리학이란 천문(天文)을 인문(人文)으로 전환한 것이다. 하늘의 문학을 인간의 문학으로, 하늘의 비밀을 인간의 길흉화복으로 해석한 것이 이 분야다.

지리는 풍수다. 천문이 시간이라면 지리는 공간의 문제를 다룬다. 시간의 짝은 공간이다. 풍수에서 가장 중요한 부분은 지령(地靈)의 문제다. 땅에는 신령스러운 영(靈)이 어려 있다고 믿는다. 현대인은 이를 받아들이기가 아주 어렵다. 어떻게 땅에 영이 존재한단 말인가. 지령을 체험한 사람은 풍수를 이해하지만, 지령을 거부하면 풍수의 핵심에는 영영 접근하지 못한다. 지령이 있는 지점에서 사람이 살면 일단은 건강해지고, 그다음에는 영성(靈性)이 개발된다. 건강해지고 영성을 계발할 수 있는 장소가 바로 명당이 아닌가. 지령이 어려 있는 땅에서 사람이 잠을 자면 특이한 꿈을 꾸는 수가 많다. 좌청룡 우백호가 아무리 좋아도 꿈이 없는 곳은 명당이 아닐 수가 있다. 역사적으로 알려진 명당들은 특이한 꿈으로 나타났던 지점들이기도 하다. 남자보다는 여자들이 민감하게 영지를 감지하는 경향이 있다.

천문, 지리 다음에는 인사(人事)다. 인사는 존재다. 시간과 공간이 있어도 존재가 없으면 소용없다. 존재는 바로 인간이다. 인간을 구체적으로 연구한 분야가 한의학이다. 천문과 지리는 대학의 커리큘럼 안으로 들어오지 못했지만 한의학은 이와 달리 제도권 안으로 들어왔다. 1970년대 초반부터 경희대와 원광대에 한의학과가 개설되면서 한의학은 학문으로 인정받았다. 그전까지 한의학은 양의학으로부터 '기껏 약초뿌리나 만지작거리고 있는' 원시적인 치료행위로 멸시받다가 비로소 인정을 받은 것이다. 말하자면 학문적 시민권을 딴 셈이다.

그러다 보니 이제는 1980년대 중반부터 현재에 이르기까지 가장 인기 있는 분야가 되었다. 서울대나 포항공대를 졸업하고도 다시 한의학과에 학부생으로 편입하는 경우가 생긴 것이다. 심지어는 인문 사회분야 박사학위 소지자도 편입한다. 그래서 편입시험이 다른 학과보다 유난히 치열하다. 학생들 나이도 지긋하다. 직장 다니다가 또는 사업하다가 한의과 대학에 편입하는 사례가 많아서 가르치는 교수보다 나이가 더 많은 학생들도 있다. 이처럼 한의과에 지능과 실력을 갖춘 우수한 인재가 몰리는 이유에는 시민권도 작용하고 있다. 시민권이 있어야 국가로부터 보호받고 연금도 받을 수 있는 것 아닌가. 한의원 개업하면 밥은 먹고 산다는 이야기다.

거기에다가 플러스알파로 한의학을 하면 심오한 동양철학을 공부할 수 있다는 기대감도 작용하는 것 같다. 직장생활도 해보고 사회에서 이것저것 경험하다 보니 별로 돈도 벌지 못하면서 고달프기만한 반면에, 자기가 평소에 관심 있는 공부도 하면서 동시에 생계수단도 되는 학문이 한의학이라고 판단한 것이다. 이런 추세대로라면 앞으로 강호파의 대가들은 한의사 그룹에서 나올 공산이 크다. 기본생계가 확보되고 인체를 통해서 실전체험을 쌓을 수 있는데다가 타고난 자질이 우수하니, 이대로만 가면 대가(大家)가 나올 수밖에 없다.

조용헌의 사주명리학 이야기

반면 강단파는 죽어라고 동양철학 박사학위를 취득했다 하더라도 교수자리 하나 못 얻으면 고급 룸펜 되기 십상이다. 마치 복권당첨처럼 교수자리에 당첨되지 못하면 이제까지 배운 것이 도루묵이 된다. 먹고살기도 힘들다. 강단파는 자신의 지식을 삶의 실생활에 응용할 수 있는 훈련을 거의 못 받았기 때문에 현실에서 무력할 뿐이다. 돈도 없고 실전체험도 부족하면 갈 길은 무엇인가. 사라지는 길뿐이다. 한국사회에서 시간이 흐를수록 강단파는 쇠락하고 강호파는 득세할 전망이다. 그 강호파를 이끌어나갈 차세대 유망주들이 한의사 그룹에 집중되어 있다고 생각한다.

내가 아는 어떤 한의사는 한 달에 15일 정도만 한의원에서 진료를 하고 나머지 시간은 전국의 산천을 방랑하면서 약초채집하고 기인들 만나며 도를 닦는 데 투자한다. 한의사 중에는 이런 사람들이 많다. 양의(洋醫)에 비해서 한의(韓醫)가 갖는 이러한 시간적 여유는 동양사상을 깊이 탐구하는 데 가장 필수적으로 요청되는 조건이다.

여기에 비하면 풍수는 영주권을 받았다고 볼 수 있다. 1980년대 중반까지만 하더라도 풍수는 복덕방 영감님들이나 관심 가지는 미신, 잡술로 여겨지다가, 최창조 교수가 등장하면서 약간 시각교정이 되었다. 그래도 대학교수가 풍수를 연구하는 것 보니까 '뭔가 있기는 있는 모양이다'라고 인식이 바뀌었다. 비록 한의학처럼 시민권은 못 땄지만 영주권은 땄다. 영주권이라도 어디인가. 미국에서 영주권 있으면 최소한 직장에서 쫓겨나지는 않는다. 이런 측면에서 보자면 최창조 선생은 도선국사, 무학대사 다음으로 한국 풍수계에서 길이 받

들어야 할 인물이다. 영주권을 받게 해준 인물이니까.

가장 불쌍한 처지가 사주명리학이다. 아직도 미아리 골목에서 이리저리 방황하고 있다. 불법체류자인 셈이다. 불법체류자는 국가로부터 사회복지 혜택을 전혀 받을 수 없다. 언제 쫓겨날지 모르는 신세니까 항상 눈치를 보아야 한다. 단속이 언제 있는지 말이다. 무슨 문제가 생기면 이쪽부터 수사의 칼날을 들이댄다. 범죄자가 많다고 보기 때문이다. 실제로 온갖 어중이떠중이가 득실거린다. 불과 몇 달 공부해가지고 버젓이 개업하는 사람도 있을 정도다. 어중이떠중이가 많으니까 신뢰도에 문제가 많고, 신뢰도가 떨어지면 나타나는 현상이 함량미달 제품의 양산이다. 함량미달 제품의 양산은 필연적으로 덤핑으로 이어지고, 덤핑이 계속되다 보면 저임금을 초래한다. 더 나아가면 저임금에서 끝나는 게 아니고 '미신 공화국'이라고 하는 사회적인 문제를 야기할 수도 있다. 이래서는 곤란하다.

이 책을 내는 이유는 사주명리학의 함량미달, 덤핑, 싸구려 현실을 개선하고자 하는 데 있다. 현재의 사주명리학은 마치 다이아몬드에 누런 똥이 발라져서 길바닥에 뒹굴고 있는 상태와 같다. 나는 똥에 범벅되어 있는 사주명리학을 주워 담아서 냄새나는 똥을 닦아내고자 한다. 그 과정에서 손에 똥을 묻히는 일도 감수해야 할 것 같다. 하지만 열심히 닦아내서 다이아몬드가 빛을 발하면 쓸모가 많을 것이다. 왜냐하면 이 다이아몬드에는 인간과 인간, 인간과 지구, 인간과 우주의 관계에 대한 동아시아 문명 5천 년의 성찰이 축적되어 있기 때문이다. 이걸 잘 풀어내면 21세기 동아시아 한자문화권의 르네상스를 일으키는 데 중요한 열쇠로 사용할 수 있다. 사주명리학에야말로 한자문화권 특유의 '문화 콘텐츠'로 활용할 수 있는 재료가 풍부하게 널려 있는 것이다.

결론적으로 말한다면 '한자문화권의 르네상스'와 '문화 콘텐츠'를 염두에 두면서 이 책을 썼다. 이 일이야말로 21세기에 접어든 계룡산학파의 후예들이 해야 할 책무이기도 하다.

2002년 11월

계룡산 국사봉(國師峰)을 바라보면서 조용헌 쓰다

차
례

1부

하늘의 이치를 읽다

조선시대의 사주팔자는 개인의 길흉화복을 예측하는
점술이기도 했지만 한편으로는 체제를 전복하려는 혁명가들의
신념체계로 작동했다는 사실을 주목해야 한다.
왕후장상의 씨가 아니더라도 사주팔자만 잘 타고나면
누구나 왕이 되고 장상이 될 수 있다는 기회균등 사상이
밑바닥에 깔려 있는 것이다.
이는 신비적인 것이 곧 합리적인 것이고,
종교적인 것이 곧 정치적인 것이라는 명제의 확인인 셈이다.

사주팔자, 미래 예언에서
체제전복 신념체계까지

사주팔자란 무엇인가

'연월일시(年月日時) 기유정(旣有定)인데 부생(浮生)이 공자망(空自忙)이라!' 이것은 "연월일시(四柱八字)가 이미 정해져 있는데 뜬구름 같은 삶을 사는 인생들이 그것을 모르고 공연히 스스로 바쁘기만 하다"는 옛 선인들의 말이다. 삶이라고 하는 것이 예정조화(豫定造化)되어 있는 것을 모르고 쓸데없이 이리 갔다 저리 갔다 하면서 부산하게 움직이지만, 결국은 이미 정해진 운명에서 도망갈 수 없음을 설파한 잠언이기도 하다. 한국 사람들은 자신의 인생에서 드라마틱한 방향전환이 있거나, 또는 대단한 성공과 실패를 경험할 때 이를 사주팔자 탓으로 돌리는 관습이 있다.

흔히들 사주팔자나 운세라고 하면 떠올리는 인물, 토정 이지함의 동상. 조선시대에 남자들이 모이는 사랑채에서는 『정감록』이 가장 인기 있는 책이었고, 여자들이 거처하는 안방에는 『토정비결』이 가장 인기였다는 것은 바로 풍수도참과 사주팔자에 대한 대중들의 관심을 단적으로 설명해준다.

'팔자인가보다 하고 사는 거지 뭐!', '사주팔자가 그렇다는데 어떻게 하겠어?', '팔자가 세서 그렇다' 등등은 한국 사람들의 인생관에 깊이 뿌리 박혀 있는 표현이기도 하다. 매사에 빛과 그림자가 공존하듯이, 이를 부정적으로 보면 숙명론에 함몰된 의지가 박약한 인간들의 넋두리이고, 긍정적으로 보면 인생이라고 하는 납득하기 힘든 연속극을 담백하게 감상하는 감상법의 핵심이기도 하다. 로마의 철학자 세네카가 그랬던가. 인생이란 순응하면 등에 업혀가고 반항하면 질질 끌려간다고!

그 사람의 태어난 생년월일시를 간지(干支)로 환산해서 운명을 예측하는 방법인 사주팔자. 한국에서는 '운명의 이치를 따지는 학문'이라는 뜻에서 이를 통상 명리학(命理學)이라 부르고, 일본에서는 '운명을 추리한다'고 해서 추명학(推命學), 중국(대만)에서는 '운명을 계산해본다'는 의미의 산명학(算命學)이라는 표현을 많이 사용한다. 표현은 약간씩 다르지만 뜻은 같다.

한자문화권이라 할 수 있는 한국·중국·일본 삼국은 사주팔자라고 하는 공감대를 가지고 있기 때문에, 동양사상에 관심을 가진 나이 지긋한 식자층들끼리 서로 만나면 상대방의 사주팔자를 주고받는 풍습이 일부에서는 아직 남아 있다. 비록 말은 서로 통하지 않더라도 사주팔자를 보는 방법만큼은 동양 삼국이 서로 같기 때문이다. 삼국의 대가들을 살펴보자.

한·중·일 사주팔자의 대가들

일본에서는 아베 다이장(阿部泰山)이라는 인물이 등장해 추명학의 수준을 한 단계 끌어올렸다. 일본은 그동안 중국·한국의 명리학 수준에 비해 한 수 아래로 평가되어 왔으나, 아베가 기존의 자료를 광범위하게 수집해 이를 체계적으로 집대성하면서 중국·한국의 수준을 따라잡게 되었다.

아베는 메이지대학(明治大學) 출신으로 중일전쟁 때 종군기자로 북경에 주재하면서 사주팔자에 관한 중국의 모든 문헌을 광범위하게 수집했다고 하는데, 그가 일본으로 되돌아올 때 가지고 나온 문헌의 양은 자그마치 트럭 한 대분에 해당하는 분량이었다고 전해진다. 전후(戰後) 그는 일본에서 이 문헌들을 철저하게 분석하고 연구해 종래의 학설을 넘어서는 새로운 경지를 개척했던 것이다. '추명학'이라는 용어 자체도 아베가 창출해낸 말이다. 아베 사후에 그의 제자들이 간행한 『아베 다이장 전집(阿部泰山全集)』 26권은 현재 일본 추명학의 수준을 여실히 보여주는 결과물이다.

중국에서는 1980년대 후반 작고한 웨이첸리(韋千里)가 유명했다. 그는 마오쩌둥(毛澤東) 정권이 들어선 이후 홍콩으로 망명했기 때문에 주로 홍콩에서 활동했고 대만을 자주 왕래했다. 사주팔자를 신봉했던 장제스(蔣介石)와 개인적으로 밀접한 관계에 있었기 때문에 웨이첸리는 대만정부의 중요한 정책결정에 관여하는 국사(國師) 대접을 받았다. 그는 홍콩에서 활동하면서 벽안의 서양인들과도 많은 교류가 있었으며, 특히 동양사상에 호기심이 많은 프랑스 신부들에게 사주를 가르쳤다고 전해진다. 구전으로 전해지는 바에 따르면 웨이 첸리에게 사주를 배운 프랑스 신부들 몇몇은 현대 서양 점성술의 개량 작업에 일익을 담당했다고 한다.

웨이첸리의 명성은 1960~70년대 한국에까지 알려져서 삼성의 고(故) 이병철 회장도 일 년에 한 번씩은 꼭 홍콩에 가 웨이첸리를 만났다고 전해진다. 이병철 회장은 합리적인 판단이라 할 수 있는 사판(事判)과 신비적인 판단이라 할 수 있는 이판(理判)을 모두 종합하는 이사무애(理事無碍), 리와 사에 걸림이 없는 경지를 추구하던 인물이었던 것 같다. 그래서 첨단산업의 전문가는 물론이고 역술에 정통한 술객들에 이르기까지 광범위한 계층을 대상으로 정보를 수집하는 취향이 있었다.

그렇다면 한국은 어떤가. 한국에서도 역시 1970년대 이후 이석영(李錫暎, 1920~1983), 박재완(朴在琓, 1903~1992), 박재현(朴宰顯, 1935~2000)과 같은 대가들이 출현해 정계(政界), 재계(財界) 인사들의 정책결정에 많은 영향을 미쳤다. 별도의 장에서 이 세 사람에 대한 이야기를 상세하게 다루겠지만, 이 세 사람이 한국의 정·재계 주요 인사들의 진로와 인사문제들을 상담해주면서 발생한 이야기들을 들어보면 소설이 따로 없을 정도로 흥미진진하다. 그러나 이들은 음지에서의 영향력은 상당했다고 할 수 있지만 양지에서는 별로 대접받지 못했다. 중국의 웨이첸리나 일본의 아베가 누렸던 사회적 지위와는 거리가 먼 대접이었다.

중국이나 일본에서는 명리학이 동양사상에 바탕을 둔 전통적 세계관으로서 어느 정도 대접을 받았던 반면, 한국사회에서는 '점쟁이' 또는 '미신, 잡술'로 평가절하되면서 공식적인 담론 체계에서 철저하게 소외되었다. 그 결과 학계에서도 이 분야에 대한 논의는 거의 이루어지지 않고 있다. 같은 '미신, 잡술'이면서도 무속신앙에 대한 연구는 비교적 활발한 편인데, 사주팔자에 대한 연구는 이상하게도 별로 시도되지 않고 있다는 점이 흥미롭다. 그러다 보니 사주팔자는 한국사회의 이면문화(裏面文化, behind culture)가 되었다. 무대 위에서는 논의되지도 주목받지도 못하지만, 무대 뒤로 한 걸음 들어간 배후에서는 활발하게 유통되는 문화가 '비하인드 컬처'라고 할 수 있다. 사주는 그러한 비하인드 컬처의 중요한 축을 이루는 문화현상이라고 여겨진다.

　학문적 연구는 적은 반면 사주가 인터넷과 결합되는 속도는 한국이 중국, 일본보다 훨씬 앞서가는 상황이다. 주지하다시피 한국은 세계에서 인터넷 사용률이 아주 높은 국가에 해당한다. 인터넷 사용률의 증가와 함께 등장한 문화현상 중 하나가 '사주' 사이트의 범람이다. 한국의 인터넷 유료 사이트 가운데 현재 가장 활발하게 운영되는 사이트가 두 종류 있는데, 하나는 포르노이고 다른 하나는 사주 사이트인 것이다. 포르노 사이트가 유료로 운영되면서 호황을 누리는 것은 세계 공통적인 현상이지만, 사주팔자를 상담해주는 사주 사이트가 유료로 활발하게 운영되고 있는 것은 한국에서만 유행하는 문화현상이다.

필자가 2014년 3월 1일, 인터넷에서 '사주'라는 단어를 검색해보니 무려 600개의 사이트가 나왔으며, '팔자'라는 단어를 검색한 결과 500개의 사이트가 나왔다. 사주 사이트의 지나친 범람은 꼭 바람직한 사회현상이라고 말할 수 없지만, 어찌 되었든지 간에 이와 같은 인터넷 사주 사이트의 성황은 일본이나 중국의 인터넷 문화와는 구분되는 한국적인 문화현상임이 분명하다. 아울러 인터넷을 이용하는 주 연령층이 10대 후반에서 30대 초반에 집중적으로 몰려 있음을 감안하면, 사주라고 하는 것이 구세대에서 신세대 젊은 계층으로 이식(移植)되고 있음을 확인할 수 있다. 그렇다면 한국사회 저변에서 이처럼 끈질긴 생명력을 유지하고 있는 사주팔자는 언제부터 시작되었는가? 사주팔자의 역사적 맥락을 추적해보자.

『경국대전』의 잡과 과목

그 사람의 생년월일시를 간지(干支)로 환산해 운명을 예측하는 명리학은 중국의 도교 수련가였던 서자평(徐子平)이라는 사람에 의해 그 이론체계가 정립되었다. 오늘날 명리학의 대표적인 고전으로 일컬어지는 『연해자평(淵海子平)』이란 책은 서자평의 저술이고, 『연해자평』이란 책 제목 자체도 그의 호를 딴 이름이다. 서자평에 대한 신상기록이 별로 남아 있지 않아 그의 생몰연대를 정확하게 알 수 없지만, 그가 도사(道士)인 진단(陣搏, 871~989)과 함께 중국의 화산(華

山)에서 수도했다는 기록이 전해지는 것으로 보아 대략 900년대에 활동했던 인물인 것 같다. 따라서 서자평의 명리학은 10세기 후반쯤 세상에 나온 것으로 추정된다.

문제는 이것이 언제 한국에 유입되었는가 하는 것이다. 당시 서자평의 명리학은 중국의 왕실과 소수의 상류 귀족들 사이에서만 은밀하게 유통되고 있었을 뿐 일반 대중들에게는 공개되지 않았던 고급스러운 지식으로 여겨졌기 때문에 외국으로 쉽게 반출되지는 않았을 것이다. 이러한 맥락을 감안하면 빨라도 100~200년 후에나 우리나라에 명리학이 들어오지 않았나 싶다.

우리나라에서 사주팔자에 대한 최초의 공식적인 기록을 볼 수 있는 것은 조선왕조의 법전이라 할 수 있는 『경국대전(經國大典)』이다. 『경국대전』은 세조 6년인 1460년에 편찬을 시작해 성종 16년인 1485년에 최종 완성되었으므로 조선 초기에 성립된 법전인데, 여기에 보면 전문적으로 사주팔자를 보는 사람을 국가에서 과거시험으로 선발했다는 기록이 나타난다. 『경국대전』에 나타나 있는 과거시험 분류를 보면 중인계급들이 응시하는 잡과(雜科)가 있다. 잡과는 요즘 식으로 말하면 전문기술직이다.

잡과 가운데 하나로 음양과(陰陽科)라는 것이 있었다. 천(天), 지(地), 인(人) 삼재(三才) 전문가를 선발하는 과거가 바로 음양과다. 음양과를 다시 세분하면 천문학(天文學), 지리학(地理學), 명과학(命課學)으로 나뉘며 초시(初試)와 복시(復試) 2차에 걸쳐 시험을 보았다. 초시에서 천문학은 10명, 지리학과 명과학은 각각 4명씩 뽑았다. 복시에서는 천문학 5명, 지리학·명과학은 각각 2명씩 뽑았다고 나온다. 지리학은 풍수를 전문으로 하는 사람을 관료로 채용하는 과목이고, 명과학이란 사주팔자에 능통한 자를 관료로 채용하는 과목이다.

과거시험은 매년 있었던 것도 아닌데 3년마다 한 번씩 돌아오는 자(子), 오(午), 묘(卯), 유(酉)년에 시행하는 식년시(式年試)에서 명과학 교수를 초시에서 4명, 복시에서 2명씩 채용했다. 3년마다 시행되는 명과학 과거시험에서 최종적으로 2명만을 선발했다는 사실에서 매우 적은 인원만을 선발했음을 알 수 있다.

당시 명과학의 시험 과목은 구체적으로 어떤 내용이었을까. 그 시험 과목을 보면 『서자평(徐子平)』, 『원천강(袁天綱)』, 『범위수(範圍數)』, 『극택통서(剋擇通書)』 등이다. 『서자평』은 앞에서 설명한 바와 같이 사주팔자의 원리에 대한 내용이고, 『원천강』은 사람의 관상(觀相)을 보는 책이며, 『범위수』는 어느 날짜에 혼사를 하거나 건물을 짓는 공사를 시작할 것인가를 논하는 택일(擇日)에 관한 책이다. 『극택통서』는 현재 전하지 않고 있어 어떤 책인지 그 내용을 파악할 수 없고, 나머지 과목들은 현재까지 전해지고 있다.

현재 전해지는 명과학의 시험 과목 가운데 가장 대표적인 과목을 꼽는다면 『서자평연해자평』이다. 『서자평』은 오늘날에도 명리학을 처음 공부하려는 학인들이 필수적으로 섭렵해야 할 교과서로 평가되는 책이다. 사주팔자를 해석하는 모든 기본 원리는 『서자평』에 들어 있다. 아무튼 명과학의 시험 과목에 『서자평』이 포함되어 있는 것으로 보아 사주팔자의 원리는 『경국대전』이 성립되던 1400년대 후반까지는 조선사회에 전래되어 있었음을 확인할 수 있다.

비공식 명리학의 등장

물론 이는 공식적인 확인이고 비공식적으로는 15세기 후반 이전에 서자평의 명리학이 이미 조선사회에 유입되어 있었다고 추측된다. 왜냐하면 『조선왕조실록(朝鮮王朝實錄)』에서 팔자에 대한 기록이 발견되기 때문이다. 『조선왕조실록』 CD롬에서 '팔자'라는 단어를 검색한 결과 태종 17년(1417)에도 공주의 배필을 구하기 위해 남자의 팔자를 보았다는 기록이 나타난다. 왕실에서 사주팔자를 보고 혼사를 정하는 풍습이 그때 이미 존재하고 있었음을 엿볼 수 있는 대목이다.

이로 미루어 보아 기록으로는 나타나지 않지만 고려 말, 조선 초기에 『서자평』의 명리학이 중국으로부터 이미 들어와 있었으며, 왕실을 비롯한 일부 계층에서는 사주팔자를 통해 그 사람의 운명을 예측하거나 혼사를 할 때 궁합을 보는 풍습이 유행하고 있었다고 여겨진다. 이때까지는 명리학을 전공한 전문가가 따로 존재했던 것은 아니고 개인적으로 이 분야를 공부한 사람들이 임의로 사주팔자를 보아주었을 것이다. 그러다가 아예 이것을 공식화하자는 필요성이 제기되었을 것이다. 특히 왕실에서 그 필요성을 많이 느꼈던 것 같다.

왕실에서는 많은 왕자와 공주들이 출생했다. 이들을 시집장가 보널 때는 사전에 궁합을 보는 일이 필수적인 일이었고, 궁합을 보기 위해서는 생년월일시와 같은 인적 사항이 노출되어야 하는데, 그 신상정보를 외부에 함부로 공개하기는 어려웠을 것이다. 그러다 보니 명리학 전문가를 왕실 전용 관료로 선발하자는 의견이 대두되었던 것 같고, 결국 명과학 교수라는 직책이 과거 가운데 하나로 채택된 것이 아닌가 싶다.

명과학 교수의 인원은 2~4명이다. 3년마다 돌아오는 전국 규모의 과거시험에서 이 숫자만 뽑았으니 매우 적은 인원만 채용한 셈이다. 이들은 말하자면 왕실 전용 사주 상담사들이라서 근무처도 서울의 궁궐 내에서만 근무했다. 지방에 출장을 간다거나 일반인들의 사주팔자를 보아주는 일도 허락되지 않았다. 허가 없이는 궁궐 밖 사람과의 접촉이 불가능했다고 한다. 왕실의 비밀이 유출될 가능성 때문이었다.

명과학 교수라는 직급은 잡과에 소속돼 서열이 낮은 편이었지만, 그 업무적 성격상 왕실 내부의 은밀한 정보를 접촉할 수 있었던 자리였다. 직급이 낮다고 해서 함부로 볼 자리가 아니었다. 이들의 임무는 여러 가지였다. 공주나 왕자의 궁합을 보는 일, 합궁(合宮)할 때 그 날짜를 택일하는 일, 궁궐 내에서 왕자나 공주가 출생할 때 산실 밖에서 대기하고 있다 그 사주팔자를 기록하는 일, 건물 신축을 할 때 길일(吉日)을 잡는 일, 임금의 명에 따라 대신들 개개인의 사주팔자가 어떤지를 보는 일 등등이었다.

운명을 결정짓는 양대요소-입태일과 출태일

이 가운데 합궁일(合宮日)을 살펴보자. 사주팔자에서 그 사람의 운명을 결정하는 양대 요소는 입태일(入胎日)과 출태일(出胎日)이다. 입태일은 정자와 난자, 그러니까 부정(父精)과 모혈(母血)이 결합되는 날짜로 합궁일이 된다. 출태일은 그 사람이 태어난 날, 정확하게는 어머니 뱃속에서 나와 탯줄을 가위로 자른 시각을 말한다. 탯줄을 자르는 바로 그 시각에 천지의 음양오행 기운이 아이에게 순간적으로 들어온다. 사주팔자는 바로 그 탯줄을 자르는 시각에 들어온 음양오행 기운의 성분을 십간 십이지로 인수분해한 것이다. 입태일은 인풋(In put)되는 시점이고, 출태일은 아웃풋(Out put)되는 시점이다.

문제는 출태일 못지않게 입태일도 중요하다는 것이다. 원료(?)를 투입할 때 과연 어느 시점에 투입하느냐에 따라 제품의 질이 결정되게 마련이다. 그 투입 시점을 결정하기 위해서는 복잡한 방정식을 풀어야 한다. 방정식의 핵심은 아이의 부모가 될 사람 사주를 먼저 본 다음 그 부모 사주의 약점과 강점이 무엇인가를 파악하는 것이다.

예를 들어 아버지 될 사람의 사주가 지나치게 불(火)이 많다고 하자. 사주에 불이 많은 기질은 엔진은 좋은데 브레이크가 약해서 오버하는 수가 많다. 그러므로 불이 많은 사주는 반드시 물(水)이 보강되어야 한다. 물이 많은 달은 음력으로 10월, 11월, 12월이다. 이 세 달은 돼지(亥), 쥐(子), 소(丑)로 상징되는데, 공통적으로 수(水)를 나타낸다. 불이 많은 사람이 합궁할 때는 기왕이면 여름보다는 겨울이 좋다고 말할 수 있다.

날짜도 같은 원리다. 음력이 표시되어 있는 달력을 보면 날짜마다 쥐(子), 소(丑), 호랑이(寅), 토끼(卯)……가 표시되어 있다. 이 가운데 뱀(巳), 말(午), 양(未)일은 불(火)에 해당한다. 불이 많은 사람이 합궁할 때는 되도록 이 날짜는 피한다. 대신에 물이 많은 돼지(亥), 쥐(子), 소(丑)일을 택한다. 음양오행의 패러다임에 따르면 지구의 자전과 공전주기에서 이 날짜가 물의 기운이 많다고 보는 것이다.

날짜 다음에 시간을 정할 때도 마찬가지다. 하루 12시간(24시간) 중에서 해시(亥時)는 밤 9시에서 11시까지고, 자시(子時)는 밤 11시에서 새벽 1시까지며, 축시(丑時)는 새벽 1시에서 새벽 3시까지다. 화가 많은 사람의 합궁 타이밍을 잡을 때는 기왕이면 이 시간을 잡는 게 좋다고 본다. 결혼한 공주나 또는 왕자가 첫날밤을 치를 때는 명과학 교수가 잡아준 날짜와 그 시간에 맞추어 성교를 했다고 한다. 요즘에도 결혼할 때 신랑의 사성(四星, 사주팔자)을 한지에 적어 신부집에 미리 보내는 풍습은 이와 같은 맥락에서 유래한 것이다.

성삼문의 출산 타이밍

조선시대의 출산 타이밍에 관한 유명한 일화가 하나 있다. 단종 때 사육신으로 유명한 성삼문(成三問, 1418~1456)의 출산에 관해 구전으로 전해지는 비화다. 성삼문의 어머니가 성삼문을 임신하자 아이

명리학에 조예가 깊은 성삼문의 외조부는 사주가 좋은 시간에 손자를 태어나게 하기 위해 다듬잇돌로 출산 시간을 늦춰보았지만, 참지 못한 산모가 아이를 낳았다. 낳아도 좋냐고 세 번을 물었다고 해서 '삼문'이라고 지어진 사육신 성삼문의 묘소. 만약 더 늦게 태어났다면 어떻게 되었을까?

를 낳기 위해 친정으로 갔다. 딸의 진통이 시작되자 딸의 해산을 도우려고 이제 막 산실에 들어가려는 부인에게 친정아버지(성삼문의 외할아버지)가 한마디 했다. "자네 산실에 들어갈 때 다듬잇돌을 들고 가소. 아이가 나오려고 하거든 이 다듬잇돌로 산모의 자궁을 틀어막아서 아이가 나오지 못하게 막아야 하네. 다듬잇돌로 막고 있다 내가 '됐다'고 신호를 보낼 때 아이가 나오도록 하소."

다듬잇돌이란 옛날에 빨래를 두드릴 때 사용하던 직사각형의 넙적한 돌을 말한다. 성삼문의 외할아버지는 명리학에 깊은 조예가 있는 인물이었다. 태어날 외손자의 사주팔자를 계산해보니까 예정보다 두 시간 정도 늦게 태어나야만 사주가 좋다는 것을 감지했던 것이다. 산모의 진통이 극심해지면서 아이 머리가 밖으로 조금씩 나오려고 했다. 그러자 산실에서는 친정어머니가 산실 밖에서 대기하고 있던 남편(외할아버지)에게 "지금이면 됐습니까?" 하고 물었다. "조금 더 기다려야 한다"는 대답이다. 얼마 있다가 다시 "지금이면 됐습니까?" 하고 또 물었다. "조금만 더 참아라."

다듬잇돌로 아이가 못 나오게 막고 있던 성삼문의 외할머니가 세 번째로 외할아버지에게 물었다. 밖에서 "조금만 더 참아라." 했지만 더 이상 참지 못하고 산모는 성삼문을 낳고야 말았다. 산실 밖에서 기다리고 있던 성삼문의 외할아버지에게 '세 번 물었다(三問)'고 해서 이름을 성삼문(成三問)이라 지었다고 한다. 만약 산모가 더 참고 기다렸다면 어떻게 되었을까? 성삼문이 39세에 죽었는데 한 시간만 늦게 태어났더라도 환갑까지는 살았을 것이라고 본다. 하지만 성삼문의 외할아버지가 그나마 다듬잇돌로 막는 청방을 한 덕택에 39세까지 살았지, 그렇지 않았더라면 10대에 요절하고 말 운명이었다고 역술가들은 말한다. 어느 시간에 태어나느냐에 따라 명리학에서는 팔자(八字) 가운데 이자(二字)가 바뀐다.

특히 태어나는 시(時)의 간지(干支)는 그 사람의 말년 운세와 관련된다고 해석하므로 매우 중요하게 취급한다. 그렇다면 인위적으로 출생 시간을 조절하는 제왕절개를 하면 어떻게 될 것인가.

제왕절개와 사주팔자

자연분만이 아니고 제왕절개(帝王切開)를 해서 태어난 아이의 사주 팔자도 과연 효과가 있는 것인가? 출산을 앞둔 많은 임산부들이 갖는 의문이다. 왜냐하면 제왕절개의 날짜와 시간은 사람이 인위적으로 정할 수 있기 때문이다. 인위적으로 사주팔자를 정했는데, 이게 과연 들어맞는다는 말인가? 그렇다면 사주팔자를 사람 마음대로 정할 수 있다는 논리가 된다. 결론부터 말한다면 효과는 있다고 본다.

전해오는 바에 따르면 로마의 영웅 카이사르(시저)가 제왕절개를 해서 태어난 인물이라고 한다. 그는 제왕절개의 원조에 해당한다. '제왕(帝王)'이라는 단어가 붙은 이유도 제왕인 카이사르가 절개를 해서 태어났기 때문이다. 로마는 그 시대에도 수술을 할 수 있는 의학기술이 있었던 모양이다. 카이사르는 로마사 최고의 영웅이 아닌가. 제왕절개를 해도 효능은 있다는 것이 입증된 사례다. 당시 그 제왕절개 시간을 좋은 시간으로 일부러 선택해서 낳은 것인지, 아니면 산모의 상태에 따른 의학적인 판단으로 점성술(사주팔자)적인 고려는 하지 않고 절개 시간을 정한 것인지는 모르겠지만 말이다.

사주팔자는 탯줄 자르는 시간으로 정해진다. 아이가 어머니 뱃속에서 나와 탯줄을 자르는 순간에 천체에 떠 있는 수많은 별들로부터 에너지를 받는다. 탯줄은 산모와 아이가 연결되어 있도록 해주는 장치다. 이 탯줄을 자를 때 아이는 부모와 분리가 된다. 분리가 되면서 개체로서 독립하는 셈이다. 이 독립 분리되는 상황에서 아이는 어머니의 영향을 벗어나서 우주의 에너지를 최초로 받아들인다. 그러니까 탯줄을 자르는 순간에 천체에 떠 있는 별들 중 어느 별의 영향을 가장 많이 받았는가를 보는 것이 사주팔자다. 동양의 사주팔자는 서양의 점성술과 이런 점에서 같은 원리다. 별의 영향으로 인해서 인간의 운명이 결정된다는 사고체계를 공유하고 있는 것이다.

왜 별이 인간의 운명을 결정짓는다는 말인가? 운명과 별은 도대체 어떤 관계가 있단 말인가 하는 것은 수천 년 동안 인류사의 대천재들이 도전했던 문제다. 성경을 보면 동방박사가 별들의 위치를 보고 예수 탄생을 짐작했다고 나와 있지 않은가! 이렇게 생각해볼 수 있다. 인간은 지구에서 태어났다. 당연히 지구의 영향을 받는다. 인간은 밤낮의 영향을 받고, 사계절의 순환에 따른 영향을 받는다. 지구는 태양계에서 태어났다고 보자. 태양계의 움직임에 따라 그 영향을 받는다. 태양계 역시 은하계에서 왔다. 은하계의 영향을 받는다. 이렇게 놓고 본다면 인간은 전 우주의 영향을 받고 있는 셈이다. 지구는 자전과 공전을 하고 있고, 태양계도 역시 은하계를 중심으로 돌고 있다. 은하계도 또한 어딘가 더 큰 은하계를 중심으로 해서 돌고 있다. 시시각각 별의 위치가 바뀐다.

문제는 '탯줄 자르는 그 순간에 쑥 들어오는 별들의 에너지가 어떤 분포도를 갖는가'이다. 지구에 영향을 미치는 별이 수천, 수만 개라 너무 많기 때문에 일일이 그 위치를 알 수가 없다. 이걸 어떻게 다 보겠는가? 고대인들은 몇 개만 추려서 볼 수밖에 없었다. 육안으로 보이는 별에 우선 주목할 수밖에 없었던 것이다. 육안으로 관찰되는 별이 일곱 개다. 해와 달, 그리고 수, 화, 목, 금, 토성이다. 이것이 음양오행이다. 그러니까 탯줄 자르는 순간에 떠 있는 천체의 별의 위치를 음양오행으로만 간단하게 표시한 셈이다. 이 음양오행을 다시 십간(十干)과 십이지(十二支)라는 기호로 환산한 것이 육십갑자(六十甲子)다. 육십갑자는 결국 동아시아의 천문도(天文圖)다. 가장 보기에 간편한 휴대용 천문도라고나 할까. 조견표(早見表) 같기도 하다.

서양 점성술과 동양 사주명리학은 별의 영향력을 중시한다는 기본 전제는 같지만, 육십갑자에 들어가면 서로 다른 방식으로 진화했다는 것을 알 수 있다. 이 육십갑자로 그날그날의 별 위치를 쉽게 확인해볼 수 있도록 만든 달력이 바로 만세력(萬歲曆)이다. 서양의 캘린더가 들어오기 이전에 한국과 중국은 모두 만세력을 썼는데, 이 만세력에는 그날의 일곱 개 별 위치가 육십갑자로 표시되어 있다. 시간을 공간화시킨 것이 만세력이다. 시간 그 자체는 눈에 보이지 않는다. 공기가 눈에 안 보이듯이 시간도 눈에 안 보인다. 시간이 흐른다는 것을 알 수 있는 방법은 별의 움직임을 알아채는 일이다. 시간은 별의 운행으로 드러나는 것이다. 밤이 되고 낮이 되는 것은 태양과 달의 움직임 아닌가. 별의 움직임은 공간에서 나타낼 수 있다. 이런 맥락에서 시간을 공간화해서 인간이 시간의 흐름과, 그 흐름이 어떤 의미를 담고 있는지, 그 의미가 인간의 운명과 어떻게 관련되는지를 대강이나마 짐작할 수 있도록 해주는 장치가 육십갑자이고 만세력인 것이다.

탯줄을 자른 순간에 천체상의 해와 달, 그리고 다섯 개 별이 어떤 위치와 각도에 있는가를 만세력을 보면 바로 알 수 있다. 그 사람의 태어난 해, 달, 일, 그리고 시간에 해당하는 육십갑자는 만세력을 보면 된다. 이것이 사주팔자. 기둥이 네 개이고 기둥 한 개마다 두 글자씩 조합되어 있으므로 합하면 여덟 글자다. 팔자(八字)다. 탯줄 자른 시간에 음이 많은지, 양이 많은지, 그리고 수성의 영향을 많이 받았는지, 금성과 화성의 영향도 받았는지, 이 일곱 개 별이 어떻게 혼합되어 있는지를 따지는 게 사주명리학이다. 따라서 탯줄을 자르는 시간을 인위적으로 정할 수 있는 제왕절개 타이밍은 매우 중요한 것이다. 따라서 이는 함부로 조언하는 게 아니다. 그 사람 전체의 운명을 좌우하는 문제이므로 신중해야 하고, 될 수 있으면 관여하지 않는 게 좋다. 3차 방정식까지는 풀 수 있지만, 7차, 8차 방정식까지 들어가면 인간이 알기 어려운 영역이 있다.

서울 창덕궁 앞에서 1980~90년대 '역문관(易門關)'을 운영했던 고 유충엽 선생. 그는 왜정 때 대전사범을 나온 인텔리였다. 동양의 고전과 역사에도 밝았기 때문에 서울의 식자층이나 기관장들과 고담준론을 나눌 수 있는 몇 안 되는 역술가였다. 이 양반이 생전에 필자에게 해준 이야기가 있다. 당신은 제왕절개 시간은 봐주지 않는다고. 왜? 그 업보를 자신이 뒤집어써야 하는 수가 있기 때문이다. 유충엽이 그 원칙을 어기고 두 번을 봐준 적이 있었는데, 그때마다 안 좋았던 경험을 가지고 있었다. 한번은 제왕절개하는 그 시간에 유충엽이 자기 집 대문을 들어오다가 돌부리에 걸려 넘어졌던 적이 있었고, 다른 한 번은 수술 시간에 자신의 몸에 전기가 오른 것처럼 짜릿짜릿한 전류의 느낌을 받았다고 한다. 이런 현상을 '천기누설'해서 받은 과보라고 유충엽은 생각하고 있었다. 이런 사건을 겪은 뒤로 제왕절개 날짜 받아달라는 무수한 요청을 거절한다는 원칙을 세웠다.

마음대로 안 되는 제왕절개 타이밍

1990년대 후반 어느 날 역문관에 필자가 놀러갔다가 이와 관련해서 유 선생으로부터 들은 이야기 한 토막이다. 서울에 지하철 1호선 공사가 한창이던 시절이라고 한다. 1970년대 중반쯤이나 되었을까. 당시 어느 중소기업 오너가 사주팔자 신봉자였다. 어렸을 때부터 '너는 재복이 많아서 재물을 모을 팔자다'라는 예언을 어른들로부터 듣고 자랐는데, 나중에 정말로 돈을 벌게 되었다. 자신의 인생이 팔자대로 흘러왔다는 확신이 들자, 자신의 손자도 좋은 시간에 태어날 수 있도록 당대의 내로라하는 역술가에게 제왕절개 시간을 받아놓았다.

수술 시간은 정오(正午)였다. 손자가 오시(五時)에 나와야만 팔자가 좋다는 이야기를 철썩같이 믿고 수술 시간대를 기다렸다. 종합병원 산부인과에서 애를 낳기보다는 평소 자신이 잘 아는 의사가 있는 작은 병원에다 예약을 해놓았다. 종합병원은 산모가 여럿이라서 시간을 정확하게 맞힌다는 게 어려울 것 같았다. 갑자기 옆에서 양수가 터지는 급한 산모가 있으면 그쪽에다 신경 써야 하므로 자신의 손자 시간대를 놓칠 수 있다고 판단했던 것이다. 작은 병원은 자신의 며느

조용헌의 사주명리학 이야기

리밖에 산모가 없었다. 혹시 제왕절개를 하다가 정전이 되는 사고에 대비해 비상 발전기도 준비해놓고 있었다. 그런데 오시가 되어 수술을 하려고 하는데 진짜로 갑자기 정전이 되는 게 아닌가! 아니 이게 무슨 날벼락이람! 그래서 비상 발전기를 가동시키려고 했지만 가동을 못 시키고 말았다. 발전기 기사가 점심 먹으러 을지로의 음식점으로 나간 것이다. 평소에 그 기사는 구내식당에서 점심을 먹는데 그날따라 고향에서 친구가 찾아와서 대접한다고 밖의 음식점으로 나갔던 것이다.

휴대폰이 없던 시절이다. 발전기 기사 찾는다고 간호사가 을지로에 나가 이 음식점, 저 음식점 기웃거리다가 그만 오시를 놓쳐버리고 말았다. 아니 어떻게 이럴 수가 있지? 그 중소기업 오너는 왜 병원이 정전되었는가를 조사했다. 당시 지하철 공사한다고 철근을 싣고 병원 골목을 지나가던 트럭이 병원의 전깃줄을 건드리는 통에 정전이 되었다는 것을 알았다. 하필 그 시간에 철근을 세워서 실은 트럭이 병원의 전깃줄을 건든단 말인가! 결국 오시를 넘기고 미시(未時)에 손자의 제왕절개를 할 수밖에 없었다. 이처럼 시간 선택도 맘대로 되는 것만은 아니다.

마음대로 되는 것이 아니라는 것보다 더 근본적인 이유가 있다. 선택의 폭이 좁다는 이유 때문이다. 사주팔자는 년, 월, 일, 시라는 네 개의 변수가 원만하게 조합을 이루어야 좋은 팔자가 나온다. 날짜 하나만 좋다고 좋은 게 아니다. 예를 들어 좋은 사주가 되려면 그 아이의 태어난 달(月)이 분만 예정일보다 한 달 더 뒤로 가거나, 아니면

한 달 더 앞으로 당겨야 하는 수가 있다.

대개 제왕절개를 하기 좋은 의학적인 예정일이 있다. 이 예정일을 기준으로 앞뒤로 15일 정도는 선택의 폭이 있다. 예정일보다 10일 뒤에 할 수도 있고 앞에 할 수도 있다. 그런데 이 범주 안에서는 좋은 날짜와 시간이 없을 수도 있는 것이다. 한 달을 늦춰서 낳으면 좋은 날짜가 나온다고 치자. 그렇다고 해서 한 달을 당기거나 늦추기는 현실적으로 어렵다. 한 달 당겨서 낳으면 미숙아가 나오는 셈이다. 사주팔자 맞힌다고 한 달을 당겨서 애를 낳을 수는 없는 노릇이다. 그러므로 제왕절개한다고 무조건 좋은 날짜와 시간을 마음대로 선택하기는 어려운 일이다.

옛날 사대부 집안에서는 아예 임신하는 날짜부터 관리를 했다. 좋은 해와 달, 일, 시를 선택해서 신랑신부가 합궁을 하도록 기획임신을 시켰던 것이다. 장소도 기운이 좋은 곳을 택해 합궁을 하도록 했다. 명당에서 임신을 해야만 지령(地靈)을 받는 이치 때문이다. 다 그런 것은 아니지만 혹 싸구려 여관에서 임신하면 품질이 떨어지는 자손이 생겨올 수도 있다.

몇 년 전에 이런 사례도 있었다. 어느 역술가의 친한 친구가 애를 못 낳다가 10년 만에 처음으로 부인이 임신을 하게 되었다. 출산이 임박해오자 제왕절개 날짜를 부탁했다. 문제는 뱃속에 들어 있는 이 아이가 딸인지 아들인지를 모른다는 것이었다. 뱃속의 태아 성별을 감별해주는 일은 법적으로 금지되어 있었다. 역술가 친구는 날짜를 두 개 뽑았다. 하나는 딸이 태어났을 경우에 여자에게 적합한 날짜였고, 다른 하나는 남자아이 날짜였다. 남자와 여자 날짜는 다르게 뽑아야 한다. 남자는 센 날이 좋고, 상대적으로 여자는 부드러운 날짜와 시간을 택하는 게 좋다. 아이 아버지가 두 개의 날짜를 들고 산부인과 의사에게 갖다주었다.

산부인과 의사는 두 개 날짜 중에 하나만 택일하면 되는 문제인 줄 알고 알아서 무심코 수술을 했다. 낳고 보니 아들이었다. 아이고 머니나! 의사가 여자용 날짜와 시간에 수술을 해버린 것이었다. 산부인과 의사에게 자초지종을 설명해주지 않아서 생긴 문제였다. 남자가 여자 사주팔자에 맞춰서 태어났으니, 이건 전혀 예상하지 못한 상황이 발생한 경우였다. 남자가 여자 시간에 태어나면 별로 좋은 팔자가 아니다. 남자가 여성성을 강하게 지니고 살아가는 팔자를 제왕절개해서 만들어버린 것이니 말이다. 제왕절개도 쉬운 일이 아니다.

왕자들의 사주팔자, 대권 향배의 필수요소

궁궐 안에서 근무하는 명과학 교수의 업무 가운데 중요한 일 하나가 왕자들의 사주팔자를 보는 일이었다. 조선시대의 임금은 자식을 많이 낳았다. 그러므로 많은 자식 중에서 과연 어느 왕자(대군)가 왕권을 이어받을 것인가 하는 문제는 뭇사람들의 지극한 관심사였다. 물론 장남에게 우선순위가 있지만 조선왕조의 왕권승계 과정을 보면 장남이 승계한 경우는 그렇게 많지 않다.

진정 누가 될지는 아무도 모른다. 그런 상황에서 명과학 교수는 임금의 핏줄들, 그러니까 대군들의 출생 연월일을 모두 알고 있었으므로 대권의 향방에 관한 일급 정보를 가지고 있는 셈이었다. 갑(甲)이라는 왕자가 군왕이 될 사주를 가지고 태어났다고 소문나면 사람들의 관심이 그쪽으로 쏠리게 마련이다. 그러다 보니 명과학 교수의 의견이 여론 향배에 중요한 비중으로 작용했다. 다시 말해서 왕자들의 운명을 알고 있다고 여겨진 명과학 교수는 자의반 타의반으로 권력투쟁에 말려들 소지가 많았다고나 할까. 예를 들어 어떤 대군은 사람들의 인심을 자기에게 쏠리게 하기 위해 명과학 교수에게 압력을 넣어 가짜 사주팔자를 유포시켰을 가능성도 얼마든지 있다. 그렇게 되면 반대파에서는 그 명과학 교수를 제거하기도 했다.

궁궐 내에서 근무하는 의원(醫員)과 함께 명과학 교수는 왕권승계 과정에서 발생할 수 있는 여러 가지 작전에 개입하는 일이 많았다고 한다. 조선시대 역대 왕 가운데 의문사한 경우가 11건이라는 통계도 있다. 그만큼 내부에서 권력투쟁이 치열했다는 증거다. 이 권력투쟁 와중에 궁궐 의원은 반대파의 음식에 독약을 타고 명과학 교수는 자신이 지지하는 대군의 사주를 조작하는 일이 빈번했다고 한다. 이러한 일은 워낙 은밀하게 진행되었으므로 그에 관한 기록들이 남아 있을 리 없다.

역술계에 전해 내려오는 구전에 따르면 궁궐 내에서 근무하던 어의(御醫)는 정년퇴직하고 밖에 나가 개업할 수 있었지만, 명과학 교수는 정년퇴직하더라도 궁궐 밖에 나가 개업하거나 사람을 만나 사

조용헌의 사주명리학 이야기

주상담을 해주는 일은 엄격하게 금지되었다고 한다. 명과학 교수는 왕실의 대외비(對外秘)를 너무 많이 알고 있었기 때문에 정년퇴직하고 난 후에도 행동에 제한이 있었던 셈이다. 아무나 만날 수도 없었다. 만약 전·현직 대감들이 궁궐 밖에서 명과학 교수들과 허가 없이 어울리거나 접촉하다 그 소문이 임금에게 들어가면 역모혐의가 있는 게 아니냐는 의심을 받았다고 한다.

조선시대 명과학 교수는 단순하게 사주팔자만 보아주는 직업이 아니라 때로는 대권 향배에도 영향을 미치는 정치적 힘을 가지고 있었다. 고대로부터 정치가와 점술가는 떼려야 뗄 수 없는 악어와 악어새의 관계에 있다는 잠언이 이런 대목에서 다시 한 번 확인된다.

반란과 사주팔자

『조선왕조실록』에서 '팔자'를 검색하면 많은 기사가 나오는데, 흥미로운 사실은 그 기사들 대부분이 반란사건과 관계있다는 점이다. 각종 반란사건에 가담한 죄인들의 취조과정에서 사주팔자 이야기가 많이 튀어나온다. 왜 다른 대목에서는 별로 나오지 않다가 하필이면 반란사건과 관련된 대목에서 집중적으로 팔자 이야기가 나오는 것일까? 사주팔자는 어떤 방식으로 반란사건과 연결될 수 있었을까? 조선 초기인 단종 1년(1452)에 발생한 이용(李瑢)이란 인물의 역모사건을 보자. 이용은 왕실의 여러 대군 가운데 하나였다. 역모사건 취조기록에 다음과 같은 내용이 나온다.

> 맹인인 지화가 이용(李瑢)의 운수를 보고 망령되게 군왕의 운수라 했
> 고, 이현로(사주 전문가 - 필자 주)가 이용에 대해 말하기를 '더할 나위
> 없이 귀한 운명이며 임금의 팔자'라고 했다. 또한 풍수도참서(風水圖
> 讖書)에 의거해 말하기를 하원갑자(下元甲子)에 "성인이 나와서 목멱
> 정(木覓井)의 물을 마신다." 운운했는데 서울의 백악(白岳) 북쪽이 바
> 로 그곳이어서 참으로 왕업을 일으킬 땅이니 그곳에 살면 복을 받을
> 수 있다고 했다. 이용이 그것을 믿고 그곳에 집을 짓고 무계정사(武溪
> 精舍)라 호칭해 도참(圖讖)에 응하려고 했으며, 또 여러 번 사람들에
> 게 말하기를 "내가 대군만 되고 말 사람이 아니다"라고 했다. 그런가
> 하면 맹인 지화가 주상의 팔자와 의춘군의 팔자를 비교해 점을 쳤다.

당시, 대군 가운데 한 명이었던 이용이 역모를 시도한 배경 가운
데 하나가 바로 본인의 사주팔자에 대한 확신이었음을 알 수 있다.
확고한 신념 없이는 목숨을 걸어야 하는 쿠데타를 어설프게 시도할
수 없다. 이용의 경우에는 그 신념을 형성하는 기반이 바로 자신의
왕이 될 수 있는 사주팔자, 그에 대한 확고한 믿음이었다. 신념의 기
반에는 정의감도 있지만 때로는 운명론도 그 자리를 차지한다. 이처
럼 조선시대 반란사건의 구체적 실상을 추적하다 보면 직간접으로
사주팔자를 믿고 가담한 사례가 수십 건이나 발견된다.

한국 사람들은 옛날부터 군왕은 아무나 되는 것이 아니라 하늘이

조용헌의 사주명리학 이야기

점지한 인물이어야 가능하다고 믿었다. 이른바 왕권천수설(王權天授說)이다. 이때 하늘의 뜻이 과연 무엇이냐고 묻는다면 그 대답이 풍수도참과 사주팔자였다. 필자가 보기에 풍수도참과 함께 사주팔자라고 하는 담론 체계는 천년이 넘는 세월 동안 한국 역사의 정권 교체 과정에 끊임없이 영향을 미쳐온 단골 메뉴이자 스테디셀러다.

금강산파와 지리산파

조선시대 반란사건 가운데 가장 흥미진진한 사건이 바로 숙종 23년에 승려들이 이씨왕조(李氏王朝) 전복을 시도하려 했다가 미수에 그친 사건이다. 주로 금강산에 거주하던 승려들이 주동이 되었는데, 그 배후에는 명나라가 망하자 조선으로 망명해 금강산에 들어가 머리를 깎고 승려가 된 중국인 출신 운부(雲浮)라는 인물이 있었다. 운부는 당시 나이가 칠십이었다. 천문, 지리, 인사에 통달해 그 식견과 경륜이 제갈공명에 뒤지지 않는다는 평가를 금강산 일대 승려들로부터 받았다고 한다.

운부는 금강산 일대 승려들을 규합하고 황해도의 장길산 세력과 합류한 다음 정씨(鄭氏) 성을 가진 정도령을 내세워 역성혁명을 시도했다. 운부와 장길산이 연결된 이 반란사건은 1970년대 반란사건 전공이던 영남대 정석종 교수에 의해 연구 정리되어 그 자료가 소설가 황석영 씨에게 제공되었다고 한다. 황석영의 소설 『장길산』은 실제 있었던 이 자료를 기본 뼈대로 해서 거기에 작가의 상상력을 덧붙인 것이다. 역사학자 이덕일 씨가 쓴 소설 『운부』 역시 이 사건을 모델로 했다. 그만큼 이야깃거리가 많은 사건이었다.

조선시대 금강산은 '당취(黨聚)'들의 본부였다. 조선시대 반체제 승려세력들의 비밀결사를 '당취'라고 부르는데, 출가 승려들이 굳이 반체제라는 결사를 조직하게 된 배경에는 이씨왕조에 대한 뿌리 깊은 반감이 작용했다. 불교를 탄압하는 억불정책을 폈기 때문이다. 그래서 당취들은 '저육(豬肉, 돼지고기)'을 씹으면서 이씨정권을 저주했다. 돼지고기를 씹은 이유는 이씨왕조를 창업한 이성계의 생년이 을해생(乙亥生) 돼지띠였다는 데 있다. 고려 말에 '돼지가 나무 위로 오르는 사람이 신왕조를 세운다'는 도참이 유행했고, 아닌 게 아니라 왕조를 세운 이성계의 생년이 을해생이었던 것이다. 을(乙)은 목(木)이고 해(亥)는 돼지를 가리키므로 을해(乙亥)는 돼지가 나무 위로 오르는 모습이기도 하다. 당취들이 돼지고기를 씹는다는 것은 돼지띠인 이성계를 저주한다는 의미다.

당취들은 또한 '미륵사상'을 신봉했다. 미륵(彌勒)이라는 한자를 파자(破字)해보면 '이(爾) 활(弓)로 힘(力)을 길러 바꾸자(革)'는 의미로 변한다는 이야기를 10년 전 당취 후예로부터 직접 들은 바 있다. 돼지고기를 질근질근 씹으면서 미륵을 신봉하던 당취들의 본부는 전국적으로 두 군데가 있었다. 하나는 금강산이고 다른 하나는 지리산이다. 두 산 모두 여차하면 숨기에 좋은 깊은 산이다. 역대 조선의 도인들 가운데 가장 도력이 높았던 인물들을 출신지별로 정리해

보면 금강산파와 지리산파로 압축될 정도로 금강산과 지리산은 많은 비화를 간직한 산이기도 하다.

당취들이 토색질하던 악질 부자들을 잡아다 그 죄질에 따라 참회 (懺悔) 시킬 때도 '금강산 참회'와 '지리산 참회'가 있었다고 한다. 금 강산 참회는 그 자리에서 죽이는 것이고, 지리산 참회는 병신을 만드는 참회였다. 숙종조에 활동한 운부는 그러한 전통을 가진 금강산 당취의 총사령관이었던 셈이다. 『조선왕조실록』에 나타난 이 사건의 공초 기록을 보면 운부의 생년과 운부가 새로운 왕으로 내세우려 했던 정도령의 사주팔자가 밝혀져 있다.

> 운부 및 이른바 정진인(鄭眞人)의 사주를 물으니, 이영창이 말하기를 "운부는 정묘생(丁卯生)이고, 진인(眞人)은 기사(己巳)년 무진(戊辰) 월 기사(己巳)일 무진(戊辰)시에 태어났다"고 하니, 비기(秘記)에 이 르기를 "중국 장수인 묘생(卯生)의 사람이 중국에서 와서 팔방(八方) 을 밟고 일어난다"고 했는데, 바로 운부를 가리켜 말한 것이다. 기사년 무진월 기사일 무진시에 태어났다면 바로 뱀이 변해 용이 되는 격이 다. 숭정황제의 사주에는 뱀이 변해 용이 되는 격이 하나였음에도 불 구하고 천자가 되었는데, 이 사람의 경우에는 그런 격이 둘이나 있으 니 참으로 기쁘고 다행스럽다고 했다.   ─숙종 23년 1월 10일 기록

사주팔자의 사주(四柱)는 네 기둥이란 뜻이고, 팔자(八字)는 여덟 글자라는 뜻이다. 연월일시를 네 기둥으로 보고, 한 기둥에 두 글자

씩으로 되어 있으므로 모두 여덟 글자다. 운부를 중심으로 한 금강산의 승려세력이 이씨왕조를 대신해서 새로운 왕으로 옹립하려 한 정도령은 틀림없이 보통사람이 아닌 하늘이 내린 인물이었을 것이고, 그 비범한 인물의 사주는 평범한 사람의 사주와는 다른 특별한 사주였을 것이다. 그 특별한 사주가 바로 기사(己巳), 무진(戊辰), 기사(己巳), 무진(戊辰)이었다.

명리학을 아는 사람이 이 사주를 보면 과연 비범하다. 첫째, 연월일시의 지지(地支)가 사진(巳辰) 사진(巳辰)으로 되어 있다. 사(巳)는 뱀이고 진(辰)은 용이다. 뱀에서 용으로 변해 뜻을 이룬다는 의미가 내포되어 있다. 중국 숭정황제의 사주가 이렇다는 것으로 보아 당시 조선에는 중국 황제들의 사주도 회자되고 있었음을 알 수 있다. 둘째, 천간(天干)을 보면 기무(己戊) 기무(己戊)로 되어 있다. 기(己)와 무(戊)는 오행으로 볼 때 모두 토(土)에 속한다. 오행 가운데 토는 중앙을 상징하고, 중앙은 동서남북을 통어하는 제왕의 기능을 의미하기도 한다. 사주의 천간(天干)이 이처럼 모두 토로 이루어진 사주는 제왕의 덕을 갖추었다고 해석할 수 있다.

셋째, 지지의 구성을 거꾸로 보면 진사(辰巳) 진사(辰巳)로 이루어져 있음을 알 수 있다. 진사년은 조선의 술객들 사이에서 각별한 의미를 지닌다. 역성혁명가들의 이론서라 할 수 있는 『정감록』의 내용 가운데에는 '진사(辰巳)에 성인출(聖人出)'이라는 유명한 대목이 있다. 현재에도 『주역』이나 음양오행에 밝은 식자층들 사이에서는 자주 회자되는 대목이기도 하다. 이는 '진사년에 성인이 출현한다'는 예언이다. 즉 진(辰)년과 사(巳)년에 변란이 일어나 그 때 새로운 지도자인 정도령이 출현한다는 뜻이기도 하다. 『정감록』 틀에 맞추어보면 2000년인 경진(庚辰)년과 2001년인 신사(辛巳)년도 예사로운 해가 아니었을 것이다.

그리고 이로써 조선 후기 숙종조에 오면 명리학이 보통 식자층들에게도 광범위하게 유포되고 있었음을 알

역성 혁명가들의 이론서 『정감록』

수 있다. 조선 전기까지만 하더라도 서자평의 명리학은 그 책을 입수하기도 어려웠을 뿐만 아니라 내용이 복잡하고 이해하기 어려워 여간한 학문을 가진 상류계층이 아니면 쉽게 접근하기가 어려운 분야였다. 그런데 조선 후기에 이르면 일반인들이 반란 지도자의 사주를 이해할 수 있을 정도로 사주가 사회 저변에 유포되어 있었음이 드러난다.

사실 정도령의 이 사주는 다분히 조작된 사주일 가능성이 높은데, 유의할 점은 사주 조작을 통해 대중을 동원하려고 시도했다는 부분이다. 당취 지도부에서는 정도령의 사주팔자 자체가 엄청난 대중적

설득력을 지닌다고 판단했을 가능성이 높다. 사주팔자가 반란사건과 관련해 등장하는 이유는 명리학 자체가 계급차별에 맞서는 대항 이데올로기적인 측면을 갖고 있기 때문이다. 왕후장상의 씨가 아니더라도 사주팔자만 잘 타고나면 누구나 왕이 되고 장상이 될 수 있다는 기회균등 사상이 밑바탕에 깔려 있다는 점을 주목해야 한다.

이는 풍수사상도 마찬가지다. 일반 서민도 군왕지지(君王之地)에 묘를 쓰면 군왕이 될 수 있다는 것이 풍수의 신념체계 아닌가. 조선 후기 서북지역에서 발생한 홍경래난의 주모자들이나 동학혁명의 전봉준도 모두 사주와 풍수에 전문가적 식견을 가지고 있었던 것으로 전해진다.

사주팔자는『정감록』으로 대표되는 풍수도참설과 결합되면서 조선 후기 민란의 주요한 대중동원 메커니즘으로 작용했다. 조선시대에 남자들이 모이는 사랑채에서는『정감록』이 가장 인기 있는 책이었고, 여자들이 거처하는 안방에서는『토정비결』이 가장 인기였다는 이야기는 바로 풍수도참과 사주팔자에 대한 대중들의 관심을 단적으로 설명해주는 사례다.

오행을 보고 이름을 짓다

사주팔자의 구성 원리는 철저하게 음양오행 우주관에 바탕해 있다. 만물은 음(陰) 아니면 양(陽)으로 이루어져 있고, 그 음과 양에서 다시 '수, 화, 목, 금, 토' 오행(五行)으로 분화되며, 오행이 다시 만물을 형성한다는 설명체계다. 사람의 사주도 크게 보면 양사주(陽四柱)냐 음사주(陰四柱)냐로 분류된다. 양사주면 활발하고 음사주면 내성적이라고 본다. 음양으로만 이야기하면 너무 간단하니까 좀 더 세분해서 오행으로 나눠 이야기한다.

예를 들어 수(水)가 많은 사주는 정력이 좋고 술을 좋아하며, 화(火)가 많은 사주는 언변이 좋고 담백하다고 보며, 목(木)이 많은 사주는 고집이 강하고, 금(金)이 많은 사주는 결단력이 있고 냉혹한 면이 있으며, 토(土)가 많은 사주는 신중한 대신 금전적으로 인색하다고 보는 식이다.

조선시대에는 출생 후에 이름을 지을 때도 오행에 따라 지었다. 이름을 지을 때에는 그 사람이 출생한 연월일시를 먼저 따진 다음, 만세력을 보고 네 기둥을 뽑는다. 사주팔자를 뽑는 것이다. 그 사람의 사주팔자를 보고 불이 너무 많은 사주 같으면 뜨거움을 식히기 위해 이름을 지을 때 물 수(水)자를 집어넣는다. 사주가 너무 차갑다면 차가움을 완화하기 위해 불 화(火)자를 집어넣는다. 만약 사주에 목이 너무 많으면 목을 쳐내야 하기 때문에 쇠 금(金) 변이 들어간 글자를 이름에 집어넣는 식이다.

반대로 사주팔자에서 목이 너무 약하면 목을 보강하기 위해 나무 목(木) 변이 들어간 글자를 사용하거나, 목을 생(生)해주는 물 수(水)자를 집어넣는 경우도 있다. 불이 많은 사주팔자에는 물이 들어간 이름자를 지어주면 불을 어느 정도 약화시킬 수 있다고 생각한 것이다. 그래서 사주팔자를 아는 사람은 상대방의 이름만 보고도 그 사람의 성격을 대강 짐작할 수 있다.

　이름을 지을 때 오행의 과불급(過不及)을 고려하는 이와 같은 방식은 오늘날까지도 한국 사람들이 사용하는 방식이기도 하다. 현재 한국에서 돈을 받고 활동하는 대부분의 작명가들이 이름을 지을 때 고려하는 제일차적인 요소가 그 사람의 사주팔자를 보고 오행의 과불급을 따지는 일이다.

족보의 항렬, 장날을 정하는 원리

족보의 항렬을 정할 때도 오행 원리에 따랐다. 조선시대는 대가족제도이고 대가족제도에서 위아래를 구분하는 기준이 항렬을 정해놓고 이름을 짓는 방법이다. 예를 들어 할아버지의 항렬이 나무 목(木) 변이 들어가는 식(植)자라고 하자. 이때 아버지 항렬은 불 화(火) 변이 들어가는 글자 중에서 정한다. 영(榮)이나 영(煐)자가 그 예다. 그리고 나의 항렬은 흙 토(土) 변이 들어가는 글자 중에서 정한다. 예를 들면 규(圭)자다. 또한 나의 다음 항렬은 쇠 금(金) 변이 들어가는 글자 중에서 정한다. 예를 들면 종(鍾)자다. 그리고 쇠 금(金) 변 다음 항렬은 물 수(水) 변이 들어가는 글자 중에서 정한다. 예를 들면 영(泳)자다.

　이러한 순환에는 '오행의 상생 순서(相生順序)'라는 법칙이 있다.

　조용헌의 사주명리학 이야기

오행의 상생 순서는 수생목(水生木), 목생화(木生火), 화생토(火生
土), 토생금(土生金), 금생수(金生水)다. 수생목(水生木)에서 수(水)
는 목(木)을 도와주는 작용을 하기 때문에, 수를 부모로 보고 목을
자식으로 보았다. 이하 마찬가지다.

산을 보는 풍수에서도 마찬가지다. 조선시대 민사소송 사건의 60퍼
센트가 산송(山訟)에 관계된 사건이라고 한다. 산송이라 함은 명당
을 서로 차지하기 위한 소송사건을 일컫는다. 그만큼 풍수가 생활에
밀착되어 있었음을 말해준다. 풍수에서는 산의 형태를 오행의 형태
로 분류해 설명한다. 수체(水體)의 산은 물이 흘러가는 모양이고, 화
체(火體)의 산은 불꽃처럼 끝이 뾰족뾰족한 산, 예를 들면 영암의 월
출산 같은 산이다. 종교인들이 기도를 하면 '기도발'이 잘 받는 산이
라고 한다. 목체의 산은 끝이 삼각형처럼 된 산으로 문필봉이라 불
렸다.

필자가 지난 10년 동안 한국에서 400~500년 된 명문가의 종가집
이나 묏자리를 수십 군데 답사해보니까, 70퍼센트가 그 앞에 학자가
배출된다고 하는 문필봉이 포진해 있었다. 70퍼센트는 우연이 아니
고 풍수적 원리를 고려해 일부러 이런 곳을 잡은 결과다. 금체(金體)
의 산은 철모를 엎어놓은 것처럼 생긴 산이다. 이런 산세에서는 장군
이 나온다고 한다. 토체(土體)의 산은 책상처럼 평평한 모양을 한 산
이다. 제왕이 나온다는 산이다. 박정희 전 대통령 할머니 묘 앞에는
토체의 산이 안산(案山)으로 포진하고 있는데, 한국의 지관들은 대
부분 박 대통령이 토체의 산 정기를 받았으므로 대통령이 될 수 있었

다고 생각한다.

　한국의 장날을 정할 때도 이와 같은 다섯 가지 형태의 산의 모습을 따라 정했다. 장이라고 하면 경제행위가 이루어지는 곳이자, 조선시대 각 지역의 정보교환이 이루어지던 곳이다. 예를 들어 그 지역의 주산(主山) 모양이 수체일 경우에는 1일과 6일이 장날이다. 숫자 중에서 1과 6은 수를 상징하기 때문이다. 만약 주산의 모양이 화체일 경우에는 2일과 7일이 장날이다. 목체일 경우에는 3일과 8일, 금체일 경우에는 4일과 9일, 토체일 경우에는 5일과 10일이 장날이다.

　즉 장날을 정할 때도 원칙 없이 아무렇게나 정하지 않았다는 것이다. 오행 원리에 따라 질서정연하게 배치되었음을 알아야 한다. 처음 방문하는 지역일지라도 그 부근의 주산이 금체라는 사실을 알면 장날이 4일과 9일임을 추정할 수 있다.

양지의 성리학과 음지의 명리학

이와 같은 음양오행 사상으로 인간과 우주를 총체적으로 설명해주는 도표가 바로 '태극도(太極圖)'다. 태극에서 음양이 나오고 음양에서 다시 오행이 나오며 오행에서 만물이 성립되는 과정을 일목요연하게 설명한 도표가 태극도다. 태극도는 성리학자(性理學者)들의 우주관을 압축시킨 그림으로써 대단히 중요하게 여겨졌다. 그렇기 때문에 조선시대를 대표하는 성리학자들이 모두 태극도에 관심을 가지고 저

끝이 삼각형처럼 되어 있는 산을 문필봉이라고 하는데,
그 산에 묘를 쓰면 학자가 많이 배출된다는 이야기가 전해진다.

술을 남긴 바 있다.

퇴계의 『성학십도(聖學十圖)』, 남영의 『태극도여통서표(太極圖與通書表)』, 송구봉의 『태극문(太極問)』, 우암의 『태극문(太極問)』, 한강의 『태극문변(太極問辯)』, 사미헌의 『태극도열문답(太極圖說問答)』, 화서의 『태극설(太極說)』, 노사의 『답문유편(答問類編)』 등이 모두 그것이다. 주자성리학에서 도를 통했다는 의미는 바로 태극도를 완벽하게 이해하는 작업이었다고 해도 과언이 아닐 정도로 태극도는 조선시대에 중시되었다.

그런데 재미있는 사실은 명리학의 기본원리가 바로 태극도라는 사실이다. 태극도는 명리학의 기본 골격을 완벽하게 요약하는 이론이기도 하다. 바꾸어 말하면 사주팔자를 보는 명리학자의 우주관이나 성리학자의 우주관이 완전히 똑같다는 말이다. 조선시대는 태극도의 음양오행 원리에 의해서 역사의 변천이나 왕조의 교체, 그리고 인간의 운명을 해석하던 시대였다. 따라서 태극도에서 파생한 두 아들이 성리학(性理學)과 명리학(命理學)이라고 규정할 수 있다.

성리학은 인간 성품의 이치를 다루는 학문이고 명리학은 사람 운명의 이치를 다루는 학문이다. 그러나 같은 부모 밑의 두 아들은 각기 다른 길을 걸었다. 성리학은 체제를 유지하는 학문이 되었고, 명리학은 체제에 저항하는 반체제의 술법이 되었다. 성리학은 태양의 조명을 받아 양지(陽地)의 역사(歷史)가 되었고 명리학은 달빛의 조명을 받아 음지(陰地)의 잡술(雜術)이 되었다. 임금이 주재하는 궁궐 내의 학술세미나에서는 성리학이 토론의 주제가 되었고, 금강산의 험난한 바위굴 속에서 이루어졌던 당취들의 난상토론에서는 명리학이 단골 메뉴였을 것이다.

명리학과 성리학의 상관관계를 추적하다 보니까 진단과 서자평의 인간관계가 예사롭지 않았다는 사실을 발견했다. 진단은 태극도를 중국 화산(華山)의 석벽에 각인해 후세에 전한 인물이다. 태극도가 성리학자들에게 전해진 계기는 진단 덕택이다. 그는 북송(北宋) 초기의 저명한 도사(道士)다. 후당(後唐) 때 무당산(武當山)의 구실암(九室巖)에 은거하며 신선술을 연마했으며, 북송 초기에 화산으로 옮겨와 살면서 여러 은사들과 교류했다.

이때 화산에서 같이 수도한 인물이 바로 명리학의 완성자인 서자평이다. 태극도의 진단과 명리학의 서자평은 같은 화산에서 인간관계를 맺으며 수도한 사이였

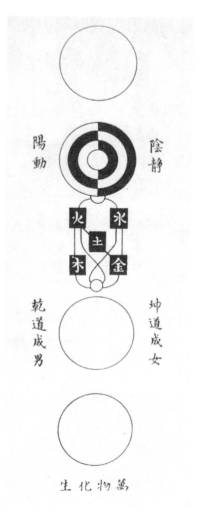

성리학의 기본원리인 태극도. 재미있게도 태극도는 음양오행설을 총체적으로 보여주는 도표다. 바꾸어 말하면 사주팔자를 보는 명리학자의 우주관이나 성리학자의 우주관이 똑같다는 말이다. 그러나 성리학은 체제를 유지하는 학문이 되었고, 명리학은 반체제의 술법이 되었다.

다. 사람의 인연이란 이처럼 멀고도 가깝다. 당연히 두 사람은 서로 사상적인 영향을 주고받았을 것이고, 그러한 맥락에서 서자평의 명리학이 탄생했다고 여겨진다. 이렇게 놓고 본다면 성리학과 명리학이 같은 패러다임이라는 사실이 전혀 이상하지 않다. 실은 상호 보완적 관계이기도 하다.

조선시대의 사주팔자. 이는 개인의 길흉화복을 예측하는 점술이기도 했지만 한편으로는 체제를 전복하려는 혁명가들의 신념체계로 작동했다는 사실을 주목해야 한다. 신비적인 것이 곧 합리적인 것이고, 종교적인 것이 곧 정치적인 것이라는 명제를 다시 한 번 확인한 셈이다.

사람 분별의 기준,
'신언서판'이란 무엇인가

정기는 눈에서 나타난다

신, 언, 서, 판(身·言·書·判). 오랜 세월 동안 동양사회에서 인물을 평가할 때 적용하던 기준이다. 신(身)이란 관상(觀相)을 일컫는다. 남자의 관상을 볼 때 포인트는 눈이다. 정기(精氣)는 눈에서 표출된다고 본다. 그러나 지나치게 눈빛이 형형하게 빛나면 총기는 있지만 장수(長壽)는 못한다고 본다.

   도교 내단학(內丹學)에서 말하는 인체의 세 가지 보물(三寶)은 하단전의 에너지인 정(精), 중단전의 에너지인 기(氣), 그리고 상단전의 에너지인 신(神)이다. 눈빛에서 나오는 총기는 신(神)에서 나오는 것이다. 쉽게 말하면 가공하지 않은 자연 상태의 원유가 정(精)이라고 한다면, 원유를 어느 정도 가공해 나온 석유가 기(氣)이고, 상당히 가공해 나온 휘발유가 바로 신(神)에 해당한다. 휘발유는 상당히 가공된 것이어서 귀하고 비싼 기름이다. 그러므로 평소에도 신(神)이 항상 빛난다는 것은 비싼 휘발유인 신(神)이 지나치게 과소비되고 있음을 의미한다.

신(神)은 기(氣)에서 나오는 것이고, 기(氣)는 다시 정(精)에서 생산되는 것이므로, 신(神)을 많이 소비하게 되면 결과적으로 하단전의 정(精)과 중단전의 기(氣)도 이에 비례해 빨리 고갈되게 마련이다. 사용하지 않을 때는 스위치를 꺼놓아야지 항상 스위치를 켜놓고 있으면 배터리가 빨리 방전되는 이치다. 그러므로 관상가들은 눈빛이 지나치게 반짝거리면 빨리 죽을 가능성이 있다고 진단한다. 눈에 총기가 가득한 천재들이 대체적으로 장수하지 못하고 빨리 죽는 것은 이러한 이유 때문인 것 같다.

회광반조(回光返照). 빛을 돌려 아랫배를 관조하라는 말은 눈의 총기를 밖으로 뿜어내지 말고 내면으로 감추라는 말이다. 자기 몸을 감추는 둔갑술이란 바로 눈빛을 감추는 일이다. 인도의 성자 라마나 마하리쉬의 눈빛을 보라! 지극히 고요하고 편안하면서도 보는 사람을 감동시키는 눈빛이다. 오사마 빈 라덴의 눈빛도 수준급이다. 사람을 폭발시키는 테러리스트답지 않게 고요하고 편안한 눈빛이다. 이미 죽음을 받아들인 사람의 눈빛으로 보인다. 아마 기도를 많이 한 것 같다.

관상을 볼 때 또 하나의 포인트가 찰색(察色)이다. 얼굴의 색깔을

남자의 관상을 볼 때 포인트는 눈이다. 인도의 성자 라마나 마하리쉬(왼쪽)의 눈빛이나 테러리스트 오사마 빈 라덴(오른쪽)의 눈빛도 고요하고 편안한 눈빛이다.

보는 일이다. 얼굴 생김새와 윤곽은 선천적으로 타고나지만, 얼굴의 색깔은 그때그때 상황에 따라 수시로 변한다. 찰색을 일명 '기찰(氣察)'이라고도 부르는데, 그 사람의 장기 운세는 관형(觀形)을 가지고 판단하지만, 눈앞에 직면한 단기적인 운세 판단은 찰색을 보고 예감한다. 예를 들어 그 사람의 이마에서 빛이 나면 관운이나 승진운이 있다고 판단하고, 양쪽 눈 중간의 콧대 부분이 시커멓게 보이면 조만간 죽을 수도 있다고 본다.

　관상의 대가들로부터 전해 내려오는 찰색의 핵심은, 관상은 반드시 한낮인 정오에 보아야 하며 나무그늘 밑에서 보아야 한다는 점이다. 정오는 태양이 중천에 떠서 자연광이 가장 밝은 시점이다. 그러나 너무 밝아 얼굴의 미세한 명암을 볼 수 없다. 나무그늘 밑은 자연광을 약간 차단하는 곳이므로 음양의 균형이 잡힌 지점이라고 본다. 문제는 조도(照度)다. 저녁 때 카페 불빛에서는 찰색을 제대로 파악하기 힘들다. 조도가 가장 균형을 갖추는 시점에 보라는 이야기다.

사주를 보려면 생년월일시를 만세력에서 찾아 십간 십이지의 복잡한 방정식을 풀어야 하는 과정이 필수적이지만, 관상은 상대방의 얼굴을 한눈에 판단할 수 있으므로 사주에 비해 신속하다는 장점이 있다. 그래서 필자는 관상을 돈오(頓悟, 한순간의 깨달음)에 비유하고 사주는 점수(漸修, 점진적으로 닦음)에 비유하곤 한다.

중세에 서양귀족들이 사람을 만나러 출장을 갈 때 반드시 대동하

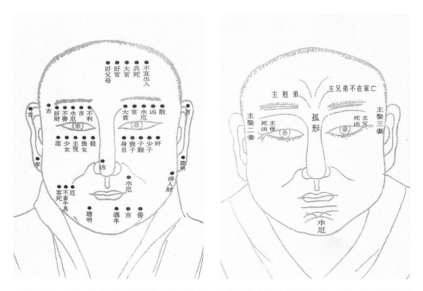

신언서판(身言書判) 중 신(身)은 관상을 의미한다. 관상의 중점은 눈빛과 찰색(察色)에 있다. 관상은 사주에 비해 신속하다는 장점이 있어 '돈오(頓悟)'에 비유된다.

조용헌의 사주명리학 이야기

는 두 사람이 있었는데, 한 명은 이발사이고 다른 한 명은 관상가였다고 한다. 정치나 사업이나 결국 새로운 사람을 만나는 일이고, 상대를 겪어보기 전에 신속하게 파악하기 위해서는 관상만큼 효율적인 방법이 없다. 관상을 제대로 마스터하려면 의학까지 공부해야만 하고 그다음에 최소한 1만 명 정도의 임상실험을 거쳐야 경지에 들어설 수 있다고 한다. 내공의 힘은 이론만 가지고 되는 것이 아니라 임상실험 횟수에 비례한다. 경험의 두께가 중요하다는 말이다.

따라서 관상의 대가는 하루아침에 배출될 수 없다. 20~30년의 누적된 투자가 필요한 것이다. 1960년대까지만 해도 우리 사회에는 관상의 고수들이 많이 있었지만, 관상 보는 일이 사회적으로 천한 직종으로 여겨지다 보니 소질 있는 젊은 사람들이 이 업종(?)에 입문하기를 꺼려해 현재는 후계세대가 거의 단절되다시피 했다.

전설적인 '관상학 대가' 백운학

근래 우리나라에서 관상의 대가를 꼽으라면 단연 백운학(白雲鶴)이다. 1970~80년대까지 서울에는 백운학이라는 이름을 사용하는 관상가가 상당수 활동했을 만큼 백운학은 관상계에서 전설적인 인물이다. 그러나 원조 백운학은 요즘 사람이 아니라 구한말 대원군 시대에 활동했던 인물이다. 역문관 유충엽 선생으로부터 들은 바에 따르면 백운학은 경북 청도 사람이라고 한다. 그는 젊었을 때 청도 운문사

관상학의 대가라 불리는 백운학이 젊었을 때 일허선사에게 관상학을 사사한 청도 운문사

(雲門寺)에 있던 일허선사(一虛禪師)를 만나 관상학의 교과서라 할 수 있는 『신상전편(神相全篇)』을 사사했다.

백운학은 일찍이 관상에 소질을 보였던 모양이다. 일허선사는 백운학에게 "너는 애꾸가 되어야 한다. 한쪽 눈이 없는 애꾸가 되어야 사람들을 정확하게 볼 수 있다"고 충고했다. 일허선사의 가르침에 따라 백운학은 멀쩡했던 한쪽 눈을 담뱃불로 지져 자신을 진짜 애꾸로 만들었다. 그러한 대가를 치르면서 백운학은 관상의 깊은 경지로 들어갔던 것 같다. 청도에서 관상 수업을 마친 백운학은 어느 날 한양으로 올라온다. 당시 대원군이 살던 운현방(현재 운현궁이 있는 자리)을 찾아가 마당에서 팽이를 치고 있던 13세 소년 명복(命福) 도련님에게 "상감마마, 절 받으십시오." 하고 땅바닥에서 큰절을 올린다.

열세 살 먹은 어린아이에게 임금이라면서 큰절을 올렸다는 보고를 받은 대원군은 하도 황당해 애꾸눈 백운학을 불러 자초지종을 묻는다. 백운학이 말하기를 "제가 한양에 와서 보니 이곳 운현방에 왕기가 서려 있음을 보았습니다. 저기서 팽이를 치고 있는 도련님은 제왕의 상을 갖춘 분이라서 큰절을 올린 것입니다"라고 했다. 그러고 나서 백운학은 대원군에게 복채를 요구했다. 얼마를 주면 되겠느냐고 하니까 이리 대답했다. "제왕의 상을 보았는데 3만 냥은 주셔야 하지 않겠습니까? 지금 달라는 것이 아니고 4년 후에 주시면 됩니다."

3만 냥이면 엄청난 거액이었다. 하지만 당시 대원군은 돈이 없던 시절이라 복채를 곧바로 줄 수는 없었고, 약속어음 비슷한 증서를 백운학에게 써주었다고 한다. 과연 그로부터 4년 후에 명복 도련님은

　　　　　　　　　　　　　　　조용헌의 사주명리학 이야기

고종으로 즉위했고, 그 소식을 들은 백운학은 복채를 받기 위해 대원군이 써준 어음을 들고 운현방으로 찾아갔다. 대원군을 찾아갈 때 백운학은 당나귀 네 마리를 끌고 갔다고 한다. 당나귀 네 마리는 3만 냥의 엽전을 싣기 위한 용도였음은 물론이다. 복채 3만 냥 외에도 백운학은 대원군에게 벼슬을 요구했다. 벼슬도 못하고 죽으면 신위(神位)에 '현고학생(顯考學生)'이라고 써야 하니까, 학생(學生)을 면하기 위해서 백운학은 청도현감 자리를 추가로 요구했다.

백운학은 복채로 3만 냥과 함께 청도현감이라는 벼슬까지 받았다고 한다. 배포 한번 대단했던 셈이다. 이러한 연유로 백운학의 명성은 전국적으로 알려졌고, 이후 조선팔도에는 수많은 가짜 백운학이 탄생하게 된다. 여기저기 백운학이라는 이름을 사용하는 관상가가 하도 많아서 1990년대 중반 정보기관에서 전국의 백운학이 과연 몇 명인가를 조사한 적이 있었다. 그 수가 자그마치 29명이나 되었다고 한다. 광주에서는 세 명의 백운학이 활동하고 있었는데, 웃지 못할 사실은 그 세 명의 백운학이 모두 같은 빌딩에서 영업하고 있었다는 것이다. 서로 자기가 진짜 백운학이라고 주장했음은 물론이다.

사주와 관상, 돈오점수의 상호보완 관계

필자도 사주를 연구하다 보니까 그 사람의 태어난 시가 불확실할 때는 관상을 참고하면 많은 도움이 된다는 사실을 인식하게 되었다. 앞에서 설명한 바와 같이 관상과 사주는 돈오점수(頓悟漸修)의 상호보완적인 관계다. 필자는 관상을 제대로 배우기 위해 재야의 숨어 있는 관상의 대가들을 수소문한 바 있다. 그 과정에서 뜻밖에도 재야(在野)가 아닌 대학교수 가운데 관상에 조예가 깊은 인물을 알게 되었다. 성균관대 미대 교수로 있던 이열모 교수가 바로 그 사람이다.

1997년, 원광대 서예과 김수천 교수의 소개로 이열모 교수를 만나 관상에 얽힌 이야기들을 듣게 되었다. 이 교수로부터 들은 관상담(觀相談) 가운데 유명한 일화가 내무부 장관을 지낸 안응모 씨의 승진을 알아맞힌 이야기다. 안응모 씨는 말단 경찰 공무원으로 시작해 장관에까지 오른 입지전적 인물이다. 친구였던 안응모 씨가 승진할 때마다 이 교수는 관상을 보고 그 사실을 미리 알아맞혔는데, 세 번 예언에서 세 번 모두 적중했다. "자네 언제쯤 승진할 것 같네." 하면 어김없이 그 시기쯤에 안응모 씨가 승진하곤 했던 것이다.

이 교수가 관상을 잘 본다는 소문이 나자 그의 화실로 사람들이 몰려와 관상을 봐달라고 사정하는 통에 화실을 여러 번 옮겨야만 하는 에피소드도 겪었다. 미국 조지워싱턴대학교 유학시절에도 친분 있는 교포들이 관상을 보러 오기도 했다. 아무튼 박 대통령만 제외하고 이후락 정보부장, 고 박종규 경호실장을 비롯한 정·관계 모모 인사들이 중간에 사람을 넣어 이 교수에게 자신들의 관상평(觀相評)을 부탁하곤 했다. 직업적인 술객이 아니고 동양화를 전공한 현직 대학교수였던 만큼 더욱 신뢰감이 갔던 것일까!

이 교수가 처음 관상을 배우게 된 인연도 재미있다. 그는 서울대학교 동양화과에 다니다 6·25를 만나 부산으로 피난을 갔다. 피난한 사람이 많아 조그만 여인숙 방 하나를 어떤 영감님과 함께 사용해야만 했다. 그런데 이 영감님이 관상의 대가 김경운(金慶雲) 씨였다. 같은 여인숙 방에서 피난살이하던 대학생 이열모의 관상을 보고 "너는 난리통에도 절대 죽지 않는다. 그다음에는 언제 대학교수가 되고, 이후로 이러저러하게 살 것이다"라는 예언을 했다. 결과적으로 지나온 인생을 되돌아보니 이 양반이 했던 예언은 거의 적중했다는 것이 이 교수의 술회다.

김경운 씨를 통해 관상의 세계라는 것이 있다는 것을 알게 된 터에, 서울대학교 미대 재학시절 부처상을 소묘하면서 부처님의 얼굴을 왜 이렇게 조성했을까, 32상 80종호는 무엇인가, 가장 이상적인 성자의 얼굴은 어떤 모습일까에 대해 관심을 갖게 되었다고 한다. 그래서 길을 걷거나 버스를 타면 사람들의 얼굴을 유심히 뜯어보곤 했다. 6·25 이후 어느 날 대학생 이열모는 우연히 소격동 쪽을 지나가다 어느 관상 보는 집을 들르게 되었다. 그런데 관상과 인연이 있어서였는지 거기에서는 부산 여인숙에서 만났던 김경운 씨가 관상을 보고 있지 않은가.

그때부터 시간이 날 때마다 김경운 선생에게 놀러갔고, 유망한 제자가 들를 때마다 김경운 씨는 관상의 핵심을 전수해주었다. 하지만 김경운 선생은 이열모에게 "자네는 관상에 타고난 소질이 있어서 조금만 더 공부하면 이 분야의 대가가 될 수 있지만, 관상쟁이라는 것이 천대받는 직업이니까 대학교수를 하라"고 충고했다. 이열모 교수는 한동안 관상의 적중도에 심취해 있다가 40대 후반 들어서면서 다른 사람의 앞날을 미리 안다는 일이 무섭게 느껴졌을 뿐더러 동시에 허무하다는 생각이 들었다고 한다. 그 뒤로는 관상 보는 일을 중단했다. 단 대학에서 자신에게 수업을 받은 학생들이 졸업할 무렵에는 진로 선택에 관련된 조언만큼은 해주었다고 한다.

1997년 W미술관에서 이열모 교수를 만나 관상 이야기를 나누면서 필자는 이 교수에게 '한국의 관상학'에 대한 책을 하나 써주시면 어떻겠느냐고 엉뚱한(?) 부탁을 드린 적이 있다. 사실 이 분야는 한국의 이면문화사(裏面文化史)요 생활사에 해당하기도 한다. 미술평론에 관한 책이야 선생이 아니라도 쓸 사람이 많지만, 관상에 대한 내용은 이열모 교수 같은 분이 책을 써놓지 않으면 영영 사라져버리고 말겠기에.

관상을 보고 소를 찾아준 의산 김경운

필자는 이열모 교수와의 대담을 통해서 당시 서울에서 유명했던 관상가 김경운이라는 존재를 기억하게 되었다. 후일 고천문학(古天文學)을 배우기 위해서 삼정(三正) 권영원(權寧遠) 선생을 만나던 중에 우연히 관상 이야기가 화제로 떠올랐는데, 이때 김경운이라는 관상가를 아는가 하고 삼정 선생에게 여쭈었다. 뜻밖에도 잘 알고 있었다. 세상이 넓은 것 같지만 마니아 세계에서 보자면 실로 좁은 것이

조용헌의 사주명리학 이야기

세상이다.

김경운의 호는 의산(義山)이었고, 단순히 돈이나 몇 푼 받고 관상이나 보아주던 술객이 아니었다. 삼정 선생은 의산과 상당한 교분이 있어서 명륜동과 소격동 일대에서 관상을 보고 살았던 그의 이야기를 들려주었다. 의산은 원래 무주 사람이었다. 관상공부는 특별히 어떤 선생으로부터 배운 게 아니고 본인이 생계수단으로 숯장사를 하면서 혼자 터득했다고 한다. 거리에서 숯을 놓고 팔면서 지나가는 사람들이 숯을 사가거나 말거나 오로지 관상책만 들여다보면서 독학을 했다. 그러다가 종종 지나가는 사람들의 관상을 보고 실전연습을 했다. 당신 직업이 뭐라는 둥, 또는 언제 상처했는지, 사업해서 돈을 벌었겠다는 등의 이야기를 하면 들어맞는 수가 많았다.

이론을 스스로 공부한 다음부터는 지나가는 사람들을 상대로 관상이 과연 맞는가 안 맞는가 임상실험을 했던 것이다. 삼정 선생이 관상공부의 요령을 물으니, "책은 기본이다. 실전 경험에서 문리가 터져야 한다"고 대답했다고 한다. 핵심은 실전이 중요하다는 이야기였다. 의산이 관상의 교과서로 삼은 책은 『상리형진(相理衡眞)』이었다. 쉽게 볼 수 없는 책이다. 하루는 어떤 사람이 의산을 찾아와서 "당신처럼 귀신같이 관상을 맞추는 사람은 처음 보았다!"고 감탄하면서, 의산의 관상 실력을 높이 평가하는 이야기를 하더라는 것이다. 의산의 관상평이 그대로 적중했던 모양이다. "도대체 무슨 일을 맞추었기에 그러느냐?"고 물었다.

"내가 시골에서 사는 사람인데 하루는 집에서 키우던 소를 잃어버렸다. 하도 막막해서 의산을 찾아와 언제 소를 찾겠느냐, 과연 찾을 수 있겠느냐? 하고 물었다. 별다른 기대를 하고 물어본 것도 아니었다. 답답해서 하소연한 셈이었다. 그런데 의산이 내 얼굴을 보더니, '아무 날 점심때쯤 동네 미루나무에 올라가보면 안다'고 대답하는 게 아닌가. 처음에는 허무맹랑한 소리로 알았다. 혹시나 하고 그날 동네의 미루나무에 올라가보니까 동네 전체의 집이 다 보였다. 높은 데서 보니 집집의 마당이 보였는데, 과연 어떤 집 마당에 내 소가 매여 있질 않은가. 그래서 소를 찾을 수 있었다"는 고백이었다.

삼정 선생이 의산에게 "어떻게 그런 것을 알 수 있느냐?"고 물었다. 의산은 "그 사람 얼굴 부위 가운데 도적구(盜賊丘)가 밝았고, 특히 산림(山林)골이 밝아서 잃어버린 것을 찾을 줄 알았다"고 대답했다. 관상에서 말하는 도적구란 부위는 눈썹 끄트머리 부분을 가리킨다. 이 부분이 어두우면 도둑을 맞아도 못 찾지만 밝으면 찾을 수 있는 것으로 판단한다. 도적구 부위를 세분해서 그 윗부분을 산림골이라 한다. 산림골이 밝으면 글자 그대로 산에서 사는 게 좋은 관상이다. 그런데 소를 잃어버린 사람은 산에서 살지 않고 시골 동네에서 산다. 동네라서 산이 없더라도 미루나무는 있을 것 아닌가? 동네에 미루나무가 있느냐고 물으니까 마침 "있다"고 대답하기에 미루나무에 올라가라고 충고한 것이다.

산림골이 좋은 관상에는 산에 가라고 충고해야 하지만, 산이 없으니까 대신에 미루나무에 올라가라고 처방을 내린 것이다. '도적구'나 '산림골'이라는 용어는 『상리형진(相理衡眞)』에 나오는 표현들이다.

조용헌의 사주명리학 이야기

후일 충남대 총장도 지내고, 평생 동안 『정역(正易)』 연구에 몰두하게 되는 학산(鶴山) 이정호(李正浩) 선생이 젊었던 시절에, 관상잘 본다는 소문을 듣고 명륜동에 살던 의산을 찾아갔다. 의산이 키가껑충하게 큰 학산을 힐끗 한번 쳐다보더니, "일 끝나면 와라. 따로 할이야기가 있다"고 조용히 말했다. 저녁 무렵에 학산을 찾아가니까 "나중에 세계에 알려질 책을 쓸 것이다"라고 예언했다. 스승인 학산 선생으로부터 의산의 관상실력을 전해 들은 바 있는 삼정도 의산에게 관상을 보러 갔다. 역시 "나중에 와라!" 하는 대답을 듣고 저녁에 가니까 "『정역』을 배워라. 후일 좋은 세상이 온다"는 말을 해주었다고 한다.

1950~60년대 서울의 유명한 관상가였던 김경운도 『정역』의 세계를 알고 있었던 정역파(正易派)였고, 그 역시 계룡산 국사봉을 여러 번 다녀가기도 했다. 1950년대 후반 계룡산 국사봉 아래에 향적산방을 지어놓고 『정역』을 연구하면서 계룡산파를 집결시킨 장본인인 이정호 선생이 관상의 달인이었던 김경운과의 만남을 계기로 해서 『정역』의 세계에 발을 들여놓았다는 이야기는 흥미로운 부분이아닐 수 없다.

목소리를 들으면 성격을 알 수 있다

신(身) 다음에는 언(言)이다. 언(言)이란 그 사람이 말을 얼마나 조리 있게 하는가를 보는 일이다. 언을 조금 깊게 들어가면 목소리의 색깔(voice color)을 분석해보는 일이 중요하다. 어떤 사람은 보이스 컬러를 가리켜 성문(聲紋)이라고도 표현한다. 사람마다 지문(指紋)이 다르듯 목소리의 결인 성문도 각기 다르다는 것이다. '관상이 불여음상(觀相不如音相, 관상보다 음상이 더 중요하다)'이라는 말이 있을 만큼 목소리는 인물 됨됨이를 판단할 때 근본적인 자료로 활용된다. 고(故) 박정희 대통령의 경우가 바로 여기에 해당하는 사례다.

박 대통령은 관상보다 목소리가 좋아 대통령이 되었다는 분석도 있다. 1970년대 박 대통령이 대중 연설하는 목소리를 들어보면 마치 종을 때리는 것 같은 카랑카랑한 쇳소리가 나왔다. 이를 오행으로 분석하면 금(金) 기운의 목소리로 본다. 금의 성질은 과감하고 결단력이 있으므로, 그 사람의 목소리에서 쇳소리가 나오면 금성(金聲)으로 분류한다. 김영삼 전 대통령의 목소리는 전형적인 목성(木聲)이다. 목의 기운이 많은 목소리는 맑고 우렁찬 느낌을 준다. 목은 오행에서 인(仁)을 상징하기 때문에 목성의 소유자는 인정이 많다고 한다. 목성은 제자들을 많이 키우는 학자들에게서 주로 발견된다.

사람마다 각기 목소리가 다른 이유는 인체 내의 오장육부(五臟六腑)가 각기 다른 데서 연유한다. 목소리는 그 사람의 오장육부의 진동에 따라 나오는 것이고, 사람마다 장기 크기와 강약이 다르므로 목소리 컬러도 각기 다를 수밖에 없다. 예를 들어 오장(五臟) 가운데 상대적으로 비장이 강한 사람의 목소리 톤은 '음~' 소리가 강하고, 폐장이 강한 사람은 '아~' 소리가 강하다. 간장이 강한 사람은 '어~' 소리가 강하고, 심장이 강한 사람은 '이~' 소리가, 신장이 강한 사람

조용헌의 사주명리학 이야기

은 '우~' 소리가 강하게 나온다. '음, 아, 어, 이, 우' 이 다섯 가지 소리는 각각 비장, 폐장, 간장, 심장, 신장과 연결되어 있다. 음, 아, 어, 이, 우의 음 높이는 전통 음계인 궁, 상, 각, 치, 우와 나란히 만난다. 궁에 해당하는 '음~' 소리가 가장 낮은 소리고 '우~' 소리가 가장 높은 소리다.

그 사람의 목소리를 들어봐서 '음~' 소리가 강하게 나오면 이 사람은 오장 중에서 비장이 튼튼하고, 그 성격은 군왕의 성품이 있다고 판단한다. 그런데 음 소리가 적당하면 군왕의 위엄이 있는 좋은 목소리지만 지나치면 다른 사람의 말을 듣지 않는 교만한 성격일 가능성이 있다. '아~' 소리는 폐장에서 나오는 소리로 노(怒)하는 마음이 들어 있다. '어~'는 원망하는 마음이, '이~'는 슬픈 마음이, '우~'는 신장에서 나오는 소리로 음란한 마음이 들어 있다.

이러한 각도에서 볼 때 서양음악의 여자 소프라노들이 내는 소리들은 '우~' 소리에 해당한다. 이는 곧 음란한 소리, 즉 섹슈얼한 소리인 것이다. '우~' 소리는 신장에서 나오는데, 신장이 강한 사람들은 수기(水氣)가 강해 다분히 섹스를 즐길 수 있는 사람들이다. 참고로 과로해서 피곤할 때 목젖(편도선)이 먼저 붓는 사람은 신장이 약하다는 표시고, 어금니가 솟는 사람은 간장이 약하며, 혓바늘이 솟는 사람은 심장이 약하고, 입술이 부르트는 사람은 비장(위장)이 약하며, 앞니가 솟는 사람은 폐장이 약한 증거로 본다.

음상을 본다는 것은 이러한 음, 아, 어, 이, 우와 같은 소리의 기준에 맞추어 그 사람의 목소리를 분석해보고, 그 분류 등급에 따라 그 사람의 성격과 행동양식을 미리 짐작해보는 작업이다. 목소리는 인격의 표상인 것이다. 이는 또한 마음을 수양하는 수련 방법에도 이용되었다. 신장이 약한 사람은 '우~' 소리를 집중적으로 연습하면 신장이 강화되고 심장이 약하면 '이~' 소리를 집중적으로 발성하면 효과가 있다. 다른 내장 기관도 마찬가지다. 이러한 '음아어이우' 발성 수련법은 『정역(正易)』의 저자이기도 한 김일부(金一夫, 1826~1898) 선생에 의해 체계적으로 정리된 바 있다.

김일부는 조선 초기 서화담에서 시작해 이토정-이서구-이운규로 내려오는 조선의 도맥을 이어받은 도학자다. 그는 '음아어이우'를 길게 반복해 소리 내면서 춤추고 노래 부르는 '영가무도(靈歌舞蹈)' 수련을 한 것으로 전해진다. 오늘날 '음아어이우'의 영가무도 수련법은 일부 선생을 추종하는 정역파(正易派)를 통해 전해 내려온다. 이정호 선생, 그리고 그 뒤를 이은 권영원 선생이 전법 제자들로, 필자는 대전에 사는 권영원 선생을 통해 이러한 한국 고유의 음상학(音相學)을 접할 수 있었다.

사판을 거쳐서 이판으로 가라

서(書)는 글씨다. 좁은 의미로는 글씨체를 가리키지만 넓은 의미로는 문장력을 말한다. 요즘이야 붓을 사용하지 않고 컴퓨터 자판을 통해 글을 쓰는 세상이라 글씨체는 별 의미가 없다. 대신 문장력은 여전히 힘을 발휘한다. 한국사회의 여론은 여전히 글을 쓰는 칼럼니스트, 신문기자, 논객, 작가들이 영향력을 행사한다. 그런 만큼 글을 잘쓴다는 것은 상당한 능력이라 아니할 수 없다. 자기 생각의 50퍼센트만 말로 표현할 수 있어도 그 사람은 웅변가라고 할 수 있고, 자기말의 50퍼센트만 글로 전달할 수 있어도 그 사람은 대단한 문장가에속한다.

판(判)은 무엇인가. 판단력이다. 신과 언과 서를 보는 이유는 최종적으로 판단력을 보기 위해서다. 결국 판단력에서 인간의 능력은 결판이 난다. 인생사는 예스냐 노냐 하는 판단의 연속이다. 결정적인순간에 판단 한번 잘못 내리면 만사가 끝장날 수 있다. 지도자의 자질 가운데 가장 중요한 첫 번째 능력 역시 판단력이다. 그런 만큼 신언서판 중에서 필자는 판단력이 가장 중요한 능력이라고 생각한다.

판단에는 두 가지 차원이 있다. 하나는 이판(理判)이고 다른 하나는 사판(事判)이다. 이 둘을 합쳐 흔히 '이판사판'이라고 한다. 이판사판의 어원은 불교의 『화엄경』에서 유래했다. 불교경전 중에서 최고의 경전이라고 일컬어지는 『화엄경』에서는 인간사의 범주를 이(理)와 사(事)로 파악한다. 이는 본체의 세계이고, 사는 현상의 세계다. 이는 눈에 안 보이는 형이상(形而上)의 세계이고, 사는 눈에 보이는 형이하(形而下)의 세계이기도 하다. 색즉시공(色卽是空)이라고할 때 이는 공(空)의 세계이고, 사는 색(色)의 세계와 같다. 양자는마치 동전의 양면처럼 서로 같으면서도 다른 관계에 있다.

같으면서도 다르다는 점이 사람을 헷갈리게 만든다. 『화엄경』에서 추구하는 이상적인 인격은 이판과 사판에 모두 걸림이 없는 경지의 인격이다. 대체적으로 사판은 데이터를 분석 종합해 내리는 합리적인 판단이고, 이판은 직관적이고 영적인 차원에서 내리는 판단이다. 예를 들어 처녀총각 중매를 할 때 신랑의 학벌, 직업, 외모, 집안을 따지는 것은 사판에 속한다. 그러나 조건이 좋다고 해도 둘이 만나 백년해로할 것인가는 100퍼센트 장담할 수 없다. 조건이 좋다고 무조건 잘사는 것은 아니다. 그래서 두 사람의 생년월일시를 놓고 사주와 궁합을 본다.

사주와 궁합을 보는 작업이 이판에 속한다. 사판능력은 인생경험에 비례해 증가하지만, 이판능력은 경험세계와 데이터를 초월한 영역이므로 이 분야 전문가의 도움을 받아야 한다. 이판과 사판이 모두 좋게 나오면 일은 거의 성사된다. 이판사판이면 더 이상 생각할 필요 없이 밀어붙인다는 뜻에서 '에라, 이판사판이다'라는 말이 나온 것이다. 여기서 유의할 대목은 무턱대고 사주, 궁합부터 볼 일은 아니라는 점이다. 먼저 사판을 충분히 검토하고 그다음에 이판을 보는 것이 순서다. 합리적인 과정을 한 번 거쳐 신비적인 영역으로 들어가는 수순이 지혜로운 자의 태도다. 이름하여 선사판(先事判) 후이판(後理判)이다.

주자성리학(朱子性理學)의 창시자인 중국의 주자도 인생 후반부에는 사판을 거친 다음 이판을 내린 사례가 발견된다. 당시 주자는 조정의 권력자를 비판하는 상소문을 황제에게 전달하려고 했다. 그러자 주자의 제자들이 이를 적극 반대했다. 아무리 옳은 내용이라도 권력자를 비판하면 틀림없이 화를 입는다고 만류했다. 주자는 상소문을 올리려고 하고 제자들은 반대하고 그러다가 마침내 주역의 괘(卦)를 뽑아 결정하기로 했다. 기록에 따르면 그때 뽑은 괘가 바로 천산돈(天山遯)˙괘였다고 전해진다. 이는 64괘 중에서 33번째 괘로서 위에는 하늘(乾)이 있고 아래로는 산(艮)이 있는 괘다. 이 괘의 내용은 물러가 은둔하라는 뜻이다. 돈괘(遯卦)를 뽑은 주자는 스스로를 둔옹(遯翁)˙˙이라 자처하면서 상소를 포기하고 운둔했다. 주자는 제자들과 충분히 토론을 거친 다음 결판이 나지 않는 상황에 이르자 마지막에 점을 쳤던 것이다. 처음부터 무턱대고 점을 친 것은 아니라는 사실에 주목해야 한다.

하지만 50대 50으로 결판이 나지 않는 모호한 상황에서 자존심을 내세워 무리하게 결정을 내리는 행위도 지혜가 없는 자의 태도다. 주자 같은 인물도 마지막에는 경건하게 마음을 가다듬고 하늘의 뜻을 묻는 점을 쳤던 것이다. 점을 우습게 볼 일도 아니라는 말이다. 점의 역사는 5천 년이 넘는다. 인류문명과 함께 해온 것이 점이다. 필자가 생각할 때 주자의 판단은 이판과 사판의 종합을 보여준 대표적인 사례다.

˙ 이때는 '돈'으로 읽는다.
˙˙ 이 경우에는 '둔'으로 읽는다.

한국 명리학계 '빅3', 이석영 · 박재완 · 박재현

이판 가운데 대표적인 방법이 사주명리학에 의거한 판단이다. 그러자면 유능한 명리학자의 도움을 받아야 한다. 의사라고 다 같은 의사가 아니고 명의가 있고 돌팔이가 있듯 명리학자의 수준도 천층만층이다. 고수는 명리학자라 부르고 하수는 사주쟁이라 부른다.

필자가 꼽는 근래 한국 명리학계의 '빅3'는 자강(自彊) 이석영(李錫暎, 1920~1983), 도계(陶溪) 박재완(朴在琓, 1903~1992), 제산(霽山) 박재현(朴宰顯, 1935~2000)이다. 만약 명리(命理)를 겨루는 메이저리그가 있어서 한국의 빅3가 동반 출전한다면 그야말로 환상적인 드림팀이 되지 않았을까. 아마 세 명 모두 20승 이상은 거뜬히 올렸을 것이다.

필자는 돈 좀 생기면 한국에서 '세계 예언자' 리그를 개최할 계획이다. 여차하면 미국에 있는 에드가 케이시(Edgar Cayce, 1877~1945) 재단과도 협조할 방침이다. 한국에서 '세계 예언자' 리그가 열리면 CNN이 도시락 싸들고 중계하러 오지 않을까. 매우 인상적인 이벤트 사업이 될 것이다. 이제 이판의 대가였던 한국의 빅3에 관한 이야기를 시작해보자.

빅3 가운데 가장 먼저 작고한 자강 선생에 관한 이야기부터 들어가볼까 한다. 자강을 빅3에 포함시킨 이유는 그의 학문적 업적에 있다. 자강이 한국 명리학계에 기여한 최대 공로는 『사주첩경(四柱捷徑)』 총 6권을 저술했다는 데 있다. 『사주첩경』 6권의 비중을 비유하자면 의학의 『동의보감』에 해당된다. 『사주첩경』은 한국 명리학계의 『동의보감』이라 해도 과언이 아니다. 허준이 『동의보감』을 저술함으로써 조선 의학이 중국의 권위로부터 독립할 수 있었듯이, 필자는 이석영의 『사주첩경』이 성립되면서 한국의 명리학계는 중국의 권위로부터 독립할 수 있었다고 평가한다.

독립이란 바로 토착화가 이루어졌음을 말한다. 토착화 없이는 로열티를 지불하면서 영원히 끌려다닐 수밖에 없다. 그전까지 한국에서 사주명리학을 배우려면 철저히 중국 원전에 의지해야만 했다. 『연해자평(淵海子平)』, 『명리정종(命理正宗)』, 『적천수(滴天髓)』, 『삼명통회(三命通會)』, 『궁통보감(窮通寶鑑)』 등 한문으로 된 중국 고전들을 해독하느라 고생해야만 했다. 이들 고전을 해독하려면 여간한 한문 실력 없이는 불가능하다. 단순히 글자만 해독한다고 되는 것이 아니고 완벽하게 이해해야 하기 때문에 더더욱 어려운 일이다.

더군다나 이들 고전에 등장하는 사례들이 거의 중국 사람들일 뿐더러, 시대적으로도 몇 백 년 전의 상황이라서 산업화, 정보화 시대로 접어드는 지금의 한국적인 상황과는 격세지감이 있다. 『사주첩경』은 중국 고전들의 요점들만 요령 있게 적출해 이를 한글로 정리했으므로 원전 읽기의 부담을 덜어준다. 또한 한국 사람들을 상대로 한 임상사례들을 예화로 들었기 때문에 훨씬 현장감과 생동감이 느껴진다.

한국 명리학계의 『동의보감』, 『사주첩경』

『사주첩경』 최대의 강점은 소위 '통변(通變)'이라고 일컫는 실전해독 능력을 배양해준다는 데 있다. 사주공부의 어려운 점은 통변에 있다. 이론은 달달 외우는데 막상 생년월일시를 적어놓고 실전에 들어가면 어디서부터 해석해야 할지 도무지 감이 잡히지 않는 경우를 누구나 체험한다. 마치 호적서기의 딜레마와 같다. 면사무소에서 주민들의 호적을 담당하는 서기는 서류상으로는 주민들의 가족관계나 이름을 달달 외울 수 있다. 그러나 골목길에서 호적상에 나타나는 그 당사자를 만나면 누가 누구인지 모르는 것과 같다. 호적대장을 통해 이름은 알지만 실제로 그 사람 얼굴은 알아보지 못한다.

사주공부도 마찬가지다. 실전문제를 푸는 능력인 통변이 그래서 중요하다. 통변이야말로 사주의 핵심 능력이기 때문에 보통 사주 책들은 기본 이론들만 나열하지 정작 중요한 통변에 관한 부분은 노출시키지 않는다. 어찌 보면 자신의 노하우가 공개되는 것이므로 프로들은 이를 꺼리게 마련이다. 자강은 이 통변에 관한 부분을 처음으로 공개함으로써 누구나 쉽게 사주에 입문할 수 있도록 했다. 노하우를 공개한 태도. 바로 이 부분을 필자는 높게 평가한다. 학자적 양심이라고 하는 부분이 바로 자강 선생의 이러한 공개적인 태도다.

필자도 1980년대 중반 사주공부를 처음 시작할 때 중국 고전들을 이것저것 읽어보아도 도저히 감히 잡히지 않았는데, 필사본으로 유통되던 『사주첩경』을 보고 나서야 사주라는 것이 한번 해볼 만한 공부라는 판단이 들었다. 『사주첩경』에서 배운 통변에 관한 초식을 한 가지 소개하면 이렇다. 태어난 날짜가 육십갑자로 따졌을 때 병신(丙申)에 해당하는 사람의 예를 들어보자.

역술계에 회자되는 바에 따르면 병신일은 특별한 의미를 지니고 있다. 먼저 '병신이 육갑한다'는 말이 있는데, 이때의 병신이란 장애인을 가리킨다. 조선시대에는 장님을 비롯한 장애인들이 역술업(육십갑자)에 많이 종사했던 데서 유래한 말이다. 또 하나는 병신일에 태어난 사람들이 다른 날짜에 태어난 사람에 비해 통계상 역술에 소질이 많다고 한다. 이는 경험상으로 볼 때 그렇다는 이야기다. 이 외에도 『사주첩경』에서는 병신일(丙申日)에 태어난 남자들은 확률상 집밖의 다른 여자에게서 자식을 낳는 경우가 많다는 사실을 지적한다. 즉, 외방자식을 둘 확률이 높다. 왜 그런가를 『사주첩경』에서는 다음과 같이 설명한다.

병신(丙申)을 인수분해하면 병(丙)은 화(火)이고 신(申)은 금(金)이다. 화는 금을 극한다. 고로 화에 대해 금은 재물이 된다. 사주에서는 이기는 것을 재물로 본다. 병일(丙日)에 태어난 남자 사주의 입장에서 보면 신(申)은 재물이 되는 것이다. 그런데 재물은 여자와 동일시한다. 사주에 재물이 없으면 여자도 없다고 해석한다. 무재(無財)이면 마누라도 없는 경우가 많다. 다재(多財)이면 여자도 많다. 재벌 회장들은 여자도 몇 배나 많지 않은가! 옛날 사람들은 재물과 여자를 똑같이 쟁취하는 대상으로 본 것이다. 재물이 없는 무재 사주는 입산수도하면 딱 맞다. 돈과 여자가 아예 없으므로 수도에 전념할 수 있다. 반대로 병신일에 태어난 남자는 사주상 돈과 여자를 선천적으로 깔고 있는 셈이다.

그런데 문제는 신(申)이다. 신은 외형상으로는 금(金)에 해당하지만, 내면적으로는 임수(壬水)가 많이 내포되어 있다. 전문용어로 신의 지장간(支藏干)에는 임수(壬水)가 함축되어 있다고 설명한다. 신(申) 속에 임(壬)이라는 수가 숨어 있는 것이다. 임(壬)은 수(水)다. 수(水)는 화(火)를 극한다. 고로 임(壬)은 병(丙)을 극한다. 남자 사주에서 자기를 극하는 것은, 자기를 이겨 먹는 것은 자식이라고 본다. 자식 이겨 먹는 부모는 없다. 자식에게 극을 당하게 마련이다. 이를 다시 정리하면 병신일의 남자는 신(申)이라는 여자 속에 임(壬)이라는 자식이 숨어 있는 형국이다.

문제는 신(申)이 역마살에 속한다는 점이다. 역마살이란 바쁘게 돌아다니는 살이다. 역마살 많은 사주치고 일요일에 집에서 TV 보는 사람 보지 못했다. 분주하기 마련이다. 신(申)이 역마살이라는 사실이 시사하는 바는 그 여자가 집안의 여자가 아니라 여행을 가거나 출장을 가서 만난 외부 여자라는 사실이다. 병신(丙申)일에 태어난 남자의 사주를 총정리하면 병에 대해 신은 여자를 상징한다. 이 여자속에 자식이 숨어 있는데, 그 여자는 밖에 있는 여자다. 그 여자와 관계해서 단순히 끝나는 것이 아니라 자식까지 둘 확률이 높다고 보는 것이다.

필자는 몇 년 전에 돌아가신 집안 어른의 묘를 이장할 일이 있었다. 그때 이장을 담당하는 지관이 한 명 왔었는데 이 지관이 아주 거만하고 무례한 사람이었다. 주변 사람들에게 안하무인격으로 함부로 말을 내뱉는 습관이 있었다. 그날 산일을 도와주려고 청바지에 티셔츠를 입고 집안 어른들을 따라간 필자에게도 함부로 반말을 막 해댔다. 동안이고 하니 아마 나이 어린 대학생 정도로 보지 않았나 싶다. 집안 어른들 체면을 보아서 아무 말 없이 참고 있던 필자는 산일을 끝내고 돌아오는 차 안에서 그 지관의 사주를 슬쩍 물어보았다. 만세력으로 계산해보니 마침 그 지관의 태어난 날이 병신일 아닌가.

병신일을 확인한 순간 옳지, 이거다! 하고 "당신 외방자식 두었지?" 하고 조용하게 한방 내갈겼다. 확률 70퍼센트였다. 그 순간 지관의 얼굴이 벌게지면서 대번에 말투가 공손하게 변했다. "아니, 그것을 어떻게 아셨습니까?" 병신일이라는 단서 하나 가지고 라이트 훅을 한방 날렸는데 운 좋게도 적중했던 것이다. 이게 모두 『사주첩경』을 공부한 덕이라고 생각한다.

사주 대가는 서북 출신이 많다

『사주첩경』의 저자 자강 이석영은 어떤 사람인가. 그는 1920년에 평안북도 삭주군 삭주면 남평리에서 부농의 아들로 태어났다. 어린 시절부터 한학과 역학에 조예가 깊었던 조부 이양보(李陽甫)로부터 훈도받았다. 1948년 월남해 충북 청주에서 몇 년간 살다 그 후 서울로 옮겨와 살다가 1983년 사망했다. 자강이 본격적으로 명리를 연구하

『사주첩경』의 저자인 자강 이석영. 이석영이라는 걸출한 명리학자의 출현은 서북지역의 소외감, 명리학의 대가였던 조부의 영향과 어린시절의 체험이 모두 작용했다.

게 된 시기는 1948년 월남한 후 생계 수단으로 명리를 보면서부터다. 『사주첩경』 6권은 1969년에 완성되었다. 1948년부터 대략 20년간의 연구와 실전체험을 정리해 저술한 것임을 알 수 있다.

이석영의 이력에서 눈여겨보아야 할 부분은 그가 평안도 출신이라는 점이다. 왜 평안도 출신이라는 부분을 눈여겨보아야 하는가. 조선시대에는 이남(以南)보다 이북(以北)지역 사람들이 차별받았다고 알려져 있다. 이북 사람들은 이남 출신에 비해 고급관료 배출 숫자가 훨씬 적었으므로 알게 모르게 소외감을 가지고 있었다. 기독교가 이남보다 상대적으로 이북지역에서 환영받았던 배경에는 조선시대 이북 사람들이 받았던 소외감과 관련 있다고 본다. 누적된 차별과 소외감은 '주님 앞에 평등'이라는 기독교 메시지를 거부감 없이 받아들이도록 하는 원동력으로 작용한 것이다.

특히 서북지역인 평안도나 황해도 쪽은 이북지역 중에서도 더욱 차별이 심했다는 사실은 공공연한 이야기다. 서북지역에 대한 차별 때문에 발생한 난리가 바로 평안도에서 봉기한 홍경래(1771~1812)

의 난이다.

왜 사주 이야기를 하면서 갑자기 소외와 차별이라고 하는 사회학적 변수를 들먹이는가 하면 양자가 모종의 함수관계에 놓여 있다고 보기 때문이다. 근래 우리나라 사주 대가들의 출신지역을 추적하다 보니 발견되는 공통점은 이북 출신이 많다는 사실이다. 일제 때 대단한 명성을 날렸던 구월산인(九月山人) 신승만(申承萬)도 황해도 출신이었고, 그 외에도 몇몇 대가들이 모두 이북 사람들이었다. 이석영이 그러한 흐름을 보여주는 대표적인 인물이다. 그 중에서도 이석영은 차별이 아주 심했던 평안도 출신이었음을 주목해야 한다.

사주라고 하는 것은 생년월일시만 잘 타고나면 왕도 될 수 있고 장상도 될 수 있다는 신념체계다. 반대로 아무리 지체 높은 집안의 자식이라 해도 사주가 좋지 않으면 별 볼일 없다고 믿는다. 사주가 좋으면 신분이 비천해도 기회가 올 수 있다는 측면에서 보면 혁명사상이 들어 있고, 그것이 타고나면서 결정된다는 측면에서 보면 결정론이자 운명론이 내포되어 있다. 모순되어 보이는 양면이 미묘하게 배합되어 있는 셈이다. 한쪽에는 치열한 현실타파 노선이 마련되어 있는 한편, 다른 한쪽에는 운명에의 순응이 놓여 있다.

혁명과 운명론의 배합. 이 두 가지 요소가 어떤 사람들에게는 대단히 매력적인 변수로 작용했다. 그 사람들이란 바로 머리는 있는데 출셋길이 막혀버린 사람들이다. 머리는 좋은데 구조적으로 출세할 수 있는 채널이 막혀버렸다고 여긴 사람들이 명리학에 심취하는 경향이 있다. 왜냐하면 자신이 머리는 좋은데 세상에 나가 그 능력을 발휘하지 못하는 이유가 사회체제 탓이라고 여기게 된 것이다. 그렇다면 체제를 바꾸어야 한다. 조선조 각종 반란사건에 감초처럼 명리학이 개입하게 된 하나의 원인이다.

그다음에는 '머리도 좋고 능력도 있는 내가 왜 이처럼 초라하게 살아야 하나, 왜 대접을 못 받고 사나'에 대한 해답이 운명론이다. 능력이 있는데 왜 출세를 못하는가. 그 이유를 운명론이 아니면 해명할 수 없다. 고대 중국의 사상가 가운데 매우 과학적이고 혁명적인 사상가라고 평가받는 『논형(論衡)』의 저자 왕충(王充, AD 27~97)이 이런 경우에 해당한다. 그는 천재였지만 매우 가난하게 살아야만 했는데, 『논형』을 읽어보면 왕충은 그 이유를 자신의 운명 때문이라고 생각했다. 도대체 운명이 아니면 이럴 수 없다고 여겼다.

『도덕적 개인과 비도덕적 사회』라는 책의 저자인 기독교 사회학자 라인홀드 니버의 명제처럼 사주 신봉자들은 개인적인 차원에서는 운명론 신봉자이지만 집단적인 차원에 진입하면 혁명론자로 전환된다. 이북 사람들, 특히 평안도를 비롯한 서북지역 사람들이 일찍부터 명리학에 깊은 관심을 보인 배경에는 소외와 차별이라는 사회적 환경이 크게 작용했다. 서북지역 출신 수재였던 이석영의 명리학 연구도 이 같은 맥락에서 이해해야 하지 않을까.

그런데 이석영이 명리학에 입문하게 된 배경에는 사회적인 원인도 있지만, 개인적인 원인도 무시할 수 없다. 그의 조부인 이양보가 이미 명리학에 깊은 조예가 있었다. 어린 시절부터 이석영은 명리학의 고수였던 조부의 영향을 받았던 것 같다. 『사주첩경』 4권을 보면

1927년 정묘년에 이석영 본인의 집안에서 일어났던 사건을 소개하고 있는데, 그 사건이란 이석영의 조부가 혼사를 앞둔 손녀딸(이석영의 누님)의 궁합이 좋지 않다고 보고 손녀딸 혼사를 반대한 일이었다. 그 내용을 그대로 인용하면 다음과 같다.

나의 조부님께서 우리 누님과 신랑 될 사람의 궁합을 보시고 나의 아버님께 말씀하시길, "애, 그 청년이 지금은 돈도 있고 명망도 있고 학교도 중학까지 나왔으니 나무랄 데가 하나도 없으나 단명(短命)하는 게 흠이야. 거기에 혼사하디 말라. 만약 하면 길레(吉女, 누님의 아명)가 30을 못 넘어 과부가 된다. 그러니 안 하는 것이 좋을 거야." 하셨다. 그러나 좋은 사윗감을 놓치고 싶지 않은 것이 나의 아버님과 어머니의 심정이었고 또 누님도 매우 그곳에 출가하고 싶어했기 때문에 결정짓기로 해서 마지막으로 조부님의 승낙을 청했을 때의 일이다.
조부님께서는 "허~, 명은 할 수 없구나. 너희들이 평소에는 내 말을 잘 듣더니 왜 이번에는 그렇게도 안 듣느냐. 저애가 삼십 전(三十前, 누님은 1911년생)에 과부가 될 팔자다. 그 청년은 서른셋을 못 넘기는 팔자이고 보니 기어코 팔자를 못 이겨 그러는구나. 이것이 곧 하늘이 정한 배필인가보다. 이다음 네가(누님을 가리킴) 일을 당하고 나서 나의 사당 앞에서 울부짖으면서 통곡할 것을 생각하니 참 가엾구나. 안 하고 하는 것은 너희 마음에 있는 것 아니겠느냐"라고 말씀하셔서 혼인은 성립된 것이다.
그 후 재산과 부부간의 금슬 면에서는 부러울 것 없이 행복하게 살았는데, 자손에 대해서는 애가 태어나면 죽고, 나면 죽고 해서 6남매(4남 2녀)를 낳아 모조리 실패했다. 을묘(己卯)년(1939) 9월 14일에 득남하고 매형은 그 해 12월 30일 별세하고 말았다. 조부님은 이미 2년 전인 정축년에 작고하셨고 누님은 기묘년에 상부(喪夫)해 과연 조부님의 사당 앞에 가서 울부짖으며 통곡하는 누님의 모습이 지금도 나의 눈에 훤하고 귀에 쟁쟁하게 들려오는 것 같다. 나의 매형 사주는 무신(戊申)년 정사(丁巳)월 기묘(己卯)일 경오(庚午)시였다.

－『사주첩경(四柱捷徑)』 권(卷) 4, 한국역학교육학원 발행(韓國易學敎育學院 發行), 309~311쪽

심리학자들 이야기에 따르면 유년시절 체험이 그 사람의 인생행로에 깊은 영향을 미친다고 한다. 『사주첩경』 저자인 이석영도 어린 시절 누님의 운명에 얽힌 참담한 광경을 목격했으니, '나의 사당 앞에서 울부짖으며 통곡할 것이다'라는 조부의 예언이 현실로 들어맞았을 때 그 장면을 목격한 심정은 어떠했을까. 고인들이 탄식했던 '명막도어오행(命莫逃於五行, 운명은 오행(사주)으로부터 도망갈 수 없다)'의 이치를 깨달았던 것일까. 이석영이라는 걸출한 명리학자의 출현은 서북지역의 소외감, 명리학의 대가였던 조부의 영향과 어린 시절의 체험이 모두 작용했던 것으로 보인다.

빅3 가운데 나머지 두 사람, 도계 박재완과 제산 박재현은 이석영과는 전혀 다른 인생행보를 보이는데, 이 두 사람에 관한 이야기는 뒤에 싣기로 한다.

하늘의 이치는 무릇
땅에서 펼쳐지는 법

큰 병은 팔자소관, 작은 병은 관리소홀

사주는 언제 쫓겨날지 모르는 불법체류자 신세이고, 한의학은 주류 사회에 확고하게 자리 잡은 시민권자라는 신분상의 차이는 있지만, 신분을 초월한 우정이 가능하다. 무슨 말이냐 하면 한의사 중에는 사주명리학에 능통한 사람이 상당수 있다는 말이다. 능통하지는 못하다고 하더라도 한의사들은 대체적으로 사주를 어느 정도 인정하고 여기에 관심들을 가지고 있는 것이 일반적인 추세다. 한의학과 명리학이라고 하는 두 메커니즘은 상호 호환성을 지니고 있기 때문이다.

명리학에 조예가 깊은 한의사들은 환자에 대한 처방을 쓸 때도 그 사람의 사주팔자를 반드시 물어본다. 나이가 지긋하게 든 어떤 원로 한의사는 환자를 직접 대면하지 않은 상태에서 그 사람의 생년월일 시만 듣고도 증상이 어떻다는 것을 족집게처럼 집어내는 경우를 보았다. 사주만 보아도 어떤 병이 들었는지를 알 수 있다고 한다. 그래서 나온 말이 '대병(大病)은 팔자에 타고나고, 소병(小病)은 관리소홀이다'라는 명제다.

그 사람의 원초적인 성격이나 기질은 타고난다. 편벽된 성격이나 기질이 오랜 시간 쌓이면 대병이 된다. 대병이란 고질병을 지칭한다. 이러한 고질병의 원인을 거슬러 올라가면 그 사람의 성격과 기질에서 연유한 것이고, 그 기본적인 성격과 기질은 애초부터 타고나는 것이라서 사주팔자에 나타나게 마련이다. 고로 팔자를 보면 그 사람의 고질병을 예견할 수 있다는 등식이 성립된다.

하지만 모든 병이 다 팔자소관인 것은 아니고, 자잘한 병은 후천적인 건강관리 소홀로 걸린다. 타고나기는 건강하게 타고났더라도 후천적으로 무절제한 생활을 하면 병에 걸리게 되어 있다. 그러나 이런 병은 당사자가 주의하고 치료를 받으면 회복이 가능한 작은 병이다. 소병은 치료가 가능하지만 대병은 치료가 불가능하다는 점에서 차이가 난다. 환자를 보지 않고 사주팔자만 보고도 처방이 가능하다는 원리는 이래서 가능하다.

사주를 보고 병을 미리 아는 원리를 간단히 소개하면 이렇다. 우리 인체의 주요 장기는 오장(五臟)이다. 이 오장은 오행과 연결되어 있어서, 어떤 오행이 그 사람의 사주팔자에 지나치게 많거나 적으면 거기에 해당하는 장부에 이상이 생긴다고 본다. 예를 들어 팔자에 화

　　　　　　　　조용헌의 사주명리학 이야기

가 지나치게 많거나 적으면 죽을 때 다른 이유보다 심장질환으로 사망할 확률이 높다고 본다. 목이 과불급이면 간장에 이상이 생기고, 토가 과불급이면 위장 계통에 이상이 발생하며, 금이 과불급이면 폐장에 문제가 발생하고, 수가 과불급이면 신장에 이상이 생긴다고 본다.

한 발 더 나아가면 사주에서 화기는 많은 반면 이를 보충해주는 목기가 부족하면 뇌에 이상이 생겨서 죽을 수 있다. 뇌의 작용은 전구에 불이 들어오는 현상과 같은데, 이를 지원해주는 목기가 부족하면 전기 공급이 중단되어 전구에 불이 꺼져버릴 수 있기 때문이다. 병화(丙火) 일주(日主)인 사람이 겨울에 태어난데다 인수가 부족해서 신약하면 시력이 약하거나 심장질환이 있을 수 있다. 병화는 심장이기도 하지만, 인체의 헤드라이트인 눈에 비유할 수도 있다. 즉, 시력에 이상이 올 수 있다.

사주 책에 보면 임계(壬癸) 일주가 죽을 때에는 신장병, 부종병으로 오래 앓다 간다고 되어 있다. 경신(庚辛) 일주는 혈압, 급병, 토혈로써 간다. 사오미월(巳午未月)의 갑을(甲乙) 일주는 천식해수, 뇌일혈로 죽는다. 기경신(己庚辛) 일주가 신약하면 폐병, 객혈로 세상 뜨는 수가 있다. 일간이 경신(庚辛)일이고 가을이나 겨울에 태어난 사람은 술이 몸에 받는다. 사주가 냉한데다가 알코올이 들어가면 몸을 덥게 하기 때문에 적당한 음주는 몸에 아주 좋다.

물론 사주 따라서 반드시 그 병에 걸린다고 100퍼센트 장담할 수는 없는 노릇이지만, 그럴 확률이 높다는 의미로 해석해야 한다. 이처럼 인체의 병과 그 사람의 사주팔자가 무시할 수 없는 상관관계에 있다는 것을 눈치챈 한의과 학생들은 방학이면 사주에 용하다는 재야의 선생을 모셔놓고 그룹 스터디를 하기도 한다.

음양오행, 사주·풍수·한의학을 하나로 엮는 그물코

천, 지, 인 삼재에 모두 적용되는 공통분모를 좁혀 들어가면 음양오행이라는 거대담론체계가 나타난다. 명리학과 한의학도 역시 마찬가지다. 양자가 일정 부분에서 상호호환될 수 있는 이론적 근거도 역시 음양오행이다. 하늘에 해와 달, 그리고 목·화·토·금·수성이라는 별이 있듯이 땅에도 역시 거기에 부합되는 형상이 있으며, 인체 장부에도 음양오행이 적용된다.

음양오행이라고 하는 여의주를 하나 가지면 사주·풍수·한의학을 하나로 꿸 수 있다고 해도 과언이 아니다. 이러한 사고방식을 요즘식으로 표현하면 '시스템적 사고'다. 이걸 건드리면 저것이 움직인다. 언뜻 보기에는 서로 관련이 없는 것 같아도 자세히 들여다보면 그물코와 같이 촘촘하게 연결된다. 이것이 동양사상의 특징이다. 그래서 동양사상을 아는 데는 시간이 필요하고 연륜이 필요하며 흰머리가 발생해야 한다. 전체를 파악하기가 쉽지 않으니까 말이다. 음양오행이라고 하는 시스템적 사고를 체득하는 데 있어서 가장 선결문제이면서도 어려운 부분이 기본 전제의 이해다. 기본 전제가 되는 개념에 대한 파악이 확실해야 한다.

그런데 이 기본 개념에 대한 파악이 쉽지 않다. 예를 들면 오행(五行)에 대한 개념파악이 바로 여기에 해당한다. 명리학이나 한의학이나 오행이라는 기본 틀에 얹혀서 돌아가는 시스템인지라 이걸 확실하게 알아야 하는데, 이 오행이라고 하는 게 그렇게 간단치 않다. 간단치 않은 이유는 매우 포괄적이면서도 중층적 개념이기 때문이다. 영어의 'have' 동사가 여러 가지 중층적 의미를 내포하고 있는 것처럼, 오행은 그 이상으로 포괄적인 내용을 함축하고 있다.

특히나 해방 이후 세대는 한문보다 영어 공부에 더 치중한 세대다. 영어는 상업적인 언어여서 분명하다. 분명하지 않으면 계약에서 분쟁이 생기는데, 영어는 분명하게 메시지를 전달한다. 반대로 한문은 매우 포괄적인 문자다. 이렇게도 해석하고 저렇게도 해석할 여지가 많은 언어다. 영어와 같은 분명한 언어에 익숙해진 해방 이후 세대가 매우 다의적인 한문 세계에 들어가면 당황하게 마련이다. 더구나 오행과 같은 한자문화권의 핵심개념에 들어가면 그 당혹감은 더욱 가중된다.

아무튼 명리학과 한의학의 연결고리는 오행사상에 있고, 이 오행에 대한 이해를 확실히 한 인물이 두암(斗庵) 한동석(韓東錫, 1911～1968)이다. 1911년 함경남도 함주군에서 출생한 한동석은 『우주변화의 원리』(대원출판, 2001)라고 하는 문제의 저서를 남기고 갔는데, 1966년에 초판이 발행된 이 책은 발행된 이래로 50년 가까이 스테디셀러로 내려오고 있다. 한의학도들의 필독서로 꼽힌다. 한의과대학 학생치고 이 책 안 본 사람은 없다고 해도 과언이 아닐 정도로 평판이 자자한 책이다. 그런가 하면 명리학을 심도 있게 공부하려는 술사들 사이에서도 이 책은 반드시 한번 읽어볼 만한 책으로 회자되고 있다.

명리학에 있어서도 지하실 깊은 바닥으로 들어가기 위해서는 오행에 대한 심도 있는 이해가 반드시 필요한데, 기존 책을 보면 옛날 사람들이 한 이야기만 반복하고 있어서 오늘날의 사람들이 보기에는 완전하게 이해되지 않는 수가 많다. 이 책 저 책 들여다보지만 그 나물에 그 밥이다. 후학들이 법고창신(法古創新)해야 하는데, 옛날 이론만 앵무새처럼 반복만 하고 있을 뿐이지, 오늘의 상황에 맞추어 새로운 해석을 못해내기 때문이다. 법고(法古)는 하지만 창신(創新)을 못한 셈이다.

그런 면에서 내가 보기에 한동석은 오행사상에 대한 창신(創新)을 해낸 인물이다. 자기 자신이 입에다 집어넣고 하나씩 씹어서 철저하게 맛을 본 다음에 쓴 책이다. 근래에 한·중·일 삼국 중에서 오행에 대한 이해를 오늘의 맥락에서 이처럼 확실하게 해낸 인물은 없는 것 같다. 중국 수(隋)나라 소길(蕭吉)이라는 인물이 『오행대의(五行大義)』를 쓴 이래, 오행에 대한 역작이 바로 한국의 한동석이 저술한 『우주변화의 원리』다. 한국에서 인물이 나온 셈이다. 이 책은 중국이나 일본의 연구자들도 공부해야 할 명저다. 『우주변화의 원리』 가운데 필자가 인상 깊게 읽었던 대목을 소개하면 다음과 같다.

목화토금수라는 것은 '나무'나 '불'과 같은 자연형질 자체를 말하는 것

조용헌의 사주명리학 이야기

은 아니다. 그렇다고 이것을 배제하는 것도 아니다. 왜냐하면 목화토
금수의 실체에는 형(形)과 질(質)의 두 가지가 공존하고 있기 때문이
다. 그러므로 오행의 법칙인 목화토금수는 단순히 물질만을 대표하는
것도 아니요, 또는 상(象)만을 대표하는 것도 아니다. 다시 말하면 형
이하와 형이상을 종합한 형(形)과 상(象)을 모두 대표하며 또는 상징
하는 부호인 것이다. 오행이란 이와 같이 형질을 모두 대표하는 것이
다. 그러나 그 주점(主點)은 상(象)에다가 두고 있다.

-『우주변화의 원리』, 60쪽

목화토금수에는 형이상의 의미와 형이하의 의미 둘이 있다고 지
적한 부분도 중요하다. 두 면을 모두 보아야 한다는 말이다. 특히 현
상보다 본체의 측면, 즉 형이상의 측면에 초점을 두어야 한다고 한동
석은 강조한다.

행(行)이란 것은 일진일퇴를 의미하는 것이니, 즉 '왕(往)+래(來)=행
(行)'이라는 공식이 되는 것이다. 그것은 우주의 일왕일래(一往一來)
하는 모습이 오행의 운동규범이라는 것을 표시하기 위해 명명한 것이
다. 따라서 오행운동은 분합운동이기 때문에 양(陽) 운동의 과정인 목
화(木火)에서는 분산하고, 음(陰) 운동의 과정인 금수(金水)에서는 종
합되는 것이다. 그러므로 여기에는 취산(聚散)의 의미가 행(行)자 속
에 내포되어 있는 것이다.

그러므로 모든 개념을 설정함에 있어서 행자가 들어 있는 것은 모두

이와 같은 내용을 내포하고 있는 것이다. 예를 들면 금전이 취산(聚散)하는 곳을 은행(銀行)이라고 한 것이나, 화물이 취산하는 곳에는 '양행(洋行)'이라는 개념을 붙인 것 같은 것은 실로 '행(行)'자 자체가 지닌 바의 개념 때문에 그렇게 한 것이다. —『우주변화의 원리』, 60쪽

오행을 이야기할 때, 도대체 '행(行)'이라는 개념을 어떻게 파악해야 하는가는 쉽지 않다. 현대에는 잘 안 쓰는 표현이기 때문이다. 두 암은 이를 왕래로 규정한다. '들어갔다 나갔다' 하는 뜻으로 본다. 예를 들어 '은행(銀行)'이나 '양행(洋行)'처럼 돈이나 화물이 모였다 흩어지거나 또는 들어갔다 나갔다 하는 의미로 설명하는 것은 다른 책에서는 보지 못하던 설명이다.

화기(火氣)라고 하는 것은 분산(分散)을 위주로 하는 기운이다. 모든 분산작용은 바로 화기의 성질을 반영하는 거울인 것이다. 우주의 모든 변화는 최초에는 목(木)의 형태로서 출발하지만 그 목기가 다하려고 할 때에 싹은 가지를 발하게 되는 것인즉, 그 기운의 변환을 가리켜서 화기의 계승이라고 하는 것이다. 그러므로 그 작용을 화라고 하는데 이것이 바로 변화작용의 제2단계인 것이다. 그런데 화기가 분열하면서 자라나는 작용은 그 기반을 목에 두고 있는 것이므로 목이 정상적인 발전을 했을 때는 화기도 또한 정상적으로 발전을 하게 될 것이지만, 만일 목의 발전이 비정상적일 경우에는 화도 역시 불균형적으로 발전하게 될 것이다.

이것은 비단 화기가 발전하는 경우에서뿐만이 아니라 목화토금수의 어느 것이 발전하는 경우에도 마찬가지인 것이다……. 화(火)라는 것은 이와 같이 그 상(象)이나 본질이 목에서 분가(分家)한 것에 불과한 것이므로 이것을 인생 일대에서 보면 청년기에 접어드는 때다. 그러므로 진용(眞勇)은 허세로 변해가기 시작하고 의욕은 차츰 정욕(情慾)에서 색욕(色慾)으로 변해가는 때인 것이다……. 색욕이라는 것은 내용에 대한 욕심이 아니고 외세에 대한 욕심이다. 왜 그렇게 되는가 하면 목의 경우는 이면에 응결되었던 양기(陽氣)가 오로지 외면(外面)을 향해서 머리를 든 정도였지만, 화기의 때에 이르게 되면 그것이 상당한 부분의 표면까지 분열하고 있으므로 그 힘이 점점 약해지는 것이다…….

자연계에서 관찰해보면 이것은 꽃이 피고 가지가 벌어지는 때인즉 이때는 만화방창(萬華方暢)한 아름다움의 위세를 최고도로 뽐내는 때이지만 그 내용은 이미 공허하기 시작하는 때인 것이다. 여름은 외형은 무성하지만 내면은 공허해지는 때이므로 생장의 역원(力源)은 끝나고 노쇠의 바탕이 시작되는 때다. ─『우주변화의 원리』, 66~67쪽

화기가 강하면 성욕이 발동된다

여기서 보면 화(火)의 성질을 분산작용으로 규정한다. 그 분산작용이 인간의 욕망으로 나타나면 색욕이라고 설명한다. 특히 "그 색욕이

란 내용에 대한 욕심이 아니고 외세에 대한 욕심이다"라고 설명하는 대목은 아무리 생각해도 탁견이다. 색이라는 것은 따지고 보면 바깥의 색깔이다. 색욕의 본질을 분석하면 바깥 색깔에 대한 욕심이다. 이것을 바로 화기의 작용이라고 본 것이다.

화기는 마음껏 발산하는 힘이다. 역대 어떤 도사가 이처럼 화기와 색욕을 이렇게 연결시켜 알아듣기 쉽게 설명했단 말인가! 이와 같이 분명하게 설명하는 사람은 근래에 없었다. 한동석 선생의 통찰력이 느껴지는 대목이다. 나의 경험으로 보아도 사주에 화가 많은 사람은 기분파가 많다. 배짱이 맞으면 시원시원하게 '오케이' 하는 경향이 있다. 남녀를 불문하고 화기가 많은 팔자들은 그날 처음 만났어도 이야기가 통하면 곧바로 호텔로 직행하는 경우도 보았다.

남자 사주의 경우 지지(支地)에 불이 많은 사람은 결혼을 여러 번 하는 수가 있다. 소위 '처궁(妻宮)에 불 지른 사주'라고 표현한다. 지지에 불이 많으면 이는 곧 배우자 자리에도 불이 많은 셈이고, 처궁에 불이 훨훨 타면 같이 사는 여자가 남자의 화기에 타버리는 수가 있다. 그런 사람은 통계적으로 이혼이나 사별이 많다.

하지만 배우자 복은 없지만 머리는 비상하다. 판단력이 신속 정확할 뿐더러 기발한 발상을 하기도 한다. 처궁에 불 지른 사주는 불교 고승들에 많다. 고승의 자격요건은 여자도 물론 없어야 하지만, 화두(話頭)를 돌파할 수 있는 집중력과 두뇌가 있어야 하기 때문이다. 남녀를 불문하고 처궁이나 남편궁에 불 지른 사주를 간혹 목격하면 필자가 하는 말은 "결혼 늦게 하시오"다. 일찍 결혼하면 실패가 많으니까 젊은 시절에 시행착오를 여러 번 겪은 다음에 결혼하면 실패가 적다. 충분히 수업료를 냈으니까.

알고 보니까 한동석 선생 본인이 여기에 해당하는 사주였다. 그는 6·25 전후의 파란만장한 시대를 통과하면서 결혼을 여러 번 했다. 도인이 어떻게 결혼을 여러 번 했단 말인가 하고 의문을 품을 수 있지만, 그의 사주를 바라보면 이해가 간다. 생년월일은 1911년 6월 8일음 인시(寅時)니까, 이를 만세력에서 간지(干支)로 환산하면 신해(辛亥)년 갑오(甲午)월 갑술(甲戌)일 병인(丙寅)시가 된다. 지지에 인(寅)·오(午)·술(戌) 삼합으로 온통 화기가 충천한 사주다. 불이 훨훨 타고 있다. 어떤 여자든 들어와서 살면 타버리는 사주다. 더구나 일주는 갑목이다. 이렇게 되면 '목화통명(木火通明)' 사주이기도 하다. 목화로 되어 있으면 밝음에 통한다는 뜻이다. 사주팔자가 마른 통나무에 불붙이는 형국이 되어서 명석하기가 이루 말할 수 없다.

'목화통명' 사주를 보통 박사 사주라고도 하는데 머리 좋은 사주의 전형이다. 하지만 이런 사주는 무욕담박하고, 여자가 타죽는 사주니까 출가해서 스님이 되었더라면 이름 높은 고승이 되었을 팔자이기도 하다. 아무튼 화기에 대한 기본 개념을 정확하게 이해하면 사주를 볼 때나 또는 한의사가 환자를 볼 때에도 참고삼는 바가 많다. 화는 심장을 가리키므로 처궁에 불 지른 사주의 소유자는 고혈압이나 심장질환을 조심해야 하는 것으로 나온다.

드라마틱한 한국 정치를 예언하다

한동석 선생의 사상과 행적에 대한 구체적인 자료를 수집하던 중에 논문이 하나 눈에 띄었다. 대전대 한의학과 대학원 석사논문인 「한동석(韓東錫)의 생애(生涯)에 관한 연구」(권경인(權景仁), 2001)다. 한동석의 친척들과 제자 그리고 동료들을 인터뷰해서, 그의 출생에서부터 가정생활과 공부과정, 환자들에 대한 임상 그리고 학술활동을 밝혀놓았다. 한동석에 관한 학계 최초의 논문이다. 여기에서 주목을 끄는 부분이 있었다. 한동석이 이승만 대통령 이후로 한국의 정권교체에 대해 밝혀놓은 부분이 바로 그것이다.

항간에서 떠도는 말에 따르면 한동석은 앞일을 미리 내다보는 예언 능력이 있었다고 전해진다. 한의사이면서도 앞일을 귀신같이 아는 도인이었다고 알려져 있다. 그 대표적인 예언이 한국의 정권교체가 어떻게 진행될 것인가에 대한 부분이었다. 나는 이 예언을 좀 더 구체적으로 알기 위해 권경인 씨의 소개로 한동석의 사촌동생인 한봉흠 박사를 서울 정릉의 자택에서 만났다.

한봉흠은 1960년대 초반 독일 베를린대학에서 독문학 박사를 했으며, 1963년부터 1993년까지 고려대 교수로 근무하다 정년퇴임했다. 한씨들 집안 내력인지는 몰라도 이 양반도 역시 괄괄한 성격의 소유자라는 인상을 받았다. 한 박사는 사촌형님인 한동석과는 내면에 있는 이야기를 가장 많이 주고받은 친밀한 관계였으므로 반드시 인터뷰해볼 만한 인물로 여겨졌다.

조용헌의 사주명리학 이야기

"형님에게 들은 이야기 좀 해주시죠?"

"내가 독일 유학을 갈 때가 1959년도인데 이승만 정권 때죠. 독일로 출발하기 전에 나에게 형님이 그랬어요. '이기붕 집안은 총에 맞아 죽는다. 그리고 이 박사는 하야하고 마는데 난리 나서 갈팡질팡할 것이다. 그다음에 1년 정도 민주정부가 들어선다. 그다음에는 군사독재가 시작된다.' 독일에 있으면서 한국 정세를 보니까 형님 말한 것이 전부 맞는 거예요.

그때부터 저는 형님이 무슨 이야기를 하면 귀를 쫑긋하고 들었죠. 1963년도에 귀국해 보니까 박정희 정권이 들어서 있더군요. 박 정권은 어떻게 될 것 같으냐고 형님에게 물었더니, 육 여사를 포함해서 부부가 모두 객사한다는 거예요. 그래서 대통령이 어떻게 객사할 수 있느냐고 따져 물으니 '누군가가 장난하지 않겠니?' 하더군요. 총 맞아 죽을 수 있다고 그래요. 그러고 나서 1968년도에 형님은 죽었죠.

이 말을 머릿속에 담은 나는 1970년대에 고려대학교 총장을 지내던 김상협 씨와 단둘이 만나 식사할 때마다 '대통령은 총 맞아 죽는다'고 이야기하곤 했죠. 그때가 유신치하라서 살벌한 시기인데, 대통령 총 맞아 죽는다는 이야기를 대낮에 떠들어대니 김상협 씨가 놀래가지고 '한 교수, 제발 대통령 총 맞아 죽는다는 이야기 좀 하지 마라'고 저에게 여러 번 주의를 주고는 했습니다. 저는 동백림 사건에 연루되어 정보부 지하실에 끌려가 두들겨 맞기도 해서 박 정권에 대한 감정이 좋지 않았습니다. 틀림없이 총 맞아 죽을 거라는 확신이 있었어요."

"그 밖에 다른 예언은 없었습니까?"

"박 대통령이 죽고 난 후에 정치적 혼란기가 다시 한 번 오게 되는데, 이때에도 1년 반 정도의 시간 동안 정치형세가 서너 번 바뀔 것이라고 했습니다. 무정부 상태를 거친다는 거였죠. 그다음에 군사독재가 한 번 더 온다는 겁니다. 군사독재 다음에는 군인도 아니고 민간인도 아닌 어정쩡한 인물이 정권을 잡은 다음에, 금기(金氣)를 지닌 사람들이 한 10년 정도 정권을 잡는다는 거예요. 지금 생각하니 금기를 지닌 사람들이란 양김씨(兩金氏)를 가리키는 말이었습니다. 금기(金氣) 다음 정권은 목기(木氣)와 화기(火氣)를 지닌 사람이 연합한다고 했습니다. 목기와 화기를 가진 연합팀이 정권을 잡았을 때 비로소 남북이 통일된다는 것이죠."

"목기와 화기의 연합이란 누구를 말하는 것이죠?"

"저도 그것은 확실하게 모르겠어요. 목은 이씨 성을 가진 사람이라는 게 어렴풋이 짐작되는데, 화기를 지닌 인물은 누구를 가리키는지 모르겠습니다. 그래서 저는 이번 대선이 끝나고 나서 다음 정권이 들어서면 그때 총리가 과연 누가 될 것인지를 주의 깊게 관망하고 있습니다. 어찌됐든 목기와 화기를 지닌 사람이 연합해야 피를 안 흘린다. 그리고 이 시기에 통일된다고 했습니다. 형님은 남북 간에 통일이 이루어질 때 남쪽이 80퍼센트, 북쪽이 20퍼센트 정도의 지분을 갖는 형태라고 했지요. 통일이 되려고 하면 남쪽에 약간 혼란이 있다고 했습니다."

"혼란이라고 하는 게 구체적으로 어느 범주까지를 가리키는 말입니까? 전쟁까지를 포함하는 의미입니까?"

"전쟁까지 갈 거라고는 이야기 안 했습니다. 그 대신 각종 종교사회 단체에서 여기저기 지도자를 자처하는 사람들이 나타나서 사회가 혼란스러운 과정을 겪을 거라고 이야기했죠."

"목기와 화기를 지닌 이의 기질이나 성격은 어떻게 보았습니까?"

"형님 지론에 따르면 대통령은 목·화 기운이 되는 게 국가에 이롭다고 말했어요. 왜냐하면 목·화는 밖으로 분출하는 형이라서, 그런 사람이 대통령이 되면 국운이 밖으로 팽창한다는 것이죠. 반대로 금·수는 수렴형이어서 안으로 저장하고 움츠러드는 경향이 있다고 합니다. 그러므로 내무부장관이나 중앙정보부장 같은 자리에는 금·수를 많이 가진 인물을 배치해야 하고, 상공부나 생산하는 분야에는 목·화를 많이 가진 인물을 배치해야 한다고 보았습니다. 그리고 금융분야는 토기(土氣)를 많이 가진 사람이 적당하다는 거죠. 금융은 양심적이고 공정해야 할 것 아닙니까. 토는 중립이어서 공정하죠. 이게 오행에 맞춘 인재 배치법이자 용병술이죠. 국가적인 차원의 인재 관리는 오행을 참고해야 한다는 게 형님 생각이었습니다."

진짜 현실이 된 예언들

과연 오래전 한동석의 예언대로 목기와 화기를 가진 인물들이 등장해 앞으로의 한국 정권을 운영하고 이 시기에 통일이 진짜 될 것인

가. 이는 지나봐야 알 일이다. 예언이 100퍼센트 맞는다고는 누구도 장담할 수 없다. 하지만 이 예언을 밑그림에 깔고 앞으로의 정국 추이를 지켜보는 일도 흥미진진할 것 같다. 한 박사에 따르면 한동석은 6·25를 보는 안목도 특이했다. 음양오행적인 시각에서 6·25의 발발을 해석한 것이다.

한반도의 중앙을 가로지르는 강은 한탄강인데, 한탄강 이북이 북한이고 이남이 남한이다. 오행으로 보면 이북지역은 북방수(北方水)에 해당하고, 이남지역은 남방화(南方火)에 해당한다. 이북은 물이고 이남은 불이다. 그런데 구소련의 상징이 백곰이다. 백곰은 차가운 얼음물에서 사는 동물이라 소련 역시 물이다. 중국은 상징 동물이 용이다. 용은 물에서 노는 동물이어서 중국 역시 물로 본다. 이북도 물인데, 여기에다가 소련의 물과 중국의 물이 합해지니까 홍수가 나서 남쪽으로 넘쳐 내려온 현상이 바로 6·25다.

대전은 들판이라서 그 홍수가 그냥 통과하고, 전주·광주도 역시 마찬가지로 통과했다. 그러나 대구는 큰 언덕이어서 물이 내려가다가 막혔다. 울산, 마산은 모두 산이어서 물이 넘어가지를 못한다. 부산은 불가마니까 물을 불로 막을 수 있었다고 한다. 경상도가 6·25의 피해를 덜 본 이유는 이 때문이다.

그 밖의 예언을 간추려보면 2010년을 분기점으로 해서 여자들이 임신을 하기 어려울 거라고 전망했다. 그러니까 그 전에 될 수 있으면 아이를 많이 낳아야 한다고 주장했다. 그리고 앞으로는 '딴따라' 세상이 될 것이라고 했는데 그 말 또한 그대로 되고 있다. 또한 1963년

조용헌의 사주명리학 이야기

1월부터 자신이 오래 살지는 못할 것이라고 예견했다. 자신의 죽음이 자신의 생일, 생시인 6월 8일 음력 인시(寅時)에 닥칠 것이라고 내다보았다. 그 생일, 생시를 넘긴다면 자신이 더 살 수 있을 것이나 아무래도 그것을 넘기지 못한다고 보았다.

그는 스스로 본인의 이러한 운명을 극복하기 위해 계룡산으로 내려가보기도 했으나 자신의 예견대로 6월 8일 축시에 사망했다. 두 시간 정도만 넘기면 인시(寅時)를 넘길 수 있었으나 자신의 생시를 코앞에 두고 그만 마지막 고비를 넘기지 못하고 임종한 것이다. 가족 문제도 그렇다. 생전에 본인이 죽고 난 뒤에 온 식구가 거지가 되어 거리에 나앉을 것이라며 대성통곡한 적이 있었다고 하는데, 과연 본인의 임종 후에 가세가 기울어서 인사동 집을 비롯한 가산을 팔고 가족이 흩어지는 시련을 겪었다(권경인, 「한동석의 생애에 관한 연구」 54쪽).

그런가 하면 우리나라 국토에도 변화가 생긴다고 보았다. 한반도 남쪽이 물에 잠기는 반면, 서쪽 땅이 두 배쯤 늘어난다고 예언했다. 지금 생각해보니 남쪽지방이 물에 잠긴다는 말은 댐이 들어선다는 말이었고, 서쪽 땅이 두 배 늘어난다는 이야기는 서해안에 간척사업이 활발하게 진행된다는 사실을 의미했다는 게 한 박사의 술회다.

한동석과 이제마의 기막힌 인연

한동석은 이처럼 탁월한 한의학자면서도 동시에 앞일을 내다보는 예언자로서의 면모를 아울러 가지고 있었다. 그렇다면 그의 사상적 뿌리는 어떻게 되는가를 추적해볼 필요가 있다. 한동석의 한의학에 대한 뿌리를 소급해 올라가면 놀랍게도 사상의학의 창시자인 동무(東武), 이제마(李濟馬, 1837~ ?)를 만난다.

한 박사의 증언에 따르면 한동석의 외할머니가 원씨(元氏)였는데, 그 외할머니에게 오빠가 있었다. 이 오빠가 이제마 밑에서 공부를 했다고 한다. 이제마의 고향도 함경남도이고 한동석의 집안도 같은 함경남도였던 만큼 서로 왕래가 있었던 것 같다. 이런 연유로 한동석의 집안에서는 이제마에 관한 일화들이 구전으로 전해져왔다.

그 구전을 보면 이제마는 시간이 나면 아무 풀이나 입으로 씹어 맛을 보는 습관이 있었다고 한다. 약성을 직접 확인하기 위해서였다. 항상 우물우물 풀을 씹고 있다 보니 미각을 잊어버리는 경우가 많았다. 간혹 독초를 씹었을 때는 며칠 동안 음식을 못 먹고 고생하다 회복되면 다시 새로운 풀을 씹어보곤 했다는 이야기가 어른들로부터 전해져 내려온다고 한다. 여기서 이제마는 비방을 가지고 있었다. 제자였던 외할머니의 오빠가 "그 비방은 언제나 보여주실 겁니까?" 하고 물으면 "내가 죽을 무렵에 주겠다"고 답변하고는 했다.

그 비방을 얻기 위해서 외할머니의 오빠는 이제마 선생 동네에서 멀지 않은 곳에 거처를 잡아놓고 살았다. 임종이 가까이 오면 곧바로 이제마 선생에게 달려가기 위한 조치였다. 결국 이제마 임종 후에 도착했으나 비방을 입수할 수는 있었는데 거기에 쓰인 한자를 알아볼 수도 없었다. 그 한자들은 이제마가 새로 창안한 글자들이었기 때문이다. 결국 해독하지 못했다고 한다.

또 한 가지 이야기가 묘에 관한 내용이다. 이제마는 생전에 자신의 묏자리를 미리 보아놓고, 자신이 죽으면 관을 깊이 파묻으라고 제자들에게 당부했다고 한다. 9자 270센티가량 깊이 파서 관을 묻으라는 당부였다. 왜 그렇게 깊이 묻어야 하느냐고 물으니 이제마는 "말발굽 소리를 듣기 싫어서 그런다"는 대답을 했다.

과연 해방 이후 소련군이 진주할 때 바로 그 묘의 옆길로 소련군 탱크들이 소리를 내면서 들어왔다. 이를 목격한 후인들은 '이제마가 과연 명인은 명인이다'라는 이야기들을 하곤 했다. 해방 이후 함흥 일대에서 이 이야기가 많이 회자되었다고 한다. 한동석은 이처럼 유년시절부터 이제마에 대한 전설들을 들으면서 성장했던 것이다.

이제마와 얽힌 또 하나의 인연은 전처의 죽음이다. 한동석은 20대 후반에 함흥에서 장사를 하면서 재혼을 하고 돈을 모을 수 있었다. 그러던 중 부인이 폐병을 앓아 1942년에 사망했다. 부인이 죽기 전 폐병치료를

사상의학의 창시자인 동무 이제마와 한동석은 깊은 인연의 끈으로 연결되어 있었다.

위해 이제마의 이전제자(二傳弟子) 중 하나라고 하는 김홍제라는 한의사를 찾아간 적이 있었다. 이때 김홍제가 부인의 폐병을 치료해주면서 "다음에 혹여 재발하면 그때는 손을 쓰지 못한다"는 말을 했다.

결국 처음에는 치료가 되었으나 나중에 부인의 폐병이 재발하면서 사망하고 말았다. 그는 이 일을 겪으면서 한의학에 관심을 갖게 되었다. 또한 이것이 인연이 되어 김홍제 밑에서 한의학을 배우기 시작했다고 한다. 후일 한동석이 이제마의 저술인 『동의수세보원(東醫壽世保元)』의 주석서를 남긴 것도 이러한 맥락에서 생각해야 한다.

이제마와 한동석의 한의학적 연결을 보면서 떠오르는 생각이 모두 이북 사람이라는 점이다. 앞장에서 『사주첩경』을 쓴 이석영 선생을 이야기할 때도 언급한 부분이지만, 이북 사람들은 이남 사람들에 비해서 실용적인 학문에 관심이 많았다. 풍수·사주·한의학에 관심이 많았던 것이다. 그래서 해방 이후에 이 방면의 대가들 출신지를 보면 이북 출신이 아주 많다. 그 이면에는 이북 사람들이 받았던 지역차별이 어느 정도 작용하지 않았나 싶다. 조선시대에 이북 사람들은 정부 고위직에 올라가는 사람이 드물었고 정치적으로 차별을 당했다.

이북 출신인 백범 김구 선생이 삼남(三南) 지방을 여행하면서 남긴 기록에도 이러한 정황이 간접적으로 나타난다. "내가 상놈으로 해주 서촌(西村)에서 태어난 것을 늘 한탄했으나, 이곳에 와서 보니 양반의 낙원은 삼남(三南)이요, 상놈의 낙원은 서북(西北)이로다. 내가 해서(海西) 상놈이 된 것이 큰 행복이다. 만일 삼남의 상놈이 되었다면 얼마나 불행했을까?" 하는 소회가 바로 그것이다.

조용헌의 사주명리학 이야기

이북 출신들은 과거공부를 해봤자 미관말직이나 전전할 뿐 출세를 못하니까 실생활에서 당장 활용할 수 있는 풍수·사주·한의학에 관심을 가지게 되었고, 이 방면에 몰두하는 경향이 있었다. 이남에 비해 이북이 훨씬 자유로운 분위기를 지녔던 성싶다. 그러니까 이제 마와 같은 독창적인 사상가가 나올 수 있었고, 한동석·이석영과 같은 한의학과 명리학의 대가들이 배출될 수 있는 토양이 형성되어 있었던 것이다. 외래종교인 기독교가 이남보다는 이북에서 훨씬 급속하게 퍼진 사회적 배경도 이와 무관하지 않다. 어느 나라든지 외래종교나 신흥종교는 소외받는 지역에서 먼저 수용되게 마련이다.

사주공부에도 왕도는 없다

한동석의 사상적 뿌리 가운데 또 하나는 계룡산파다. 그는 사색을 하거나 도인을 만나고 싶을 때는 수시로 계룡산으로 내려가곤 했다. 그에게 계룡산은 영감의 원천이자 정신의 자양분을 얻을 수 있는 휴식처이자 성스러운 공간이었다. 『우주변화의 원리』를 집필할 무렵에도 수시로 계룡산에 가서 동학사 근방에다 한두 달씩 여관을 잡아놓고 장기체류하곤 했다. 그가 계룡산에서 가장 영향을 많이 받은 장소는 계룡산 국사봉 밑에 자리 잡은 향적산방(香積山房)이었다.

향적산방은 충남대 총장을 지낸 바 있는 학산 이정호 선생이 『정역(正易)』공부를 하기 위해 1950년대 후반에 지어놓은 토굴이자 일종의 아카데미였다. 향적산방 바로 옆에는 19세기 후반 김일부 선생이 공부하던 토굴이 있다. 우리나라의 국사가 배출된다는 국사봉 밑에 자리 잡은 향적산방은 좌우로 청룡, 백호가 바위 맥으로 내려와 야무지게 감싸고 있고, 정면으로 보이는 안산(案山)은 두부처럼 평평한 토체(土體) 안산이다. 토체 안산에서 제왕이 나온다는 것 아닌가.

이곳은 당대 우리나라에서 주역이나 풍수 또는 사주를 연구하는 마니아들의 아지트였다. 자기가 공부한 바를 서로 주고받고 때로는 밤새워 논쟁하기도 하며 국사봉 정상에 올라가 국운융창을 위해 기도를 드리기도 했다. 김일부 선생 이후로 근세 계룡산파를 형성하던 일급 멤버들이 득실거리던 장소이기도 하다. 천학비재한 필자를 정역의 광대한 세계로 이끌어준 삼정 권영원 선생도 이 시절 향적산방에 장기체류하면서 학산 선생 밑에서 공부하고 있었다.

한동석도 1950년대 후반에서 1960년대 중반에 이르기까지 향적산방을 출입하면서 계룡산파의 인물들과 많은 교류를 했다. 『우주변화의 원리』의 중요한 골간을 이루는 내용이 지구의 지축이 23.5도 기울어져 있음에 주목하는 '정역사상(正易思想)'인데, 『정역』에 대한 이해와 수용은 향적산방을 출입하면서 이루어졌던 것으로 보인다. 본업이 한의사인 그가 전공을 벗어나 정권교체가 어떤 방식으로 될 것이라는 예언을 남겼다는 사실은 계룡산파의 영향으로 볼 수밖에 없다. 이를 종합하면 인체라는 미시세계와 『정역』이나 『주역』이 갖는 거시세계 양쪽에 모두 관심을 가지고 있었음을 확인할 수 있다.

한의학과 주역을 연결해주는 공통 고리는 앞에서 말한 대로 음양오행이지만, 이를 좀 더 직접적으로 표현하면『주역』'계사전'에 나오는 '근취저신(近取諸身) 원취저물(遠取諸物)' 사상이다. 가깝게는 자신의 몸에서 진리를 구하고, 멀게는 사물에서 진리를 구한다는 사상이다. 미시세계와 거시세계가 따로 노는 게 아니고 서로 연결되어 있다고 보는『주역』사상이다. 따라서 거시적인 우주의 세계를 알기 위해서는 인체라는 소우주를 연구하면, 굳이 멀리 우주까지 가보지 않더라도 알 수 있다는 논리다.

『우주변화의 원리』에는 '근취저신 원취저물'의 명제가 처음부터 끝까지 짙게 배어 있음을 느낄 수 있다. 근취저신과 원취저물을 연결하는 고리가 음양오행인 셈이다. 이는 곧 하늘의 이치는 땅에 나타나는 고로 땅을 보면 하늘이 어떻게 돌아가는가를 역추적할 수 있다고 여기는 것이었다. 한동석은 동생인 한 박사가 주역공부의 비결을 물었을 때 이렇게 말했다고 한다.

"천기(天氣) 보는 것을 배워라. 천기를 보는 게 하늘을 쳐다보면 천기를 보는 거야? 아니야. 땅을 봐라. 땅에 이렇게 보면 풀이 있고 돌멩이가 있고 이렇게 흔들리지? 지렁이, 털벌레, 딱정벌레 요거로 천기를 보는 거야. 딱정벌레가 많이 있는 거는 이 지상에 금기가 많이 왔다는 거야. 이제 발이 많은 돈 지네가 많이 끓을 때가 있다면 화기(火氣)가 왔다는 거야. 땅에 지렁이가 많으면 토기(土氣)가 많다는 거고. 이렇게 해가지고 천기를 보는 거야. 그러니까 지금은 이른 봄인데 금기가 왜 이렇게 많으냐"고 대답했다.　　－「한동석의 생애에 관한 연구」, 28쪽

딱정벌레는 등껍질이 단단하니 금기로 본다. 지렁이는 땅속에 사니까 토기로 본다. 이처럼 지상에 어떤 기운을 많이 받은 생물이 나타나면 그 해에 거기에 해당하는 하늘의 기운이 우세한 것으로 추론했던 것이다. 천기를 보는 것은 일상사 사물에 대한 세심한 관찰을 요하는 일이다. 이렇듯 도사의 자질은 세심한 관찰력이 필수다.

『황제내경』일만 독의 집중력

여기서 한 가지 드는 의문은 '관찰력 외에 한동석이 전념한 수도(修道) 방법은 무엇이었는가' 하는 것이다. 방법은 독경(讀經)이었다. 그는 『황제내경(黃帝內經)』 '운기편(運氣篇)'을 일만 독(一萬讀) 가까이 한 것으로 알려져 있다. 마치 불교 수행자들이 『천수경(千手經)』을 수만 독 하듯이 그도 '운기편'을 일만 번이나 외웠다. 이는 놀라운 집중력이 아닐 수 없다. 실제로 그는 대단한 집중력의 소유자로 소문이 나 있다.

1960년대 중반 그의 한의원이 있던 인사동 주변 골목에서는 길을 걸으면서 혼자 중얼중얼거리는 한동석을 수시로 목격할 수 있었다. 지나가는 사람이 보면 미친 사람이 중얼거리는 것으로 오인할 정도였다. 앉으나 서나 중얼중얼 '운기편'을 외웠다. 처음에는 3천 독을 목표로 했으나, 3천 독을 해도 신통치 않다고 여기고 다시 6천 독, 9천 독에 이르렀다고 한다. 9천 독에 가니까 약간 보이더라고 술회했다. 그리고 마지막 1만 독을 채우면서 활연관통했던 것 같다.

한동석이 필생의 연구 대상으로 삼은 소의경전(所衣經典)은 『황제내경』이었음을 알 수 있다. 다른 책을 보면 이해가 되는데, 『황제내경』만큼은 쉽게 이해되지 않으니까 무식하게 막고 품는 방법을 택한 셈이다. 사실 무식한 방법이 정공법이다. 무조건 외우는 방법이 막고 품는 방법이다. 변화구나 체인지업 말고 무조건 강속구를 던지는 수밖에 없다. 꿈에서도 경전을 외울 정도면 도통한다고 한다.

불가나 도가나 유가의 공부방법도 마찬가지다. 그래서 나온 말이 '사지사지 귀신통지(思之思之 鬼神通之)'라는 말이다. '밤낮으로 생각해 게을리하지 않으면 활연(豁然)하게 깨닫는 바가 있다'는 뜻이다. 선가(禪家)에서 말하는 몽중일여(夢中一如, 꿈에서도 낮에 생각한 마음과 같음)가 바로 이 경지다. 조선 후기 유가의 도인이었던 이서구(李書九)가 『서경(書經)』 서문을 9천 번 읽어서 이름을 '서구(書九)'라고 지었다는 말이 전해져오고, 황진이 묘를 지나면서 '잔 잡아 권할 사람 없으니 이를 슬퍼하노라'고 절창을 읊었던 임백호(林白湖)가 속리산 정상의 암자에서 중용을 5천 번 읽고 나서 한 경지 보았다는 이야기는 모두 같은 맥락에 속한다.

결론적으로 한동석이 보여주었던 파워의 진원지는 『황제내경』 일만 독이었음을 알 수 있다. '노느니 염불한다'는 말이 그냥 나온 말이 아니다.

2부

거인들이 들려주는
하늘과 땅과 사람의 이치

사주팔자를 통해 염라대왕의 비밀 장부를 훔쳐보는 역술가의 삶은

태양보다는 어슴푸레한 달빛에 익숙해져야 하는 음지의 삶이다.

음지의 삶이 지닌 애환은 활자로 남겨진 기록을 가질 수 없다는 것이다.

개개인의 깊숙한 사생활을 다루는 업무성격상

외부에 공개할 수 없는 내용들이 많다.

그러다 보니 오로지 떠돌아다니는 이야기로만 후세에 전해질 뿐.

그 이야기들이 뭉쳐 세월의 이끼가 쌓이노라면

신화와 전설의 영역으로 넘어가는 것 아니겠는가!

전설로 남은 명리학의 두 거인,
박재완과 박재현

역사의 이면에서 신화와 전설 속으로

"승자의 기록은 태양의 조명을 받아 역사로 남고, 패자의 기록은 달
빛에 바래 신화가 된다." 소설가 이병주가 남긴 명언이다. 나는 이 말
을 좋아한다. 특히 역술계 고수들의 삶과 그들이 남긴 행적을 추적할
때마다 이 말이 오버랩되곤 한다. 사주팔자를 통해 염라대왕의 비밀
스런 장부를 훔쳐보아야 하는 역술가의 삶이라고 하는 것이 태양의
조명을 받는 양지의 삶은 분명 아니다. 태양보다는 어슴푸레한 달빛
에 익숙해져야 하는 음지의 삶이라고 보아야 한다.

그러다 보니 역사의 전면에 나서지 못하고 항상 이면에서 머물러
야 하는 숙명을 지니고 있다. 음지의 삶이 지닌 애환은 활자로 남겨

한국 명리학계를 대표하는 빅3 중 한 명인 도계 박재완의 생전 모습. 담담한 성품의 도학자다운 스타일로, 김재규, 신군부의 운명을 맞힌 일화로 유명하다. 『명리요강』, 『명리사전』 등을 저술하기도 했다.

진 기록을 가질 수 없다는 점이다. 개개인의 깊숙한 사생활을 다루는 업무성격상 외부에 공개할 수 없는 내용들이 많다. 그러다 보니 오로지 떠돌아다니는 이야기로만 후세에 전해질 뿐이다. 사람들 사이에서 떠돌아다니던 이야기들이 뭉쳐 세월의 이끼가 쌓이면 신화와 전설의 영역으로 넘어가는 것 아니겠는가!

근래 한국 명리학계의 빅3 가운데 도계(陶溪) 박재완(朴在琓, 1903~1992), 제산(霽山) 박재현(朴宰顯, 1935~2000)의 행적을 추적하다 보면 흥미진진한 이야기들이 발견된다. 박재완과 박재현. 공통점은 둘 다 박씨라는 점이다. 한국에는 역대로 박씨 성을 가진 사람들 가운데서 기인 달사가 많이 배출되었다. 신라의 시조 박혁거세로부터 시작해서 조선조 창업에 깊숙이 관여했던 무학대사가 속성이 박씨였다. 그런가 하면 계룡산 신도안의 바위에 새겨져 있던 풍수도참의 글씨도 '불종불박(佛宗佛朴)'이다. 박씨 가운데서 미륵불이 나온다는 예언이다. 이로 인해서 계룡산에 박씨 성을 가진 도사들이 엄청나게 몰려왔다. 근래에 신앙촌으로 유명했던 감람나무 박태선

장로도 박씨이고, 원불교의 교조인 소태산 박중빈도 박씨다.

왜 박씨인가? 한국의 지리적인 위치는 동방이다. 동방은 오행으로 따지면 목(木)의 방향에 속한다. 박(朴)에는 나무 목(木)이 들어가 있다. 따라서 동방의 나라에 부합되는 성씨는 박씨라고도 해석할 수 있다. 또한 나무 목의 오른쪽으로 복(卜)이라는 글자가 첨가된다. 복자의 의미는 점친다는 뜻이다. 고로 한국에서 배출되는 영능력자 가운데는 박씨가 많을 수밖에 없다는 설이다. 필자에게 풍수를 전해준 선생님의 성씨도 공교롭게 박씨였는데, 언젠가 그 선생님하고 토론 끝에 내린 결론이 '한국에서는 나무 목(木)이 들어간 성씨인 박(朴)씨와 이(李)씨를 주목해야 한다'였다.

김재규의 운세는 '풍표낙엽 차복전파'

도계 박재완이 남긴 일화 가운데 하나만 소개해보자. 1979년 12월 12일 대한민국의 수도 서울 경복궁 일대에서는 정치적 격변이 발생했다. 이름하여 12·12 사태. 이틀 후인 12월 14일 이른 아침 대전에 살고 있던 박재완은 서울 경복궁 근처의 모 안가로 강제로 모셔져야만 했다. 신군부의 군인들에 의해 부랴부랴 대전에서 서울의 안가로 납치되다시피 온 것이다. 그 이유는 12·12 거사 주체세력들의 명리를 봐주기 위해서였다. 과연 거사는 성공할 것인가, 아니면 실패해 형장의 이슬로 사라질 것인가.

평상시에야 합리와 이성에 바탕한 판단을 중시하지만 목숨을 걸어야 하는 건곤일척의 승부수를 던질 때는 이성보다 초월적인 신의 섭리에 의존하게 마련인 것이 인간이다. 그렇다면 그 신의 섭리가 과연 무엇이란 말인가. 신의 섭리를 인수분해하면 사주팔자가 나온다는 것이 필자의 지론이다. 그러니까 한국 사람들은 대체적으로 사주팔자를 신의 섭리이자 전생 성적표로 생각한다는 말이다. 12월 14일이라면 12·12 불과 이틀 후에 해당하는 날짜다. 이틀 후라면 목숨이 왔다 갔다 하는 긴박한 상황이 전개되던 시점이다. 그 긴박한 시점에 신군부 주체들이 다른 일 제쳐두고 자신들의 사주팔자부터 보았다는 사실은 매우 흥미로운 대목이 아닐 수 없다.

필자는 평소 생각하기를 칼을 숭상하는 군인들은 사주팔자와 같은 흐리멍덩한 미신(?)을 무시하고 힘으로 밀어붙이는 줄로만 알았었다. 사주팔자는 다분히 문사적(文士的) 취향 아니던가. 그런데 결정적인 순간에는 군인들도 역시 사주를 본다는 것은 의외였다. 사주팔자에는 문무의 구별이 없음을 깨달았다.

12·12라는 긴박한 역사의 수레바퀴 안쪽에서 벌어졌던 이 은밀한 일화가 세간에 알려지게 된 데는 계기가 있었다. 바로 만세력 때문이었다. 그 사람의 사주팔자를 보려면 반드시 만세력이라고 하는 달력이 필요하다. 만세력은 생년월일시를 육십갑자로 표시한 달력이다. 일명 염라대왕 장부책이다. 염라대왕 장부를 보지 않으면 운명을 알 수 없다. 만세력이 없으면 사주를 볼 수 없다는 말이다. 보통사람의 필수품은 신용카드지만, 도사의 필수품은 만세력이다. 신용카드

조용헌의 사주명리학 이야기

는 놓고 가더라도 만세력은 반드시 휴대하고 다녀야 한다.

도사는 호주머니에 만세력 하나만 가지고 다니면 세상 어디를 가더라도 굶어 죽을 일은 없다. 왜냐하면 자기 앞날의 운명에 대해 관심 없는 사람은 이 세상에 없으니까. 고로 이 세상 사람들이 모두 잠재적인 고객이라고 해도 과언이 아니다. 그러나 12월 14일의 박재완은 만세력을 가지고 나오지 않았다. 갑자기 군인들이 대전의 집으로 들이닥쳐 순식간에 납치해 갔으니까 미처 만세력을 챙길 심리적 여유가 없었던 것이다.

박재완은 서울에 도착해서 종로에 사는 제자인 유충엽에게 전화를 했다. "나 지금 서울에 있네. 급히 오느라 만세력을 안 가지고 왔는데, 자네 만세력 좀 보내주게", "그러겠습니다. 어디 계십니까?", "글쎄 여기가 어딘지는 나도 잘 모르겠네. 사람을 거기로 보내겠네." 이 전화가 끝나고 15분 정도 지났을 때쯤 건장한 청년 몇몇이 검은 안경을 쓰고 역문관에 나타나 유충엽으로부터 만세력을 받아 총총히 사라졌다. 이 만세력 일화는 그때 스승인 도계 박재완으로부터 갑자기 전화를 받고 만세력을 전해준 유충엽 씨의 글을 통해서 알게 되었다. 1997년 월간 『WIN』(월간중앙의 전신)에 '역문관 야화'라는 제목으로 연재되었던 글이 바로 그것이다.

유충엽 씨는 역술인으로 드물게 해방 이후(1949년) 대전사범을 나온 인텔리다. 대전사범이라도 나왔으니까 이 일화를 그냥 흘려버리지 않고 글로 남길 수 있었던 것이다. 그래서 잉크방울은 핏방울보다 진하다는 말이 생겼는지도 모르겠다. 박재완이 감정한 신군부 주체들의 사주는 이러했다고 한다. "지금은 운이 좋다. 그러나 10년쯤 지나면 '재월령즉 위재이환(財越嶺卽 爲災而還, 재(財)가 재(嶺)를 넘으면 재(災)가 되어 돌아온다)'이다."

신군부 주체들과 관련해 빼놓을 수 없는 인물이 있다. 바로 김재규다. 김재규는 신군부로부터 당한 쪽이라고 볼 수 있다. 그런데 아이러니컬하게도 김재규도 역시 박재완으로부터 사주를 본 적이 있었다. 야심이 있었던 김재규는 1970년대 초반에 이미 박재완을 찾아가 자신의 미래 운명을 점쳐보았던 것이다. 그때 나온 내용 가운데 하나가 '풍표낙엽 차복전파(楓飄落葉 車覆全破)'라는 구절이었다. 이 문구는 보통 "단풍잎이 떨어져 낙엽이 될 즈음에 차가 엎어져서 전파된다"로 해석된다. 유의할 점은 이 구절이 김재규의 1979년 운세에 해당하는 내용이었다는 점이다.

70년대 초반에 도계로부터 이 문구를 전해 받은 김재규는 1979년이 되자 차를 아주 조심했다. 차가 엎어진다고 되어 있으니까 자동차를 조심한 것이다. 그래서 매번 자동차를 탈 때마다 자신의 차를 모는 운전기사에게 조심히 운전하라고 여러 번 주의를 주곤 했다. 그러나 김재규의 인생을 놓고 볼 때 '차복전파'에 대한 해석이 잘못되었다. 차(車)는 자동차가 아닌 차지철을 가리키는 말이었고, 전(全)은 전두환 전 대통령을 가리키는 말이라고 역술계에서는 해석한다. 차지철은 죽을 때 화장실에서 엎어져 죽었고(車覆), 김재규는 전두환에게 격파당했기(全破) 때문이다. 결과적으로 김재규는 죽었으니까 차가 엎어진 것이나 마찬가지 결과를 초래했지만 만약 차가 차지철을 의미하고 전이 전두환을 의미했다는 사실을 김재규가 미리 알았다면 역사는 과연 어떻게 진행되었을까.

자기 죽는 시간까지 알았던 박재완

박재완은 1903년에 태어나 1992년에 사망했으니까 90세의 장수를 누렸다. 90세의 장수를 누렸기 때문에 도계는 많은 사람들을 접할 수 있었다. 고관대작과 기업가로부터 일반 서민에 이르기까지 다양한 계층 사람들의 사주를 보았다. 위세 있는 고위관료와 사업가치고 그에게 사주를 보지 않은 사람이 없다. 그만큼 적중률이 높았다. 그가 남긴 저술로는 『명리요강(命理要綱)』, 『명리사전(命理辭典)』과 사후(死後)에 그의 제자들이 간행한 『명리실관(命理實觀)』이 있다. 『명리요강』은 명리의 핵심 원리들을 요약한 책이고, 『명리사전』은 그 원리들을 사례별로 풀어놓은 책이다.

도계 박재완이 직접 사람들을 상대하면서 사주를 본 임상기록을 정리한 『명리실관』

특히 『명리사전』은 일본의 추명학자들이 일어로 번역본을 내자고 두 번이나 요청했던 명저이기도 하다. 하지만 완강하게 거절했다고 한다. 한국 명리의 노하우가 일본으로 흘러가는 것을 원하지 않았기 때문이다. 『명리실관』은 도계가 직접 사람들을 상대하면서 사주를 본 임상 기록이다. 이것을 보통 『간명지(看命紙)』라고 부른다. 수제 자인 유충엽이 한문으로 된 간명지를 해석한 것이 『명리실관』이다.

사주에 대한 적중률도 적중률이지만 박재완의 인품도 남달랐다. 담백무욕해서 별다른 욕심을 부리지 않았다. 명성이 높아지고 적중률이 높아질수록 돈에 욕심을 내기 쉬운 법인데 그는 돈 문제에 담백했다고 전해진다. 그만큼 단순한 술객의 차원이 아니라 내면수양에도 어느 정도 성취가 있었던 인물이었다. 그는 1992년 죽을 때도 그냥 가지 않고 후학들에게 감동적인 일화를 하나 남기고 갔다. 바로 자신이 죽는 날짜와 시간을 미리 정해준 일이다.

죽음을 귀천(歸天)이라 했던가! 운명의 이치를 다루는 명리학자 입장에서 볼 때는 이 세상에 태어나는 날짜도 정해져 있듯 죽는 날짜도 정해져 있다고 본다. 정해진 그 날짜에 하늘로 돌아가야만 끝맺음을 제대로 한 것이다. 귀천 날짜에 가지 않으려고 바동거리는 모습도 과히 바람직스럽지 못하다. 갈 때는 가야 한다. 이 이치를 박재완은 몸으로 직접 보여주었다.

그는 임종에 즈음해서 자식들에게 자신의 귀천 날짜와 시간을 미리 예견했다. 그리고 자식들에게 신신당부했다. 정해진 그 날짜와 시간에 자신이 하늘나라로 무사히 돌아갈 수 있도록. 그러므로 절대로 자신에게 링거 주사를 꽂지 말아달라는 당부였다. 링거 주사를 맞으면 인위적으로 얼마간 생명을 연장할 수 있겠지만, 그것은 하늘의 법도를 어그러뜨리는 일이 된다.

박재완은 자신이 예언한 그 날짜, 그 시간에 조용히 운명했다. 과연 일세를 풍미한 명리학자의 죽음다웠다. 도인은 마지막 세상을 떠나는 순간에 즈음해 일생 동안 닦은 내공을 한 초식 보여주는 법이다. 초연하게 죽음을 맞이하는 모습은 남아 있는 사람들에 대한 커다란 서비스이기도 하다. 초연한 죽음 그 자체가 살아 있는 사람들에게 '참을 수 없는 존재의 가벼움'을 느끼도록 해주는 법문이다.

2만 명의 사주를 봐야 프로가 되나니

필자는 도계가 지녔던 명리학의 내공을 파악하기 위해 『명리실관』의 임상사례들을 분석한 바 있다. 『명리실관』에는 무수한 실전사례들이 소개돼 있다. 내공은 실전체험에서 나온다. 명리도 마찬가지다. 따라서 실전사례를 분석하는 작업은 내공증강에 가장 효과적인 방법이기도 하다.

도계는 아마도 수십만 명의 임상경험을 가졌을 것으로 추측된다. 수십 년을 보았으니 말이다. 역술계에서 회자되는 이야기에 따르면 어느 정도 경지에 오르기 위해서는 2만 명 정도의 임상을 해보아야 한다는 설이 있다. 2만 명 이상의 임상 경험을 가진 역술가는 들어오는 사람의 얼굴을 보고 사주팔자를 한번 획 쳐다보기만 해도 격국(格局)이 나온다고 한다. 이는 여덟 글자라는 디지털을 인간사의 희로애락이라는 아날로그로 전환하는 작업이기도 하다. 여덟 글자의 디지털 속에 잠복되어 있는 숨은 그림을 찾아내는 작업이라고 설명해야할까.

아무튼 '궁즉통(窮卽通)'이라는 말이 있듯이, 어떤 일이든 낑낑거리면서 골몰하다 보면 어느 순간 돈오의 깨달음이 오는 법이다. 2만 명이라니, 하루도 쉬지 않고 매일 10명씩 본다고 가정해도 1년이면 3,650명밖에 되지 않는다. 줄잡아 6년은 쉬지 않고 중노동해야만 2만 명을 채운다는 계산이 나온다. 이것도 쉽지 않은 일이다. 이 세상에 쉬운 일은 없다. 필자는 15년 남짓 보았지만 이제 겨우 5천 명 정도에 지나지 않는다. 2만 명을 채우려면 아직 멀었다. 내 평생에는 불가능한 목표다.

양도 양이지만 질도 문제다. 전업 역술가가 아닌 사람은 상대하는 계층이 주로 평범한 봉급쟁이가 많다. 그러다 보니 재미있는 사주를 가진 사람을 만날 기회가 적다는 핸디캡이 있다. 엎어지고 자빠지며 쓰리 고에 피박당하는 사람들의 사주를 보아야 재미도 있고 실력도 팍팍 는다. 아침에 출근했다 저녁에 퇴근하는 '나인 투 파이브'들은 인생의 기복이 적어 피박을 당하지 않으니까, 사주도 믿지 않는 경향이 있고 재미 또한 없다.

조용헌의 사주명리학 이야기

종교도 그렇지만 사주팔자도 수준이 높은 상근기와 수준이 낮은 하근기가 제일 잘 믿는 반면에, 중근기들은 잘 믿지 않는 경향이 있다. 상근기는 계산이 빨라 믿고 하근기는 남들이 믿으니까 덩달아 믿는 것이고, 중간치기들은 이리저리 주판만 놓다 결론을 내지 못하고 눈치만 보다가 끝난다. 드라마틱한 인생을 사는 사람의 사주가 실력을 증강시킬 수 있는 가장 좋은 공부거리다.

　　가장 보기 좋은 사주가 정치인들의 사주다. 정치인은 교도소 담장 위를 걸어다니는 사람들이라서 한 발만 옆으로 디디면 교도소로 떨어진다. 인생살이에서 길흉이 분명하게 나타난다. 그래서 사주상에 나타난 길흉과 대조하기 쉽다. 이런 각도에서 보자면 정치인들이야말로 이 세상이라는 연극무대에서 가장 화려한 배역을 맡은 배우라는 생각이 든다. 정치인 다음에는 연예인들이 좋다.

　　연예인들 역시 기복이 심하고 길흉이 확실하게 나타난다는 장점이 있다. 외국 가수 중에 '파워 오브 러브(power of love)'와 영화 〈타이타닉〉의 주제가를 부른 셀린 디옹이 필자의 사례 연구 대상이다. 어쩌면 그렇게 노래를 잘하는지, 그리고 그렇게 예쁘고 노래 잘하는 젊은 여자가 뭐가 부족해 25년 이상 나이 차이가 나는 노인장하고 살게 되었는지 궁금하다. 여자 사주에서 태어난 날짜가 임(壬), 계(癸), 일주(日主)는 백두노랑(白頭老郎, 머리가 하얀 늙은 남편)하고 산다는 이치가 있는데, 혹시 셀린 디옹의 사주팔자가 여기에 해당하는지 모르겠다.

현직 검사가 집필한 사주책, 『사주정설』

도계는 사주팔자를 통해 많은 중생들을 도와주었다. 사업이 부도나 자살하기 일보 직전에 찾아온 사람들에게는 "몇 년이 고비니 이 고비만 넘으면 좋은 운이 찾아온다. 그때까지만 어떻게 해서든 참아봐라"라고 하든가, 남편이 몰래 바람을 피워 숨겨놓은 자식이 있다는 사실을 알게 된 부인이 찾아와 하소연하면 "팔자소관이려니 하고 넘어가라, 그렇지 않으면 이 시점에서 어떻게 하겠는가. 이혼하는 것보다 낫다고 생각하라"고 위로했다.

　한국 사람은 다른 사람에게 차마 말 못할 고민을 정신과의사에게 가서 상담하는 것이 아니라 점쟁이를 찾아가서 속을 털어놓는다. 누군가에게 속을 털어놓아야 정신병에도 안 걸리고 아파트에서 뛰어내리는 자살도 방지할 수 있다. 그 털어놓고 상의할 만한 최적의 상대가 바로 점쟁이, 역술가, 명리학자다. 점쟁이가 몇 만 원의 복채를 받는 것도 따지고 보면 상담료니까 그까짓 복채 몇 푼 너무 아까워하지 마라! 점쟁이도 공돈은 안 받는 셈이다. 점쟁이도 역기능만 있는 것이 아니고 순기능도 있다.

　명리학자였던 도계는 그러한 고충을 지닌 수많은 사람들을 위로하고 안심시켰다. '팔자소관으로 돌려라. 지금만 버티면 다음에 좋은 때가 온다. 기다려라'가 상담의 기본이었다. 엄청난 불행을 당한 사람에게 무슨 이야기로 위로할 것인가. 그 해답은 주님의 섭리로 모든 것을 받아들이든가, 팔자소관으로 받아들이는 방법밖에 없다. 불행을 받아들이지 못하면 미치거나 병들거나 자살하는 수밖에 없다.

도계를 찾아와 상담했던 사람들 중 이색적인 그룹이 있는데, 그 그룹이란 고시를 준비하는 고시수험생들이었다. 고시에 여러 번 낙방하다 보면 마음이 초조해진다. 고시원에서 시험준비만 하다 내 인생 끝나는 것 아닌가 하는 불안이 찾아오기 마련이다. 이런 연고로 해서 고시생들이 사주팔자를 많이 연구한다. 낙방을 거듭했던 고시수험생이 어느 날 도계를 찾아와 물었다. "저 아무래도 고시공부 집어치워야 할까봐요", "아니네, 이 사람아, 자네는 고시에 합격할 운이 있네. 한 2년만 더 참고 공부하면 그때 합격할 것이네. 그때까지 참고 기다리소." 아닌 게 아니라 2년 후 그 수험생은 고시에 합격했다.

합격하고 나서 이 수험생은 사주팔자라는 것이 도대체 무엇인가에 의문을 품고 고시공부하듯이 명리학 서적들을 독파했다. 그러고 나서 쓴 책이 바로 『사주정설(四柱精說)』이라는 책이다. 고시합격자가 핵심 원리만 뽑아 정리했기 때문에 보기에 일목요연하고 부피도 얇아 초입자가 공부하기에 좋은 책이다. 『사주정설』의 저자는 백영관(白靈觀)으로 되어 있다. 그러나 이 이름은 저자의 실명이 아닌 가명이다. 『사주정설』을 집필할 때(1982년) 저자는 현직 검사로 재직하고 있었다. 현직 검사가 실명으로 사주팔자 책을 저술한다는 것은 여러모로 모양새가 좋지 않다고 판단해 부득이 가명으로 책을 낸 것이다.

도계만의 독특한 영감

도계의 실전사례를 기록한 『명리실관』을 보자. 『명리실관』을 보면서 필자가 놀란 것은 그 유려한 한문 문장이다. 『명리실관』에 등장하는 사주풀이는 전부 한문으로 되어 있다. 예를 들면 어떤 여자의 사주팔자를 이런 식으로 평했다. "주옥세진 왕금수기(珠玉洗塵 旺金秀氣) 봉시영달 귀가지부(逢時榮達 貴家之婦). 총명출중 임사불루(聰明出衆 臨事不漏)." 이를 해석하면 "주옥이 먼지를 씻어내니 왕성한 금의 기운이 빼어나구나. 때를 만나 영달하게 되니 귀한 집의 부인이로다. 총명이 출중해 일에 임해 소홀함이 없구나."

도계가 『명리실관』에서 사용하는 문장은 모두 4자(字)씩 규칙적으로 결구를 이루고 있다는 특징이 발견된다. 한문 4자 안에 내용을 함축한 것이다. 이를 가리켜 '변려문(騈儷文)'이라고 한다. 4자씩 규칙적으로 반복되니 읽는 사람으로 하여금 리듬감을 느끼게 한다. 유교경전 가운데는 『사자소학(四字小學)』이 대표적이고, 불경 가운데는 『능엄경』이 이와 같은 변려문으로 되어 있어 읽기에 편하고 운율을 감상할 수 있다.

『능엄경』을 좋아하는 사람들은 변려문 스타일에 매우 익숙하게 마련인데, 대학에서 불교의 『능엄경』 가지고 박사학위를 받은 필자로서는 도계의 한문 문체가 입맛에 맞는다. 아울러 고색창연한 변려문을 자유자재로 구사하면서 인생사의 파란만장을 유장하게 담아낼 수 있었던 도계의 학식에 감탄을 금할 수 없었다.

조용헌의 사주명리학 이야기

『명리실관』을 읽으면서 당혹스러움을 느꼈던 부분은 명리학 이론서에는 나오지 않는 해석이 발견될 때다. 예를 들면 경오(庚午), 기축(己丑), 기축(己丑), 무진(戊辰)의 여자 사주를 다음과 같이 해석한다. "40세에 이르니 모든 사람들이 신뢰하고 존경한다. 43~44세는 구리기둥에서 좀벌레가 생기는 격이라 믿는 곳에서 피해를 입으니 이 역시 운수소관이다." 43~44세에 구리기둥에서 좀벌레가 생기는 격과 같은 해석은 필자로서는 불가능한 대목이다. 명리학 이론서 가지고는 해석해낼 수 없는 부분이다.

필자의 과문 탓인지는 모르지만 어떻게 43~44세에 구리기둥에서 좀벌레가 생긴다고 해석할 수 있었을까? 이론서에서는 발견할 수 없는 대목이다. 『명리실관』을 읽다 보면 도처에서 이처럼 불가해한 부분이 발견된다. 그래서 내린 결론이 이는 명리학 이론서에 나온 말이 아니라 도계가 지녔던 독특한 영감 내지 직관력에서 나온 해석이라고 여겨졌다. 사주공부는 첫째 이론서를 섭렵하고, 둘째 실전문제를 많이 풀며, 셋째 직관력을 갖춰야 한다.

직관력이란 영적인 힘을 가리킨다. 사주내공의 완성단계는 직관력이다. 이것이 없으면 최후의 5퍼센트에서 오차가 발생할 수 있다. 이것이냐 저것이냐 해석이 아주 모호한 상황에서, 이것이다 하고 판정할 수 있는 힘은 직관력이다. 역사도 결국 자료가 아니라 그 자료를 어떻게 해석해내느냐에서 평가가 좌우되지만, 사주도 마찬가지다. 같은 여덟 글자를 보고도 보는 사람의 능력과 관점에 따라 정반대로 해석해낼 수 있다.

문제는 영발(靈發, spiritual power)이다! 영발을 얻으려면 입산수도 과정이 필수적이다. 이를 종합하면 도계는 한쪽에는 이론, 다른 한쪽에는 실전체험과 영적인 힘까지 아울러 갖추었던 실력자였음을 알 수 있다. 비유하자면 쌍권총을 찬 것과 같다. 오케이 목장의 결투에서 쌍권총을 차면 한쪽이 불발이더라도 나머지 한쪽은 작동하기 마련이다.

도계의 경지는 지극한 수련과정의 결과

그렇다면 도계는 이러한 경지에 도달하기까지 어떠한 수련과정을 거쳤을지가 궁금해진다. 그의 이력을 더듬어보자. 도계는 1903년 대구에서 태어났다. 10세 전에는 곽면우(郭俛宇) 선생 문하에 입문해 사서삼경을 수학했다. 곽면우, 그는 구한말 영남의 유명한 유학자이자 독립운동가다. 3·1운동 이후 일본정부에 조선독립을 주장하는 글을 보냈다가 대구 감옥에 수감되기도 했다. 그는 유학자요 독립운동가이기도 했지만, 다른 한편에서 보자면 도학에 깊은 조예를 지녔던 인물이다.

소설 『단(丹)』을 보면 그는 정신수련에서 상당한 경지에까지 들어간 인물로 묘사된다. 단순한 유학자가 아니었던 것이다. 필자는 평소 곽면우 선생에게 관심을 가지고 있었다. 필자의 풍수 선생님인 박의산(朴懿山, 1926~) 선생의 계보를 따라 올라가면 이환조 선생이 나오고, 이환조의 스승이 정봉강이며, 정봉강 선생의 사부가 바로 곽면우 선생이기 때문이다. 풍수계보상에서 따져보면 곽면우 선생은 필자의 고조부 뻘이 된다. 비록 유학이 아닌 풍수이기는 하지만, 풍수를 연결고리로 해서 필자와 곽면우 선생은 일맥상통하는 것이다. 그래서 몇 해 전에 경남 거창에 있는 선생의 묘소를 참배하기도 했다.

곽면우의 풍수 수제자인 정봉강도 일본 경찰을 때려죽이고 전국으로 유랑했듯이, 도계도 곽면우의 영향을 받아 독립운동을 하려고 중국으로 건너갔다고 한다. 그러나 독립운동가 단체 내부의 파벌싸움을 목격하고 환멸을 느껴 명리학에 입문하게 된다. 당시 이 분야에서 명성이 자자하던 중국 무송현의 왕보(王甫) 선생 문하에서 태을수(太乙數), 황극수(皇極數) 그리고 명리를 사사한다. 대가 밑에서 이론 공부와 함께 국내에서 구할 수 없었던 진귀한 서적들을 이 시기에 입수했던 것 같다. 이러한 인연도 팔자소관이다.

여기까지가 이론 공부였다면 중국에서 귀국해 1928년 26세 때는 금강산 돈도암(頓道庵)을 비롯한 여러 명산대찰에서 수도를 한다. 정신세계의 깊은 곳으로 침잠하는 수련 과정을 겪었던 것이다. 금강산은 개골산(皆骨山)이라는 명칭에서도 드러나듯이 산 전체가 바위로 이루어진 산이다. 수련가의 안목에서 보면 금강산은 고단백질이 풍부한 산이다. 지구에서 방사되는 지자기(地磁氣)는 바위를 통해 올라오므로 바위산에서 생활을 하거나 수도를 하면 강력한 에너지를 흡수할 수 있다. 강력한 지기가 있어야만 내면세계라는 지하실 깊숙이 진입할 수 있는 힘을 얻는다.

힘이 없으면 내면세계로 들어갈 수 없다. 바위산에서 도인이 많이 배출되는 까닭이 여기에 있다. 그래서 금강산이 주목받는 산이 되었다. 산 전체가 바위산인 금강산에서 한국 정신세계의 양대 파벌 중 하나인 금강산파가 나온 것도 다 이유가 있다. 지리산파의 인물들은 심법이 후덕한 경향이 있다면, 금강산파는 신출귀몰한 도력을 갖춘 인물들이 많다. 도계는 돈도암을 비롯한 금강산 이곳저곳을 역방하면서 금강산파의 내로라하는 인물들과 접했을 가능성이 높다. 아울러 기운 좋은 암자에서 무의식의 세계로 들어가는 심도 있는 정신수련도 하지 않았나 싶다.

요즘 사주공부하는 사람들은 책 몇 권 읽고 함부로 간판을 내거는 경향이 있다. 위험한 일이다. 돌팔이는 남도 망치고 자기도 망치는 법이다. 이론을 거친 다음 최소한 3년 정도는 입산해 자신의 내면세계를 들여다보는 수련과정을 반드시 거쳐야 한다. 도계 같은 대가도 공부 과정에서 전국의 명산대찰을 순례했다는 사실을 눈여겨볼 필요가 있다.

원숭이 얼굴의 천재, 제산 박재현

빅3 가운데 마지막으로 제산 박재현을 이야기해보자. 도계가 담담한 성품의 도학자적 스타일이라면, 제산은 좌충우돌 신출귀몰하는 천재형 스타일이었다. 그는 천재적인 두뇌와 아울러 격한 감정을 겸비했

원숭이형 관상을 지닌 천재형의 재사, 제산 박재현의 생전 모습. 도올 김용옥이나 도요토미 히데요시 역시
원숭이 관상을 가진 인물들이다.

기 때문에 가는 곳마다 충돌하면서 스파크를 남겼다. 그가 남긴 스파
크를 추적하다 보면 인생이라는 것이 하나의 만화경(kaleidoscope)
이라는 사실을 다시 한 번 깨닫게 된다.

　1996년 필자가 그를 처음 만나 받은 인상도 대단한 재사(才士)라
는 느낌이었다. 우선 제산은 관상부터 비범했다. 보통사람이 제산의
관상을 보면 별로 잘생긴 얼굴은 아니라고 보지만, 관상에 어느 정도
관심이 있는 사람이 보면 제산의 얼굴은 원숭이형 관상이다. 눈과 눈
썹 부분의 모습이 원숭이 같다. 자고로 원숭이형 얼굴을 가진 사람
중에서 천재가 많다.

　우선 도올 김용옥부터 보자. 도올도 필자가 보기에는 원숭이형 관
상이다. 도올이 TV에서 『도덕경』을 강의하는 모습을 물끄러미 바라
보면서 필자는 손오공을 연상했다. 그 변화무쌍한 초식을 동원해 종

횡무진으로 과거와 현재를 넘나드는 신통력은 도올이 아니면 불가능하다. 현재 한·중·일 삼국에서 도올과 같은 손오공은 없다고 필자는 생각한다. 도올 선생! 원숭이라고 평했다고 해서 필자를 너무 욕하지 마시라! 역사적으로 볼 때 원숭이형들 중에 천재가 많다는 이야기를 하기 위해 선생과 제산의 예를 든 것이니까.

일본의 원숭이형 천재는 임진왜란을 일으킨 도요토미 히데요시다. 경북 안동의 강직했던 선비 학봉 김성일(金誠一, 1538~1593)은 일본에 가서 히데요시를 만나본 뒤 '원숭이같이 생겼다'고 평가한 바 있다. 히데요시도 원숭이 상이었던 것이다. 조선 입장에서 보면 히데요시는 만고에 죽일 놈이지만, 반대로 일본 사람들은 히데요시를 가장 본받을 만한 인물로 꼽는다. 히데요시는 평지돌출한 인물이기 때문이다. 오다 노부나가의 말을 끌던 미천한 마부 출신이 입신해 일본을 통일하고 조선은 물론 대국인 중국까지 삼켜버리려고 했던 걸물이다. 평론가의 안목에서 볼 때 오다 노부나가, 도쿠가와 이에야스보다 히데요시의 인생이 훨씬 극적이다.

아무튼 제산은 원숭이 상을 지닌 천재였다. 실제로 제산은 어렸을 때부터 신동 소리를 들었던 인물이다. 그의 고향은 경남 함양의 서상(西上)이라는 지역인데, 유년시절부터 '서상에 신동 났다'는 이야기를 들으면서 컸던 인물이다. 그 천재성이 바둑으로 갔으면 이창호가 되었을 것이고, 학문으로 갔으면 도올 같은 인물이 되었을 텐데, 아쉽게도 천대받는 업종인 명리 쪽으로 갔다. 그것도 결국 팔자소관이요, 주님의 섭리일 테지만 말이다.

필자가 명리학 연재를 시작하면서 『월간중앙』의 정재령 부장에게 "우리나라 역술가 가운데 가장 알고 싶은 사람이 누구냐?"고 질문했을 때, 정 부장의 즉각적인 답변이 "박 도사를 먼저 소개해달라"였다. 박 도사는 바로 제산을 가리키는 말이다. 월간지 부장도 이미 그 명성을 알고 있었을 만큼 제산은 이 분야에서 전설적인 인물이다.

천기까지 꿰뚫었던 박제산의 신통력

제산이 남긴 일화를 하나 소개한다. 1970년대 후반(아마 1978년쯤?) 전국적으로 대단한 가뭄이 들었다. 몇 달째 비가 오지 않아 모내기를 할 수 없을 지경이었다. 정부는 비상이 걸렸고, 주무부서인 농수산부는 더욱 긴장할 수밖에 없었다. 당시 농수산부 장관은 장덕진 씨였다고 한다. 박 대통령은 각료회의에서 가뭄 대책을 세우라고 다그쳤고, 해당 부서 장관인 장덕진은 그 대책 마련에 부심했다. 대책이란 양수기 수만 대를 외국에서 사오는 일이었다.

그런 와중에 생각난 인물이 평소 알고 지내던 '박 도사'였다. 양수기 수만 대를 수입하려면 엄청난 예산이 소요되는데, 혹시 박 도사에게 물어보면 무슨 수가 없을까 해서였다. 당시 계룡산에서 칩거 중이던 제산은 장덕진 장관에게 "조금만 더 기다려보라. 내가 천기를 보니 몇 월 며칠에 반드시 비가 오게 되어 있다. 그때까지 견뎌보라"는 답을 주었다. 제산의 말을 믿은 장덕진 장관은 가뭄이 계속되는데도 불구하고 양수기 수입을 차일피일 미뤘다. 얼마 후 정말 비가 온다면 양수기 구입하는 데 들어가는 예산을 아낄 수 있다고 판단했던 것이다. 그리고 약 보름 정도 시일을 적당히 이유를 대면서 미루었다고 한다.

만약 그날 비가 오지 않으면 장관 목은 날아가는 것이다. 뿐만 아니라 일이 잘못되면 일국의 장관이라는 사람이 일개 점쟁이의 말을 듣고 국사를 그르쳤다는 비판을 감수해야만 하는 상황이었다. 비가 오기를 기다리는 보름 동안 장덕진은 그야말로 애간장이 탔다. 정말 비가 올 것인가. 하지만 비가 오기로 예언한 날이 내일로 다가왔는데도 비가 올 조짐은 전혀 보이지 않았다. 저녁 무렵 밖에 나가 하늘을 보니 별만 총총하게 빛났다. 일기예보도 비가 오지 않는다고 했다. 장 장관은 '아, 나는 내일쯤 목이 날아가겠구나!' 하고 체념했다.

그다음 날 아침에도 날씨가 맑은 편이었는데, 점심때가 지날 무렵부터 갑자기 하늘에 먹구름이 시커멓게 몰려오는 것 아닌가. 얼마 있다가 장대 같은 비가 억수로 퍼부었다. 전국적인 가뭄이 해갈된 것은 물론이었다. '나는 살았다! 대한민국 만세다!'

필자는 이 비사(秘史)를 제산의 부인으로부터 직접 들었다. 당시 제산의 집이 서울 연희동에 있었는데, 억수 같은 비가 오자 장덕진 장관이 흥분한 목소리로 "오후 6시까지 연희동 집으로 갈 테니 제산과 같이 만나자"는 전화를 했다. 계룡산에 있던 제산은 장 장관의 연락을 받고 급히 연희동으로 올라와야 했는데, 흥분을 감추지 못했던 장덕진은 6시까지 기다리지 못하고 5시쯤 되었을 때 비서관을 대동

조용헌의 사주명리학 이야기

하고 미리 연희동에 와서 박 도사를 대기하고 있었다고 한다.

제산의 내공이 절정기에 있을 때는 이처럼 언제 비가 올 것인가 하는 천기 부분까지 꿰뚫는 능력이 있었다. 개인의 운명을 예언하는 것과 국가적 대사를 예언하는 능력은 차원이 다르다. 언제 비가 올 것이라는 정도까지 적중하다 보니 1970년대 후반부터 제산의 이름은 정치인들이나 고관들 사이에서도 회자되었다.

1990년대 초반 당시 포항제철의 고(故) 박태준 회장은 헬기를 타고 제산이 살고 있던 서상까지 제산을 만나러 온 적이 있다. 박 회장과 제산은 같은 박씨라서 인간적으로 서로 친했던 사이였다. 포항제철 박 회장이 헬기를 타고 직접 박 도사를 만나러 왔던 일은 몇몇 일간지에서 이를 기사로 보도했기 때문에 인구에 회자되기도 했다. 박 회장은 사석에서 박 도사를 가리켜 "살아 있는 토정을 보는 것 같다"고 칭찬한 바 있다.

정치인 김복동 씨와 김기재 씨도 제산과 왕래가 잦았다. 이들 유명 정치인들과 제산의 관계는 사판의 대가와 이판의 고수가 만난 격이었다.

진정한 격물치지의 대가

제산이 남긴 일화를 하나 더 소개하면 이렇다. 제산은 20대 시절 이곳저곳을 방랑했다. 주로 지리산 일대였다. 함양, 산청, 남원의 운봉

등지였다. 특히 제산은 춥고 배고팠던 20대 시절 운봉에 자주 들렀다. 운봉에는 그의 절친한 친구인 노개식(盧价植) 씨가 살고 있었다. 운봉은 지리산 일대의 명당이다. 해발 400미터 고지대라서 여름에도 기온이 30도를 넘지 않는다. 풍수적으로도 지세가 빼어날 뿐만 아니라 여름에 시원하고 땅 기운도 좋아서 예로부터 기인달사들이 이곳에 많이 뿌리내리고 살았다.

그의 집안도 그런 집안의 하나였다. 노씨는 당시 한약방을 운영하고 있었고, 유년시절부터 집안 어른들로부터 유교 경전을 단련받아 한문에 조예가 깊었다. 한약방을 운영하니까 생활에는 어려움이 없어서 친구인 제산이 찾아오면 항상 차비라도 줄 수 있는 여력이 있었고, 고전에 식견이 있어서 호학하는 성품이었던 제산과 잘 어울렸다.

어느 날이었다. 제산과 운봉의 친구는 아침에 일어나 이부자리를 정리하고 있었다. 그때 문득 제산이 이렇게 말했다. "어이, 오늘 한약방에 오는 첫 손님은 남자일 것이네. 그런데 그 사람의 성씨가 황(黃)씨일 거야. 그리고 이름은 하수(河洙)이고. 아마도 그 사람은 대나무 울타리를 두른 집에 사는 사람일 것이네." 아침에 일어나자마자 이 이야기를 들은 친구는 과연 그럴까 하고 지켜보았다. 10시쯤 되어서 한약을 지으러 첫 손님이 왔는데, 이 사람 성씨를 물어보니 황씨라고 대답했다. 그래서 이름이 어떻게 되느냐고 묻자 과연 '하수(河洙)'라고 하지 않는가. 깜짝 놀란 그는 그 손님의 집까지 물어보았다. 그랬더니 하는 말이 "나는 대나무 숲 가운데에 살고 있습니다." 하는 것 아닌가.

평소 제산이라는 친구가 특별한 능력이 있는 사람이라는 것은 알고 있었지만 이처럼 사람의 이름까지 정확하게 알아맞히니 기절초풍할 노릇이었다. 의심이 든 친구는 제산에게 다그쳤다. "자네, 이보(耳報)로 안 것이지?" '이보(耳報)'라는 말은 '귀신이 귀에 보고를 해준다'는 뜻이다. 산 사람들 사이에서는 '이보통령(耳報通靈)'이라고 부르는데, 줄여서 통상 '이보'라고 부른다. 산에서 기도를 많이 하다 보면 접신(接神)이 되는 수가 있다. 접신이 되면 귀신이 접신된 사람의 귀에다 대고 정보를 알려준다.

이보가 된 사람과 이야기하다 보면 그가 마치 귀에 리시버를 꽂은 상태로 말하는 것과 같아서 두 사람과 이야기하는 것과 같다. 자기가 무슨 말을 하기 전에 먼저 귀신이 무슨 이야기를 해주는가 하고 귀를 쫑긋한 상태에서 상대의 말을 듣는다. 그래서 이보통령한 사람과 이야기하다 보면 헷갈리는 경우가 발생하기도 한다.

친구로부터 '자네, 이보로 알게 된 것이지'라고 추궁받은 제산은 "아니다. 격물치지(格物致知)해서 안 것이다"라고 답변했다. 격물치지란 사물을 유심히 관찰해 알았다는 말이다. 귀신이 알려주어서 안 것이 아니고, 스스로 이성적으로 이치를 분석해서 알았다는 뜻이기도 하다. "그렇다면 그 격물치지의 근거를 말해봐라." 하니까, 그의 말인즉 이랬다. "오늘 아침에 일어나보니 아침햇살이 장판을 비추는데, 장판의 색깔이 노랗게 보이더라, 그래서 황(黃)씨라는 것을 알았다. 머리맡에 목마르면 먹으려고 흰 대접에 물을 떠놓았는데, 그 대접에 담겨 있는 물이 아주 맑게 보이더라. 하수(河洙)는 그래서 알았다. 대접 위에 가로로 놓여 있는 대 뿌리 회초리를 보고 오늘 오는 사람이 대나무 울타리 속에서 사는 사람이라는 사실을 예측할 수 있었다."

들고 보니 전부 이치에 맞는 이야기가 아닐 수 없다. 지금으로부터 50년 전쯤 어느 날 제산이 남원 운봉에 있는 친구의 한약방에서 나눈 대화다. 나는 이 이야기를 운봉에서 원제당 한약방을 운영하는 노개식 씨로부터 듣고 제산의 천재성을 다시 한 번 확인하게 되었다.

'을해명당'의 기운을 받은 제산 박재현

인걸은 지령(地靈)이라! 인물은 땅의 신령스러운 기운을 받고 태어난다는 믿음이다. 하다못해 시골 면장이라도 하려면 논두렁 정기라도 받고 태어나야 한다는 말도 있지 않은가! 하물며 제산과 같이 백년 만에 한 명 나올까 말까 한 인물은 반드시 지령과 관계있다는 것이 나의 믿음이다.

제산의 고향은 함양군 서상면 극락산 밑의 산동네다. 무주에서 진주로 이어지는 고속도로를 타고 가다 보면 서상 입체교차로가 나오는데 이 입체교차로에서 나와 바로 우측에 자리 잡은 동네다. 이 동네는 지리적으로 영·호남의 길목이었다. 경상도 거창, 함양에서 전라도의 장계, 장수 쪽으로 가려면 이 동네를 거쳐야만 한다. 그러다 보니 영·호남을 오가는 많은 과객들이 이 동네를 지나갔고, 경제적 여유가 있었던 제산 집안에서는 과객들을 후하게 대접했다.

조용헌의 사주명리학 이야기

과객 가운데는 별의별 사람이 다 있었다. 그 중 특히 풍수와 사주에 밝은 과객들도 있었는데, 풍수에 관심이 많았던 제산의 집안에서는 이러한 술객들을 후하게 대접했다. 이들이 사랑채에서 몇 달이고 무전취식해도 불평 한마디 하지 않았다. 오늘날의 입장에서 해석하면 제산의 집은 영·호남의 문화가 활발하게 오갔던 지리산 실크로드의 중요한 베이스캠프에 해당하는 셈이다. 그 과객들 중 풍수에 밝은 이가 명당 자리를 하나 알려주었다. 소위 '을해(乙亥)명당'이었다.

이 자리에 묘를 쓰면 후손 중에서 을해(乙亥)년에 태어난 손자가 큰 인물이 된다는 것이었다. 그러나 을해년에 죽는 사람이 생기면 그 집안은 망한다는 의미도 있었다. 그리하여 제산의 7대조는 그 을해 명당에 묻히게 되었다. 그 후로부터 이 집안에는 60년마다 한 번씩 돌아오는 을해년에 과연 어떤 자손이 태어나는가 하고 유심히 지켜보는 관습이 생겼다고 한다. 그 명당의 이름을 하필 을해라고 붙인 이유는 까닭이 있다. 그 명당자리에서 아래로 내려가는 지맥의 형태가 을자(乙字) 형태로 내려갔기 때문이다. 요즘말로 하면 영어의 S자 형태와 같다.

을자의 끝에는 저수지가 위치해 있다. 저수지는 물이다. 십간 십이지에서 해(亥)는 물을 상징한다. 육십갑자를 순서대로 짚어볼 때 을과 짝을 이룰 수 있는 물은 해(亥)다. 그래서 을해(乙亥)가 되었다. 다시 말하면 을자(乙字) 모양으로 내려간 산줄기 밑에 저수지가 자리 잡고 있는 명당이라서 이를 을해로 상징한 것이다.

지금으로부터 80여 년 전인 1935년이 을해년이었다. 을해년을 맞

이해 극락산 자락의 박씨 집안에서는 인물이 탄생하기를 기다리는 설레임으로 술렁거렸다. 을해년에 첫째 손자가 5월 달에 태어났다. 첫째 손자는 장남이 아니라 삼남에게서 나왔다. 집안의 분위기는 5월 달에 태어난 셋째아들 손자가 인물인가 하고 기대했다. 그러나 아들을 낳았다고 새끼줄을 왼쪽으로 꼬아 문 앞에 금줄을 걸어놓았는데, 아침에 보니 구렁이가 그 새끼줄을 타고 가는 것이 목격되었다. 구렁이가 금줄을 타고 간다는 것은 불길한 징조였다. 고로 이 손자는 인물이 아니라고 판정되었다.

바로 이어서 손자가 또 하나 태어났다. 이 손자는 둘째아들이 낳은 자식이었다. 이 손자는 둘째아들이 처가살이를 했던 덕분에 서상에 살지 않고 처가 동네인 서하에서 출생했다. 외가인 서하에서 출생했으므로 이 손자는 관심권에서 밀려났다. 그리고 을해년이 다 지나갈 무렵인 동짓달 22일 장남에게서 손자가 하나 태어났다. 그 손자가 바로 제산이다.

제산을 낳을 무렵 제산의 어머니는 이미 아들딸을 다섯이나 둔 상태였다. 큰아들 하나에 그 밑으로 줄줄이 딸을 넷이나 낳았다. 그래서 이번에도 또 딸을 낳을 줄 알았다고 한다. 더구나 제산의 어머니는 당시 40대 중반이 넘어 생리도 별로 없다시피 했는데 임신이 되었으니 주변사람들 보기에 얼마나 창피했겠는가! 더군다나 딸을 많

제산의 고향 함양군 서상면의 '을해명당' 저수지에서 바라본 극락산의 모습. 사진 오른쪽으로 보이는 봉우리가 극락산이다. 이곳은 지리적으로 영호남의 길목에 해당한다. 이 자리에 묘를 쓰면 후손 중에 큰 인물이 나온다고 해서 제산의 7대조가 이곳에 묏자리를 썼다.

이 낳아서 제산이 임신되자 또 딸인 줄 알고 낙태시키기 위해 별별 노력을 다했다. 간장을 바가지로 먹고, 쓴 약초를 먹는가 하면, 높은 데서 뛰어내리기도 했다. 그럼에도 불구하고 을해명당의 효력이 작동했는지 제산은 마침내 을해년 동짓달에 태어나고야 말았다.

낳아놓고 보니 얼굴은 시커멓고 볼품없이 조그마한데 눈만 반짝거렸다고 한다. 이 모습을 본 조부는 과연 이 아이가 을해명당의 기운을 받아 태어난 아이란 말인가! 하고 탄식을 금치 못했다. 하지만 점점 성장해가면서 제산의 총기는 빛을 발했다. 성격은 내성적이었지만, 한번 글자를 보면 단번에 외워버리는 머리를 가지고 있었다. 시간이 흐를수록 '서상동에 신동이 났다'는 소문이 함양군 전체로 퍼져나갔다. 바야흐로 흥미진진한 대하소설이 시작되었던 것이다.

조용헌의 사주명리학 이야기

'세간을 넘어 산속으로', 이것이 진정한 도사의 길

한번 읽으면 외워버리는 '일람첩기' 소유자

한국 명리학계의 빅3 가운데 한 사람인 제산 박재현. 경남 함양군 서상면의 극락산 자락에 맺혀 있는 을해명당의 기운을 받고 태어난 제산은 과연 비범했다. 몸도 약하고 성격도 내성적이고 얌전해 언뜻 보기에는 평범한 아이로 보였지만, 아이큐만큼은 대단했다. '서상에 신동 났다'는 소문은 헛소문이 아니었다.

　제산의 유년시절 이름은 광태(光泰)였다. 광태는 어렸을 때부터 '일람첩기(一覽輒記)'였다. 한번 죽 훑어보고 단박에 암기하는 능력을 가리켜 일람첩기라고 한다. 말하자면 인간 스캐너인 셈이다. 을해 명당의 기운을 받은 인물을 수십 년간 고대했던 광태의 조부는 신동 손자를 끔찍하게 아꼈다고 한다. 집안 대대로 내려오던 전설이 드디어 현실로 나타났다고 믿었기 때문이다.

손자인 광태가 초등학교 다닐 때의 이야기다. 광태가 학교에 가면서 혹시 도시락을 안 가져가는 날이 있으면, 조부는 직접 도시락을 가지고 교문 앞에 가서 기다렸다. 손자가 학교 끝나고 돌아오면 조부가 당신 방으로 불러 공부를 시켰다. 극성스러울 정도의 손자 사랑에 광태 어머니는 아들을 시아버지에게 빼앗겼다고 생각할 정도였다. 그래서 지나치게 손자를 감싸고도는 것 아니냐고 말하면 "너희가 무엇을 안다고 광태를 나무라느냐?"고 호통을 치곤 했다.

후일 광태가 정상적인 인생행로를 포기하고 지리산 일대의 산천을 정처 없이 유랑하는 낭인으로 전락했을 때도 손자에 대한 조부의 믿음은 한치의 흔들림이 없었다. "너희 안목으로는 광태를 모른다. 내 말만 들어라. 산으로 가서 공부하겠다면 잡지 말아라. 가 하는 대로 가만히 둬라." '산으로 가서 공부하겠다면 잡지 말아라. 가 하는 대로 가만히 둬라'가 아들 며느리에게 남긴 조부의 마지막 유언이자 당부였다.

제산은 서상초등학교를 마치고 진주농림중학교에 진학했다. 진주 농림은 당시 5년제였는데, 제산은 공부를 잘해서 장학생으로 뽑혔다. 하지만 운명의 신은 제산으로 하여금 조용히 공부나 하게 놔두지 않았다. 중2 때 6·25가 터진 것이다. 피난을 가야 했다. 부랴부랴 진주에서 고향인 서상으로 올라오기 위해 목탄으로 불을 지펴 움직이는 목탄차를 탔다. 그런데 서상으로 오던 도중 이 목탄차가 비행기

제산이 고향에 직접 세운 도관(道館)이자 아카데미인 덕운정사 전경.
도교 도관의 형태를 띤 이곳에서 필자는 제산과 만나기도 했다.

폭격을 피하려다 비탈길에서 그만 엎어져버렸다. 그 바람에 제산은 다리가 부러졌고, 전쟁 와중에 변변한 치료를 받지 못한 제산은 그만 앉은뱅이가 되어버렸다.

3년 동안 집에서 앉은뱅이로 있던 제산은 학교를 다닐 수 없어 집에서 놀아야만 했다. 그 후 물리치료를 받아 겨우 몸이 회복되었을 때는 동년배 또래들과 많은 격차가 나 있었다. 집안의 다른 사촌들은 정상적인 과정을 마치고 이미 서울의 명문대학에 다니고 있던 상황이었다. 할 수 없이 광태(제산)는 시골의 거창농고에 다녔다. 거창농고의 선생들은 수업에 들어오면 제산 학생의 날카로운 질문 때문에 곤란을 겪은 적이 한두 번이 아니었다는 이야기가 전해진다.

거창농고 재학시절 제산과 같은 하숙방을 썼던 동기는 다음과 같은 술회를 남겼다. 언젠가 기말고사를 앞두고 있었던 일이다. 하숙방에서 친구가 시험공부를 하고 있으면, 제산은 방에 누워 친구가 책 읽는 소리를 들었다. 제산은 몸이 약해 오랜 시간 앉아 있을 수 없으므로 누워 있었던 것이다. 제산은 친구의 중얼거리는 소리를 모조리 암기해버렸다. 시험공부를 열심히 한 친구는 70점을 받은 데 비해서 누워 있던 제산은 만점을 받는 희극이 연출되었을 정도로 머리가 비상했다. 하지만 제산은 보편적인 학문에는 관심이 없었다. 이런 공부해서 무엇 하나 하는 회의가 끊이지 않았다.

조용헌의 사주명리학 이야기

재산을 키운 것은 8할이 지리산

거창농고 졸업 후에는 정상적인 궤도에서 완전히 이탈해 이 산 저 산을 떠도는 생활이 시작되었다. 소위 말하는 '낭인과(浪人科)'에 입학한 것이다. 머리 좋은 천재가 낭인과로 들어가면 관심 갖는 분야가 바로 도통(道通)이다. '인생이란 무엇인가'에서 시작해, '나는 왜 이런 팔자인가'라는 의문을 거쳐, '이 세상과 우주가 돌아가는 이치가 도대체 무엇인가'에까지 이른다. 한마디로 압축하면 도를 통하고 싶은 대원(大願)이라고나 할까.

청년 제산은 '그것이 알고 싶다'는 불타는 욕망을 가지고 지리산 일대의 도인들을 만나러 다녔다. 지리산이 어떤 산인가. 역사 이래 한국 최대의 도인 클럽이 아니던가. 지금도 어림잡아 2개 대대 병력에 해당하는 2천 명 정도의 낭인과가 운집해 있는 산이 지리산이다.

이 시절 청년 제산의 모습은 거렁뱅이에 가까웠다. 춥고 배고프고 노잣돈도 떨어진 상황이었다. 완전히 밑바닥 생활을 하면서 외로운 구도자의 길을 걸었다. 불가의 의례집인 『석문의범(釋門儀範)』에서는 이처럼 외로운 구도자의 심경을 '독보건곤 수반아(獨步乾坤 誰伴我)'라고 읊었다. '하늘과 땅 사이에 오로지 나 홀로 걸어가니 그 누가 나와 함께할 것인가!' 기독교에서는 이를 일러 단독자(單獨者)의 삶이라고 했던가!

하지만 머리에 기름을 부은 자는 그 길을 회피할 수 없는 법. 제산은 지리산 둘레의 산청, 함양, 운봉, 구례 등지를 방랑하면서 이 골짜기 저 골짜기에 숨어 사는 수많은 기인, 달사들과 교류를 가졌던 것 같다. 그 과정에서 유교, 불교, 도교를 섭렵하게 되었다. 유교의 사서삼경과, 불교의 『금강경』, 『화엄경』, 『능엄경』을 비롯한 제반 불경을, 도교의 벽곡(辟穀)·도인(導引)을 비롯한 호흡법과 『성명규지(性命圭旨)』 같은 비서(秘書)들을 접하게 된다. 뿐만 아니라 말로만 듣던 천문, 지리, 인사로 통칭되는 재야의 학문에 대해서도 서서히 눈을 뜨게 된다.

이러한 기인·달사들과 만남을 가지면서 제산은 어느새 영기(靈氣)가 계발되었던 것 같다. 대체로 머리 좋은 사람들은 영기 즉 직관력이 부족한 수가 많다. 분석적이기 때문이다. 매사를 하나하나 논리적으로 따지기 좋아하는 사람은 영기가 쇠퇴한다. 마치 모래시계의 양면과 같아서 논리가 강하면 반대쪽 사이드인 직관 쪽은 기능이 퇴화되게 마련이다. 반대로 직관이 강하면 논리가 약해진다.

필자가 많은 도사들을 만나본 경험에 따르면 산에서 '기도발'이 잘 받는 사람은 성격이 단순해 깐깐하게 따지지 않는 경향이 있다. 쉽게 상대방의 말을 받아들인다. 반대로 대학에서 논문 많이 쓰는 교수들을 만나보면 논리적이기는 한데 시원하게 터진 맛이 없다. 물증(物證)만 중시하고 심증(心證)은 무시해버리는 경향이 바로 그것이다. 그래서 답답하다. 기도만 많이 하고 학문을 하지 않으면 부황(浮荒)해지기 쉽고, 반대로 학문만 하고 기도하지 않으면 성품이 속되게 변한다. 그래서 조선 중기의 서산대사(西山大師)는 '사교입선(捨敎入禪)'을 강조했다. 학문을 어느 정도 연마했으면 마지막에는 이를 버

조용헌의 사주명리학 이야기

리고 선정(禪定)에 들어가는 것이 순서라는 말이다.

　제산은 타고난 명민함에다가 이 산 저 산을 순례하면서 기도와 선정의 묘미를 터득하지 않았나 싶다. 이렇게 되면 쌍권총을 찬 격이다. 제산의 지리산 시대를 계산해보니 대략 10년 정도 된다. 31세에 결혼하면서 지리산 시대를 마감했다고 보면 대략 20대 초반부터 30세까지 지리산 일대를 방랑한 셈이다. '나를 키운 것은 8할이 바람이었다'는 말도 있듯이, '제산을 키운 것은 8할이 지리산이었다'고 해도 과언이 아니다.

"함양군수를 시켜주마"

제산의 지리산 시대에서 한 가지 주목할 점은 박 대통령과의 만남이다. 제산은 지리산 시절 중엽인 22~23세 무렵 군대에 갔다 와야만 했다. 그가 군대생활을 한 곳은 부산의 군수기지였다고 전한다. 필자가 정확한 기록을 확인하지는 못했지만 주변 사람들의 증언을 종합하면 제산은 부산의 군수기지에서 군대생활을 하면서 당시 군수기지 사령관으로 있던 박정희 장군과 인연을 맺었던 것 같다. 그 시기가 1950년대 후반이 아니었나 싶다. 물론 제산은 졸병으로 군대생활을 하고 있었다.

　사령관인 박정희 장군과 졸병이었던 제산이 인간적인 관계를 맺을 수 있었던 배경에는 '운명'이 작용했을 것이다. 비록 계급으로는 졸병에 지나지 않았지만, 사람의 운명을 감정하는 데 있어서는 이미 경지에 올라 있던 제산은 박 장군과 계급을 떠나 인간적으로 만날 수 있었다. 군대 계급으로 따지면 장군과 일등병의 관계였지만, 운명이라는 주제를 앞에 두고는 카운슬러와 내담자의 관계로 전환되었다. 아무리 지위가 높아도 역술가 앞에서 운명을 문의할 때는 지도를 받는 학생에 지나지 않는 법이다.

제산은 이때 박 장군에게 특별한 운명을 예언했던 것으로 추정된다. 당신은 장군에서 끝나지 않고 앞으로 제왕이 될 수 있는 운명의 소유자라고 말이다. 박 장군도 자신의 운명에 대한 예언을 점쟁이 일등병의 헛소리로 흘려듣지 않고 상당히 현실성 있는 예언으로 받아들였다. 후일 제산이 친구들에게 자랑삼아 한 이야기를 들어보면 당시 박 장군과 자신은 사석에서 만나면 형님 동생으로 부르기로 했다고 한다. 뿐만 아니라 5·16 이후에는 박 대통령이 제산에게 함양군수를 한번 해볼 생각이 있느냐고 제안하기도 했다. 제산은 가끔 "박 대통령이 나에게 함양군수 하라는 것도 거절했다. 그까짓 함양군수 하면 뭐하겠느냐? 이렇게 산에 돌아다니며 사는 것이 훨씬 자유롭지!"라는 이야기를 주변 친구들에게 털어놓곤 했다.

유신(維新)에서 유신(幽神)으로

그러나 운명의 여신은 두 사람의 관계를 끝까지 상생(相生)의 관계

조용헌의 사주명리학 이야기

로 몰고 가지만은 않았다. 도가의 경전인 『음부경(陰符經)』을 보면 '은생어해 해생어은(恩生於害 害生於恩)'이라는 대목이 나온다. 원수에게서 은혜가 나오고, 은인으로부터 원수가 나온다는 뜻이다. 은인이 원수 되고 원수가 은인이 될 수 있다는 말이다.

1950년대 후반, 부산의 군수기지 사령관 시절 이미 제산의 신통력(?)을 파악했던 박 대통령은 70년대 초반 10월 유신을 감행할 무렵 제산에게 사람을 보낸다. 유신을 하려고 하는데 유신에 대해 어떻게 생각하느냐는 물음이었다. 이때 박 대통령의 메신저로 제산을 찾아온 사람이 청와대의 S비서관이었다고 한다. S비서관은 제산을 찾아와 '유신(維新)'의 앞날에 대해 점괘를 물어보았다. S비서관과 이야기를 나누던 제산은 담뱃갑에 '유신(幽神)'이라고 볼펜으로 끄적거렸다. '유신(維新)'이 '유신(幽神)'으로 변한다는 예언이었다.

'유신(幽神)'의 뜻은 무엇인가? 저승 유(幽)자에 귀신 신(神)자 아닌가. 만약 유신(維新)을 하면 그 결과는 저승의 귀신이 된다는 무서운 의미의 예언이었다. 그러자 S비서관은 제산이 '유신(幽神)'이라고 끄적거린 담뱃갑을 주머니에 집어넣었다고 한다. S비서관의 이 모습을 무심히 보고 있던 제산은 순간적으로 '아차, 내가 실수했구나.' 하는 생각이 번개처럼 들었다고 한다. 제산은 비서관에게 그 담뱃갑을 가져가지 말고 그냥 두고 가라고 부탁했다. 하지만 S비서관은 "설마 제가 이 담뱃갑을 박 대통령에게 보이기야 하겠습니까?" 하면서 주머니에 챙겨 집을 나갔다.

이 일이 있고 난 후 얼마 있다 건장한 기관원들이 제산을 잡으러 왔다. 비서관으로부터 이야기를 전해 들은 박 대통령이 격노했던 것이다. 제산은 남산 지하실로 끌려가 며칠 동안 죽도록 얻어맞았다. 기관원들은 팔을 뒤로 묶어놓고 사정없이 두들겨 팼다고 한다. 1970년대는 민주투사만 남산 지하실로 끌려간 것이 아니라, 지리산의 솔바람이 키워냈던 박 도사도 초대를 받아야만 했던 시대였다. 중생이 고통받는데 도사라고 어찌 무사하리오! 역사라는 쳇바퀴로부터 그 누구도 자유로울 수 없다는 이치를 이 글을 쓰면서 필자는 깨닫는 중이다.

그러니 사회과학자들이여, 역술가들에게 역사인식이 결여되어 있다고 너무 몰아붙이지 마시라! 남산 지하실을 방문한 뒤 제산은 내면의 상처를 입었다. 이른바 기관원 공포증이다. 낯선 사람들이 찾아오면 그 가운데 혹시 나를 테스트하기 위해 기관원이 섞여 있는 것 아닌가 하는 공포였다. 실제로 많은 기관원들이 제산을 찾아와 별의별 테스트를 하기도 했다.

도사는 악어처럼 물속에 숨어야 하느니

명성이 알려진 도사는 익명의 다중을 상대해야만 한다. 익명의 다중. 그 가운데는 온갖 사람과 사건이 잠복되어 있다. 도사는 그 잠복된 지뢰를 미리 알고 피해 가야만 하는 고난도의 직업이다. 열 개의 지뢰 중 아홉 개를 피하더라도 마지막 한 개를 피하지 못하고 그물에 걸려들면 그야말로 처참한 망신을 당한다. '그러고도 네가 도사냐?' 하는 비아냥거림과 조롱을 감수해야 한다. 망신을 당하지 않으려면 어떻게 행동해야 하는가. 그 비결은 은둔이다. 숨어 있어야 한다. 그래서 서양의 신비주의자들은 악어가죽을 거처에 걸어두고 보았다고 한다.

왜 악어냐? 이유는 두 가지. 첫째는 우리 인간이라고 하는 것이 악어의 두껍고 질긴 가죽처럼 욕심이 많다는 것을 통찰하기 위해서였다. 둘째는 악어처럼 물속에 숨어 있어야 한다는 사실을 상기하기 위해서였다. 즉 악어처럼 처신해야 한다. 악어는 평상시 물속에 숨어 있는 동물이다. 오로지 두 눈만 내놓고 몸은 물속에 숨어 있으므로 밖에서 볼 때는 눈에 잘 띄지 않는다. 악어는 밖을 잘 관찰할 수 있지만, 밖에 있는 상대방은 물속에 숨어 있는 악어를 관찰할 수 없다. 나는 상대방의 움직임을 볼 수 있지만, 상대방은 나의 움직임을 볼 수 없도록 하는 처신은 천기(天機)를 다루어야 하는 도사의 필수적인 덕목이 될 수 있다.

만약 악어가 물 밖으로 나아가 바위 위에서 햇볕을 쪼일 때는 대단히 위험하다. 노출되어 있으므로 사냥꾼의 집중사격을 받을 수 있다. 제아무리 신통력이 있다 해도 일단 무대 위로 올라가면 집중사격을 받을 수밖에 없다. 총을 쏘면 어떻게 하겠는가. 맞아야지 별 수 있겠는가. 그러므로 도사는 무대 위로 올라가기 전에 삼십육계 놓을 자리를 확보해두어야 한다. 36번째 마지막 계책은 역시 튀는 일이다. 이 세상은 어쨌든 튀어야 산다.

탈출구가 봉쇄된 무대 위로 올라간 도사에게는 불행한 결과만이 기다린다. 그런 점에서 볼 때 『초한지(楚漢誌)』에 나오는 장량은 역시 멋진 도사였다. 한몫 챙겨 산으로 과감하게 튀지 않았던가! 도사가 행해야 할 처신의 전범을 보여준 사례다. 산으로 튀지 못하고 세간에서 머뭇거리던 한신은 그 뒤로 어떻게 되었던가. 토사구팽당하지 않았던가. 진(晉)나라 때 저명한 풍수이자 도사였던 곽박 역시 도망가지 못해 결국 권력자에게 희생당했다. 그런가 하면 당대(唐代)의 도사 양구빈과 송대(宋代)의 도사 오경만은 머리를 깎고 산사(山寺)로 숨어버렸다.

자고로 도가(道家) 지향적인 인물(taoist)들은 세간에서 한몫 챙겨 가지고 산으로 줄행랑을 놓는 것이 모범답안이다. 'Kiss and say goodbye!' 하고 말이다. 그래서 일급 도사들은 세상에 나오지 않고 은둔을 고집한다. 이 역사적인 진리를 간파한 필자도 몇 년 전 산으로 튀려고 『나는 산으로 간다』는 제목의 책까지 쓴 바 있지만, 세간에서 한몫 챙기지 못해 아직까지 사바세계에서 머뭇거리고 있다. 사바세계에서 머무르는 시간이 길어질수록 마음이 초조해진다. 영국의 독설가 버나드 쇼의 묘비명이 자꾸 뇌리를 스치기 때문이다.

버나드 쇼가 생전에 자기 묘비명에 반드시 새겨달라고 부탁했던 문구는 다음과 같다. '우물쭈물하다가 내 이럴 줄 알았지!'

제산의 해인사 시절, 살인사건 해결사가 되다

제산의 일생을 놓고 볼 때 지리산 시대 다음에는 가야산의 해인사 시대가 기다리고 있었다. 군대를 마치고 다시 지리산에서 공부하던 제산은 집안의 강권에 의해 결혼해야만 했다. 장손이라 씨는 받아야 하는 상황이었던 것이다. 31세 때 결혼을 했다. 그러나 신혼살림을 몇 달 한 후에 다시 산으로 간다. 신혼의 단꿈에 젖어 있던 부인에게 "나는 산으로 가야 한다. 미처 끝내지 못한 공부를 해야 하니까 나를 놓아주어라." 하고 해인사로 들어간다. 함양에서 해인사는 그렇게 먼 거리는 아니다.

그런데 해인사가 어떤 절인가. 한국의 삼보사찰 아니던가. 순천 송광사가 국사가 많이 배출된 승보사찰(僧寶寺刹)이라면, 양산 통도사는 부처님의 진신사리가 모셔져 있는 불보사찰(佛寶寺刹), 그리고 합천 해인사는 불법의 총체인 팔만대장경이 보관되어 있는 법보사찰(法寶寺刹)이다. 삼보사찰 가운데서도 법보사찰인 해인사는 기강이 엄하기로 유명하다. 예비스님 과정인 행자생활에 있어서도 해인사에서 행자생활 했다고 하면 제대로 한 것으로 친다.

해인사 행자생활이 다른 절의 행자생활보다 배는 힘들다고 한다. 행자뿐만 아니라 주지도 해인사에서 주지노릇 하기가 가장 어렵다고 소문나 있다. 그만큼 원리원칙과 법대로 하는 것이 해인사의 가풍이다. 그래서 일반 스님들도 해인사에 들어가면 바짝 긴장한다. 머리 깎은 스님들도 그러한데 하물며 머리 기른 유발(有髮)처사는 어떠하겠는가.

사실 머리 긴 처사들은 해인사에서 잘 받아주지 않는다. 출가수행
자의 청정 공부 도량에 유발처사들이 머무르면 엄격한 가풍이 흐려
질 수 있다고 보기 때문이다. 더군다나 명리를 연구하던 제산의 노선
은 불가의 입장에서 볼 때 용납할 수 없는 외도(外道)에 해당되었다.
우여곡절 끝에 제산은 해인사에 허락을 받아 장기간 머무를 수 있었
던 것 같다. 물론 하숙비를 지불하지 않는 무전취식의 형태였지 않나
싶다.

유발처사가 한국에서 가장 규율이 엄한 사찰인 해인사에 장기간
머무르다 보니 알게 모르게 천대를 받았다. 그렇게 어정쩡한 신분으
로 머무르는 과정에서 사건이 하나 발생했다. 살인사건이었다. 참고
로 제산은 31세이던 1965년에서 36세이던 70년까지 해인사에 머물
렀다. 살인사건도 이 기간에 일어났던 것으로 추정된다. 살인사건이
란 바로 20대 중반의 처녀가 해인사 경내에서 시체로 발견된 사건이
었다. 늦가을 이른 아침 장경각 밑에서 낙엽을 청소하는데 낙엽 밑에
서 처녀 시체가 발견된 것이다. 사찰 경내에서 처녀 시체가 발견되자
해인사는 발칵 뒤집혔다.

범인은 누구인가? 관할 합천 경찰서에서는 매일 해인사 스님들을
한 명씩 경찰서로 호출해 알리바이를 심문했다. 매일 돌아가면서 스
님들이 합천 경찰서로 출두해야 하는 상황이 한 달이 넘게 계속되었
다. 범인이 나타나지 않으니 계속해서 스님들을 취조할 수밖에. 이러
다 보니 해인사의 청정한 수행 가풍이 잘못하면 망가질 수 있다는 우

조용헌의 사주명리학 이야기

려가 제기되었다. 하지만 누가 범인인지 알 수 없으니 달리 방법이 없는 상황이었다.

애가 타는 상황에서 홀연히 이 사건을 해결하겠다고 자청한 인물이 있었으니 바로 제산이었다. 뒷방 요사채에서 밥이나 축내던 처사가 사건을 해결해주겠다고 자청해 나섰다. "이 사건은 오직 나만이 해결할 수 있다"고 제산은 으름장을 놓았다. 그동안 축적되었던 냉대의 설움을 한순간에 만회하려는 의도가 다분히 담겨 있는 선언이었다. "내가 이 사건을 해결하는 데 단 한 가지 전제조건이 있다. 아무개 총무스님이 가사장삼을 입고 공손하게 큰절을 세 번 해야 한다. 총무스님이 삼배를 하고 난 후 지필묵을 나에게 바치면 그 붓으로 사건의 해결책을 써줄 것이다"라고 큰소리쳤다.

총무스님의 삼배를 요구한 이유는 당시 해인사 총무를 맡았던 아무개 스님이 평소 제산을 천대했기 때문이었다. 해인사 측에서는 달리 해결방도가 없었으므로 오만방자한 이 처사의 요구를 수용할 수밖에 없었다. 그때 제산이 정식으로 총무스님의 삼배를 받고 난 후 붓으로 써준 글씨는 다음과 같다. '일목탱천 목자지행(一木撑天 木子之行)'. 탱(撑)자는 '버팀목 탱' 자다. 해석하면 '하나의 나무로 하늘을 지탱하는데, 목자(木子) 즉 이(李)씨의 소행'이라는 뜻이었다.

하나의 나무로 하늘을 지탱한다는 의미는 바로 목수를 지칭한다. 목수는 나무 기둥을 세워 천장을 지탱하는 업종에 해당한다. 그 목수 중에서도 이씨 성을 가진 사람이 범인이라는 뜻이었다. 목수를 찾아보니 사건 한 달 전에 대웅전 보수공사를 하느라 목수들이 해인사에

제산이 31세 때부터 5년간 묵으며 명리를 연구한 법보사찰 해인사의 풍경.
이곳에서 제산은 살인사건의 용의자를 찾아내어 일약 유명세를 얻는다.

불법의 총체인 팔만대장경이 보관되어 있는 법보사찰 해인사는
사시사철 아름다운 풍광을 품은 곳으로도 유명하다.

머물렀던 적이 있었다. 공사가 끝난 후 목수들은 모두 흩어졌는데, 그 목수들 가운데 이씨 성을 가진 사람을 수소문해본 결과 한 사람이 서울에 거주하고 있었다.

합천 경찰서에서는 즉시 형사대를 서울로 급파해 그 이씨 성을 가진 목수를 체포해 심문했다. 알리바이를 추적하는 과정에서 이씨 성을 가진 젊은 목수는 살인을 자백했다. 죽은 처녀는 목수와 사귀던 여자였고, 변심할 기미를 보이자 해인사로 찾아온 애인을 그만 충동적으로 살해했던 것이다.

삼성 이병철 회장과 인연을 맺다

이 일로 해서 제산의 명성은 경상도 일대에 널리 퍼졌다. '해인사에 천출귀재(天出鬼才, 하늘이 내린 귀신같은 인물)'가 나타났다는 소문이 입에서 입으로 전해졌다. 제산을 만나기 위해 많은 인파가 해인사로 몰려왔다. 그러던 어느 날 50대 중반의 남자가 제산을 만나러 왔다. 검정 고무신을 신고 자신을 부산 자갈치시장의 갈치장수라고 소개한 남루한 행색의 그 남자는 제산에게 다른 사람의 사주팔자를 물었다. 자신은 권 아무개라는 사람의 심부름을 왔으니 그 권 아무개의 사주를 봐달라고 했다.

권 아무개라는 사람의 생년월일시를 들여다보던 제산은 갑자기 벽력같이 소리를 질렀다. "보아하니 여기 쓰여 있는 권 아무개가 바로 너로구나! 네가 권 아무개지? 너는 대구검찰청에 있는 검사장이고? 나를 떠보려고 변장하고 왔구나. 네놈이 검정 고무신을 신고 와서 갈치장사를 한다고 하면 내가 속을 줄 알았나? 네 이놈, 여기가 감히 어디라고 나를 시험하느냐!" 하면서 내리 호통을 쳤다. 아무 말도 못하고 얼굴만 벌겋게 달아오른 권 아무개 검사장은 망신만 당하고 돌아가는 수밖에 없었다.

제산은 격한 감정의 소유자라서 자신의 비위에 안 맞으면 직설적인 육두문자로 감정을 표현하는 스타일이었다. 그렇지만 뒤끝은 전혀 없었다. 권 아무개 검사장은 제산의 신통력을 혹독하게 체험하고 나서 평소 친분이 있던 삼성의 이병철 회장에게 해인사 갔다 온 이야기를 사석에서 해주었다. 해인사에 가니까 그런 인물이 있더라고…… 이 일이 계기가 되어 제산은 한국 최고의 재벌 회장인 이병철 회장과 인연을 맺게 된다.

이병철과 제산. 당대 그 분야 최고수의 만남이었다. 사판(事判)의 대가이면서 남달리 이판(理判)에도 관심이 깊었던 이 회장은 젊은 제산의 능력을 높이 평가했다. 일반에서는 삼성의 각종 인사, 특히 중역급 이상의 고위 인사에 알게 모르게 제산이 많이 관여했던 것으로 회자된다. 물론 소문으로만 전해지니 어디까지가 진실인지는 확인할 수 없지만 말이다. 다른 재벌 그룹에 비해 삼성맨 가운데 유달리 배신자가 적다는 항간의 이야기는 인사를 채용할 때 이판과 사판 양쪽으로 치밀하게 검토한 이 회장의 심모원려(深謀遠慮)가 크게 작용했다고 본다. 그러한 이판 참모 가운데 하나가 제산이었다고 생각하면 된다.

그 무렵 이 회장이 제산에게 부산에 있는 자그마한 빌딩을 사준 것은 사실이다. 마음 가는 데 물질 간다고 자그마한 빌딩을 사줄 정도로 이 회장은 제산을 높이 평가했고, 그만큼 후하게 대접했던 것 같다. 재벌 회장 가운데 이 회장만큼 역술가들에게 대접을 후하게 해 주었던 인물도 따지고 보면 드물다.

부산의 효주 양 유괴사건을 해결하다

제산의 신통력은 다양했다. 언젠가 부산에서 유괴사건이 일어났다. 바로 그 유명한 '효주 양 유괴사건'이다. 이때 부산 경찰국장이 이 아무개씨였다. 유괴범의 단서를 잡지 못한 부산 경찰서에서는 마지막 방법으로 제산을 찾아갔다. 범인이 어디 있겠는가 하고. 제산은 그때 범인이 어디 있다는 것을 두 번이나 알려준 바 있다. 제산이 알려준 장소에 효주 양 유괴범이 있었음은 물론이다.

이후 부산 경찰국장에 새로 부임하는 인물은 모두 제산을 찾아와 안면을 텄다. 미제사건에 대한 최후 대비책으로 제산을 염두에 두고 있었던 것이다. 해인사를 내려온 이후인 1970년대 초반부터 제산은 주로 부산에서 자리 잡고 활동했던 관계로 부산 사람들은 박 도사(제산)의 명성을 잘 알고 있다. 어지간한 사람은 박 도사에 관한 전설적인 이야기 한두 가지쯤은 알고 있는 편이었다.

조용헌의 사주명리학 이야기

복채는 평균 20만 원 정도 받았다. 서민이 20만 원이고 정치인은 200~300만 원을 받았다. 1970년대 후반에 20만 원이면 작은 돈이 아니다. 일반 서민은 부담을 느낄 만한 액수였다. 하지만 효과(?)에 비하면 그 정도 액수는 싸다고 여겼기 때문에 박 도사 집 앞은 항상 손님들로 문전성시를 이루었다.

몸이 약했던 박 도사는 하루에 상담해주는 사람을 15명 이내로 정했다. 그 이상은 사절하는 수밖에 없었다. 해보면 알지만 남의 인생사를 들어주고 상담해주는 일도 보통 힘든 일이 아니다. 지금도 부산 사람들은 옛날에 박 도사가 풀어준 사주 간명지를 농 밑에 넣어놓고 한 번씩 꺼내어본다고 한다.

방으로 날아들어온 벌이 어데로 나갈꼬?

1996년 4월 하순경, 필자는 함양군 서상면 옥산부락에 있는 덕운정사(德雲精舍)를 방문했다. 덕운정사는 제산의 탄생지에 자신이 직접 세운 도관(道館)이자 집이고 아카데미였다. 대지 2천 평에 50여 칸에 달하는 전통 기와집 형태다. 제산이 도회지에서 은퇴해 말년에 이곳에서 제자도 키우고 자신의 못다 한 정신수양도 하려고 지은 건물이었다. 일반주택으로 보기에는 규모가 너무나 크고 그렇다고 불교 사찰로 보기에는 종교적 냄새가 덜 난다. 그게 바로 도교 도관의 형태다.

제산이 말년에 공부도 하고 제자도 키우며 못 다한 정신수양을 하려고 지은 덕운정사의 현판

제산에 대한 명성은 익히 알고 있었지만 막상 얼굴을 대면하고 보니 위풍이 있는 풍채도 아니고 사람을 압도하는 압인지상(壓人之像)의 기운이 보이지 않았다. 알고 보니 이때는 이미 건강이 무너지기 시작하던 상태였다. 첫인상은 솔직히 약간 실망스러웠다. 명불허전(名不虛傳)이라고 하던데 이거 혹시 허명(虛名)만 요란해진 경우가 아닌가 하는 의심이 들었다. 첫 대면에서 나는 아주 평범하면서 극히 세속적인 질문을 던졌다. "사주팔자를 한번 보러 왔습니다. 돈을 좀 벌 수 있겠는지 알아보러 왔습니다." 그러면서 육십갑자로 된 나의 여덟 글자를 내보였다.

사주팔자를 한참 훑어보던 제산은 전혀 예상하지 않았던 물음을 나에게 획 던졌다. "벌 한 마리가 날아들어와 요란스럽게 날아다니다

조용헌의 사주명리학 이야기

가 문창에 탁탁 부딪친다. 이 벌이 어떻게 해야 밖으로 나갈 수 있겠는가?" 사주팔자에 언제 돈을 벌 운이 올 것인가에 대한 답변치고는 너무나 차원이 다른 답변이었다. 아주 세속적인 물음을 던졌는데 제산은 격외(格外)의 선문답(禪問答)으로 되돌린 것이다. 나도 난다 긴다 하는 제방의 수많은 고수들과 일합씩 겨뤄본 경험이 있어서 어지간한 초식에는 방비가 되어 있는 사람이다. 하지만 '언제쯤 대운이 올 것이다'라는 대답을 예상하고 있던 필자에게 제산의 '벌 한 마리' 초식은 전혀 예상 밖의 급습이었다.

방심하다가 단칼에 찔린 상황이라고나 할까. 아! 이 사람은 사주팔자나 보아주는 단순한 술객이 아니구나 하는 생각이 번개처럼 들었다. 순간적으로 나온 나의 답변은 "창문에 부딪쳐 죽어버리죠!"였다. 그러자 제산은 웃으면서 "1급은 아니지만 2급은 되는구면!"이라는 말을 뱉었다. "2급이라도 돼서 다행입니다." 하고 다시 맞받았다. 하지만 결과는 나의 판정패였음을 직감했다. 케이오패당하지 않은 것이 다행이다. 어쨌든 최악은 면했으니까.

벌 이야기는 선가(禪家)에서 회자되는 선문답이다. 금강산 유점사에서 공부했으며 조계종 총무원장을 세 번이나 역임했던 경산(京山, 1917~1979)의 『삼처전심(三處傳心)』에 그 설명이 나온다. 중국 복주 교령사에 신찬선사(神贊禪師)가 있었다. 어려서 은사를 따라 어느 정도 경전공부를 마치고 어디론가 홀홀히 떠나 잠적했었다. 이윽고 10년 만에 헌 누더기 옷을 걸치고 옛날 은사를 찾았을 때 은사는 여전히 경전만 읽고 있었다.

어느 봄날 신찬선사는 은사 스님을 모시고 방에서 문을 열어놓은 채 앉아 있었다. 그때 벌 한 마리가 날아들어와 요란스럽게 날아다니다가 문창에 탁탁 부딪치는 것이었다. 그것을 보고 있던 신찬선사는 다음과 같은 시를 읊는다.

> 열어놓은 창으로는 나가지 않고(空門不肯出)
> 창에 머리를 부딪치니 정말 어리석다마다(投窓也大癡)
> 평생 동안 고지(古紙)를 뚫은들(百年古鑿紙)
> 어느 때나 밖으로 나갈 수 있으리오!(何時出頭哉)

이 시는 벌의 우둔함을 노래한 것이지만, 사실은 스승의 우둔함을 간접적으로 지적하는 게송이었다. 십년 백년 책만 본다 한들 도를 깨우치겠느냐. 아무리 책을 보아도 저 벌이 창을 나가지 못하는 것과 같다는 말이다. 제산이 선가의 1,700 공안(公案) 가운데 하필 이 화두를 나에게 던진 이유는 무엇인가? 이제 책 좀 그만 보고 기도와 선(禪)을 할 시기가 되었다는 충고로 이해했다. 벌 화두를 통해서 조용헌이의 기를 일단 꺾어놓은 다음에는 필사본으로 된 책을 책장에서 하나 빼왔다. 검정 사인펜으로 써놓은 책 제목은 '성명규지(性命圭旨)'였다.

나는 '성명규지'라는 제목을 보는 순간 다시 한 번 놀랐다. 아니, 이 사람이 어떻게 『성명규지』를 가지고 있단 말인가? 『성명규지』는 중국 명대(明代)의 내단서(內丹書)로서 유(儒), 불(佛), 선(仙) 삼교

조용헌의 사주명리학 이야기

합일(三教合一)의 입장에서 성명쌍수(性命雙修)를 강조하는 일급 비서다. 국내에서도 이 책은 도교전공 학자들 몇몇이나 알고 있을 뿐 일반인은 잘 모르는 책이다. 『성명규지』에서 강조하는 성명쌍수는 성(性)과 명(命)을 모두 닦아야 한다는 주장이다. 성은 불교의 주특기로 자기의 마음을 관찰하는 방법이고, 명은 도교의 주특기로 호흡법을 통해 몸을 강철같이 단련하는 방법이다.

성만 닦고 명을 닦지 않으면 지혜는 밝지만 몸이 아프고 신통력이 나오지 않는 경향이 있다. 반대로 명만 닦고 성을 닦지 않으면 몸은 건강하고 장수할지 몰라도 궁극적인 지혜(ultimate wisdom)는 얻을 수 없다. 그러므로 선불교의 장점과 도교 수련의 장점을 모두 겸비해야만 진정한 도인이 된다는 입장이 성명쌍수요, 『성명규지』의 주장이다. 말하자면 도교와 불교의 장점을 모두 아우르자는 이야기다.

"아니 이 책을 어떻게 가지고 계십니까?" 하고 물었다. "자네도 이 책을 이미 알고 있단 말인가?" 하고 이번에는 제산이 약간 놀란 표정으로 되물었다. 제산이 이 책을 꺼낸 의도는 불교 수행이 아니고 도교 수행도 해야 한다는 의도를 가지고, 도불(道佛) 수행을 아우르는 비전(秘傳)의 도서(道書)를 하나 소개해주겠다는 생각이었던 것 같다. 그런데 갑자기 찾아온 젊은 사람이 지리산의 스승들이나 알고 있는 『성명규지』를 이미 섭렵한 기미를 보이자 제산도 의외라고 생각했던 것이다.

사주팔자 때문에 갔지만 그날 둘 사이의 대화 가운데 사주에 관한 이야기는 한마디도 없었다. 4~5시간 가까이 시간 가는 줄 모르고 고금의 기인, 달사들에 관한 일화들을 유쾌하게 주고받았던 것으로 기억된다. 시간이 다 되어서 헤어질 무렵 제산은 "여름방학이 되면 거창 연수사에 공부하러 오라. 거기서 같이 지내보자"는 제의를 했다. 나에 대한 은근한 호의가 느껴졌다. 하지만 그 해 여름 나는 중국 천태산(天台山)에서 한산(寒疝), 습득(拾得)의 행적을 추적하느라고 거창 연수사에 합류하지를 못했다. 지나고 생각해보니 인연이 그 정도밖에 되지 않았던 모양이다.

여자는 생리를 끊고 남자는 정액을 가둬야

이 일을 계기로 제산에 대한 나의 선입견이 바뀌었다. 사주팔자나 보아주는 단순한 술객이 아니라, 한국 고유의 선맥(仙脈)에 어떤 형태로든 맥을 대고 있는 도가의 인물이구나 하는 판단이 들었다. 그렇다면 제산이 지리산 일대에서 공부하는 과정에서 구체적으로 어떤 인물들과 교류했다는 말인가. 그가 관계를 맺었던 도가의 인물들은 과연 누구인가. 어떤 사상적 배경을 가지고 있는가. 그 뒷조사를 한번 해보자. 그 추적 과정에서 중요한 단서가 하나 발견되었다. 그 단서는 『선불가진수어록(仙佛家眞修語錄)』이라는 책이었다.

　이 책은 경북 문경 희양산의 대머리 바위에서 수도한 개운조사(開雲祖師, 1790~?)를 추종하는 개운조사파(開雲祖師派)에서 애호하는 수련서다. 성명쌍수가 핵심 내용이다. 그 내용을 보면 여자가 제대로

조용헌의 사주명리학 이야기

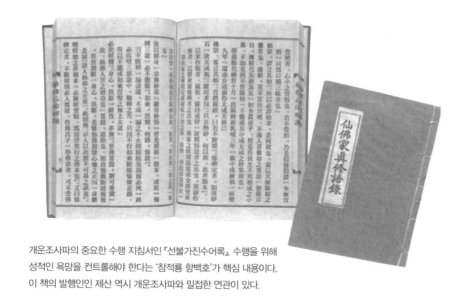

개운조사파의 중요한 수행 지침서인 『선불가진수어록』. 수행을 위해 성적인 욕망을 컨트롤해야 한다는 '참적룡 항백호'가 핵심 내용이다. 이 책의 발행인인 제산 역시 개운조사파와 밀접한 연관이 있다.

수행을 하기 위해서는 생리를 끊어야 한다고 되어 있다. 참적룡(斬赤龍)이라는 표현이 바로 그것이다. '적룡을 베어라'다. 여자의 멘스를 붉은 용으로 표현한 것이다. 멘스가 나오면 영(靈)이 빠져버리므로 저수지에 수문을 세워 물을 가두듯이 여자는 생리가 중단되어야만 본격적인 수행의 길로 접어든다는 내용이다. 만약 나이가 들어 멘스가 이미 끝나버린 여자는 호흡을 통해서 멘스를 회복시킨 다음에 다시 끊는 것으로 되어 있다.

반대로 남자는 정액을 가두어야 한다. 항백호(降白虎)라는 표현이 바로 그것이다. 정액이 흰색이므로 백호로 상징되고 이 정액을 밖으로 배출시키지 않고 내면에 가두어야만 수행이 진전된다. 그러기 위해서는 백호를 항복받아야 한다. 즉 성적인 욕망을 컨트롤해야 한다는 말이다. 따라서 항백호와 참적룡이 남녀 수행법의 핵심이다. 필자는 이 책을 경남 합천의 가야산에서 구했다. 개운조사의 제자인 윤양성(尹暘星, 1892~1992) 스님이 있는데, 윤양성을 통해서 가야산의 혜강 스님에게 전해진 책이다. 그러므로 『선불가진수어록』은 개운조사파의 중요한 수행 지침서인 셈이다.

여기서 먼저 개운조사파를 주목한 이유를 밝힐 필요가 있다. 개운조사는 조선의 고승 가운데서 최고의 경지인 아라한과를 가장 확실하게 증득한 인물로 알려져 있다. 그는 자신의 수행경지를 말로만이 아닌 물증으로 확실하게 남겨놓았다. 경북 상주군 화북읍 장암리 용유동 계곡의 도로 옆에는 가로 세로 3~4미터 크기의 바위가 있다. 이 바위에는 커다란 초서체로 '동천(洞天)'이라는 글씨가 각인되어 있다. 동천은 신선이 거주하는 장소를 일컫는다.

문제는 이 글씨가 사람의 주먹으로 새긴 글씨라는 점이다. 정이나 끌로 새긴 글씨가 아니다. 개운조사가 아라한과의 바로 전 단계인 아나함과를 성취하고 그 증거로 남긴 물건이다. 개운이 남긴 기록에 따르면 동천 글씨는 자신의 주먹으로 썼다고 분명히 나와 있다. 이 주먹 글씨를 남긴 이유는 도(道)라는 것이 헛된 관념론이라고 비방하는 사람들을 경책하기 위해서였다.

동천이라는 글씨는 도가 있음을 증명하는 물증이다. 개운조사는 불교의 승려였지만 도를 닦아 신선이 되었다고 전한다. 1993년 4월 발행된 월간 「신시(神市)」라는 잡지에서는 1970년대까지 개운조사가 생존해 있다는 항간의 소문을 기사로 다루고 있다. 즉, 충북 영동

군 매곡면 노천리의 효창선원(孝暢禪院)이라는 암자에 제자인 윤양성 스님을 만나기 위해 개운조사가 나타났다는 것이다. 개운은 다산 정약용이 기중기를 발명하던 무렵인 1790년생이니 1970년대까지 살아 있었다면 200세에 가까운 나이다.

서울 여의도에서 주식투자하는 사람들이 들으면 포복절도할 이야기지만, 지리산 일대에서는 개운조사가 현재까지 생존해 있다고 믿는 사람이 수백 명이나 된다. 과연 여의도가 현실적인지 지리산이 현실적인지는 대어보아야 한다. 아무튼 지리산 일대에 개운조사를 추종하는 개운조사파가 형성되어 있는 것은 사실이다. 대략 200명 이상이 지리산을 중심으로 전국의 명산 골짜기에 숨어 수행하고 있다.

개운조사가 주석을 단 『정본능엄경(正本楞嚴經)』이 1993년 대구 대영문화사에서 활자화되었는데, 1천 페이지의 두께에 5만 원의 정가가 붙은 수련 전문서적이다. 『정본능엄경』이 현재까지 팔린 부수만 해도 2,300권이다. 『정본능엄경』은 완전히 수련 전문가를 위한 서적이다. 그만큼 전문 도꾼들의 애호를 받고 있음을 보여주는 증거다.

말이 좀 길어졌지만 『선불가진수어록』은 개운조사파와 밀접한 관련이 있는 도서라는 점을 일단 주목해야 한다. 그런데 제산이 이 책의 발행인으로 되어 있는 사실을 발견하고 깜짝 놀라지 않을 수 없었다. 무오년(1978) 3월 20일에 발행된 이 책은 저자가 백운산인(白雲山人) 윤일봉(尹一峯)으로 되어 있고, 발행인은 계룡산인(鷄龍山人) 박제산(朴霽山)으로 인쇄되어 있다. 그렇다. 『선불가진수어록』은 제산이 인쇄비용을 대고 만든 책이다. 1978년이면 장덕진 농수산부 장관에게 곧 비가 오니 양수기를 사지 말고 기다려보라고 충고할 즈음이다.

이때 제산은 계룡산 신도안의 법정사에서 공부하던 중이었다. 부산에서 이름도 날리고 가족들 생계를 해결할 수 있는 호구지책이 어느 정도 마련되자 훌훌 털고 다시 계룡산으로 입산했던 것이다. 그래서 자신을 계룡산인으로 자처했다. 각설하고 제산이 『선불가진수어록』을 발행했다는 사실은 그가 근래 한국 최고의 선맥(仙脈)인 개운조사파와 직접적인 관련이 있음을 시사하고 있다.

함양 백운산 백운사의 고운 물소리

나는 그 관계를 좀 더 추적해보았다. 제산은 지리산 시절 이미 개운조사파와 관련을 맺었다. 그래서 개운의 전법제자인 윤양성 스님, 경남 함양의 백운산에 있는 백운사 주지인 문봉스님과 함께 백운사에서 수련했다. 함양의 백운산은 상연대(上蓮臺)라는 수도처로 유명하다. 상연대는 전국의 한다 하는 도꾼들이 한번쯤 머무르고 싶어하는 영험한 곳이다. 일설에 따르면 도선국사가 이곳에서 도통했다는 설이 있다. 근세에는 백용성(白龍城, 1864~1940) 스님이 반농반선(半農半禪)운동을 실천하기 위해 화과원(華果院)을 설립했던 산이 바로 백운산이다. 봄에는 노랗게 핀 산수유가 만발하는 산이기도 하다.

백운산 들어가는 계곡 옆에는 백운사라고 하는 허름한 절이 있다.

보기에는 허름하지만 이 절은 계곡의 물소리가 아주 좋다. 커다란 바위절벽 옆에 붙어 있는 이 절은 경내를 감싸고 흐르는 물소리가 아주 일품이다. 특히 춘수만사택(春水滿四澤)의 계절인 봄이 되면 물소리가 나그네의 마음을 붙잡는다. 왜냐하면 번뇌를 없애는 데는 계곡의 물소리가 가장 특효약이기 때문이다. 화창한 봄날 노란 산수유가 만발한 계곡에서 물소리를 듣고 있노라면 만 가지 시름이 모두 사라지는 경험을 여러 번 했다. 수도라고 하는 것은 결국 의식의 집중이다. 문제는 어디에 집중할 것인가이다. 화두에 집중할 것인가, 염불에 집중할 것인가.

『능엄경』에서는 물소리에 집중할 것을 권하고 있다. 물소리에 대한 집중이 가장 쉬우면서도 효과가 크다는 것이다. 소리에 집중하는 수행법이 바로 청각을 이용한 이근원통(耳根圓通)이다. 관음보살이 수행해서 효과를 본 수행법이 이근원통이다. 제산은 지리산 시절 고향인 백운사에서 윤양성 스님, 문봉스님과 함께 능엄경의 이근원통 수행을 경험했었다. 아울러 개운조사의 성명쌍수 수행법을 이미 접하고 있었던 것이다. 그러다가 1970년대 후반 계룡산에 입산했을 때 다시 양성스님, 문봉스님과 함께 신도안의 법정사에서 수련을 했다.

계룡산에서 수련할 때는 개운조사파 수련법 외에 약간 다른 비법을 입수했던 것으로 보인다. 약간 다른 비법이란 바로 주문수행이다. 주문은 개운조사파도 역시 하지만, 이 시기 제산이 했던 주문은 '구령삼정주(九靈三鼎呪)'라는 주문이었다. 개운조사파는 능엄주(楞嚴呪)를 했지만, 제산은 구령삼정주를 했다. 주문은 기도나 참선보다

허름해 보여도 계곡의 물소리가 좋은 백운사. 특히 봄의 물소리는 지나가는 나그네의 만 가지 시름을 사라지게 한다.
『능엄경』에도 물소리에 집중할 것을 권하고 있다. 제산은 이곳에서 수련했다.

효과가 빠르고 굉장한 파워를 얻을 수 있다는 장점이 있다. 그러나 잘못하면 부작용이 크다. 마음이 강하지 못한 사람이 주문을 하면 정신이 돌아버리는 것이다. 심하면 죽거나 병신이 되는 수도 있다. 그래서 함부로 주문을 하지 못한다.

주문수련은 세 가지 유형 중의 하나로 귀결된다. 필자는 이를 '죽통병'이라고 명명한 바 있다. 즉, '죽거나 통하거나 병들거나' 중의 하나로 귀결된다. 제산은 구령삼정주를 통해 한초식 한 것 같다. 사주는 이론만 가지고 되는 것이 아니다. 영발(靈發)이 있어야 한다. 사주팔자를 한눈에 파악하는 신통력은 구령삼정주와 밀접한 관련이 있었던 것이다.

그렇다면 구령삼정주는 어떤 주문이란 말인가. 하나를 알면 그 배후의 또 하나를 알아야 한다. 마치 고구마 줄기처럼 그 근원을 소급해 올라가면 한없는 도학의 세계와 만나게 된다. 구령삼정주는 조선 후기 민간도교에서 유행했던 『옥추경(玉樞經)』에 포함되어 있는 주문이다.

역사상 최고의 점괘는
바로 '너 자신을 알라!'

소리는 힘을 가지고 있다

박 도사가 20세기를 사는 한국 사람들에게 보여주었던 가공할 신통력의 근원을 추적해 들어가면 '주문(呪文)'이 나온다. 태어날 때부터 이미 '을해명당'의 정기를 받고 태어났고, 학교 다닐 때도 머리가 비상했으며, 지리산 일대를 방랑하면서 많은 도사들의 가르침을 받았다는 점을 감안해야 하지만 역시 신통력의 핵심에는 주문이 있었다는 사실을 주목해야 한다. 그 주문은 '구령삼정주(九靈三鼎呪)'였다.

주문이란 무엇인가. 주문의 본질에 대해 오랫동안 탐구한 결과 주문이란 결국 '신들을 설득하는 소리'라는 결론을 얻었다. 소리는 힘을 가지고 있다(sound is power). 그래서 말이 씨가 되는 법이다. 누구를 저주(詛呪)한다고 할 때 주문의 주(呪)자가 들어가는 것도 알고 보면 다 이유가 있는 것이다. 특정한 소리를 계속 반복하면 그 소리와 감응하는 신들의 세계가 있고, 이 신들의 세계에서 그 사람에게 힘을 준다.

마치 인터넷에서 클릭을 반복해서 들어가다 보면 특정 사이트와 접속되는 이치와 같다. 접속이 제대로 되면 그 사이트에 저장되어 있는 정보를 무한정 이용할 수 있는 것과 마찬가지다. 문제는 접속의 방법인데, 고금을 막론하고 정신세계와 접속하는 가장 효율적인 방법은 소리였고, 그 소리는 주문이라는 형태로 패턴화되었다. 따라서 주문은 가장 강력한 영적 파워를 얻을 수 있는 방법으로 간주되었다.

구령삼정주 이하 구령주는 도교에서 신들을 설득하는 주문이었다. 주문마다 그 주문이 지향하는 특정한 정신세계가 있다. 이 우주에는 삼천대천(三千大天) 세계처럼 무수한 하늘이 있다고 하지 않던가! 예를 들어 불교의 '준제주(准提呪)'는 관세음보살에게 구원을 요청하는 주문이고, 구한말 김제 모악산(母岳山)에서 수행했던 강증산의 주문은 '흠치 흠치 태을천상원군……'으로 시작되는 '태을주(太乙呪)'였다. 태을주는 거기에 상응하는 우리 민족 고유의 신격(神格)이 존재한다.

기독교인들이 예배할 때 외우는 '주기도문'도 필자가 보기에는 주문의 일종이다. 신비주의를 거부하는 유교에서도 『서경(書經)』서문이 주문의 대용품 역할을 한다. 그런가 하면 '옴-마-니-반-메-훔'의 여섯 글자가 전부인 육자대명진언(六字大明眞言)도 유명한 주문으로, 산동네인 티베트에서 발효된 특유의 영성이 물씬 풍겨나오는 주문이다. 1992년에 베트남 출신의 세계적 종교지도자 청하이(青海)가 한국에 처음 왔을 때 필자는 부산 KBS 홀에서 처음 그녀를 상면했는데, 그가 대중들에게 보여주었던 수행 방법도 역시 인도·히말라야의 신들을 부르는 5단계 주문이었다.

주문의 장점은 신속하고 강력한 파워를 얻을 수 있다는 점이다. 그리고 주문의 부작용은 심리적으로 준비가 안 된 사람에게는 정신이상이 오거나 심하면 사망할 수 있다는 것이다. 밀교의 주문 가운데 하나로 조선 후기 재야의 도사들이 많이 사용했던 주문이 천지팔양경(天地八陽經)이라는 주문인데, 천지팔양경을 외우던 사람들 가운데 상당수가 미쳐버렸다는 이야기를 들은 적이 있다. 한밤중에 팔양경을 외우던 도중, 갑자기 천장이 열리면서 머리에는 뿔이 나고 키가 10미터는 될 법한 왕방울만 한 눈을 가진 괴물 같은 신장들이 눈을 부라리며 나타나 "왜 불렀느냐"고 물었을 때, 그 광경을 목격한 주문 수행자가 그만 기절했다는 사례를 접한 적이 있다.

물론 다른 사람이 볼 때 이는 일종의 정신적 착란현상이지만, 당사자에게는 실제로 다가온 현실이었다. 현실은 현실인데 가상현실(virtual reality)이다. 주문을 소화해내려면 무서운 형상을 한 신장들이 나타났을 때 태연하게 "내가 너에게 부탁할 일이 하나 있다"고 말할 수 있을 정도의 배짱과 담력이 있어야 한다. 그렇지 못하면 정신적 쇼크를 받아 미쳐버린다. 아동을 위한 이야기가 아닌 실제 성인용 신화의 세계로 들어가고 싶은 사람은 지금 주문을 외워보는 것이 가장 효과적인 방법이리라. 주문을 통해 기록으로 전해지는 무수한 신들을 만나볼 수 있을 것이다.

주문이란 결국 '신들을 설득하는 소리'

구령주는 장기적으로 볼 때 신선이 되기 위한 도교 수행과정의 하나지만, 부수적으로는 사주팔자를 보는 능력을 증강시키는 효과가 있는 것 같다. 신선의 궁극적인 목표는 불로장생에 있지만, 부수적으로는 축지법, 차력, 둔갑술, 예언능력과 같은 신통력도 가지고 있어야 한다. 눈으로 보여줄 수 있는 신통력이 있어야 불쌍한 사람들을 구제할 수 있고, 본인도 자유롭게 천하의 명산대천을 유람할 수 있기 때문이다.

우리나라의 역대 유명한 장군들도 주문수행을 통해 힘을 얻었다는 이야기가 구전으로 전해진다. 을지문덕, 강감찬, 임경업 장군이 바로 그런 경우라고 한다. 장군은 전쟁터에서 무력을 사용해야 하므로 힘이 있어야 한다. 그런 경우에 대비해서 무력을 얻는 주문을 외우면 정말로 엄청난 힘이 들어온다. 예를 들면 차력(借力)을 얻기 위해 사용하는 '~차(借)'의 이름이 붙은 주문이 그것이다. 차력 주문에도 세 가지 단계가 있다. 소차(小借), 중차(中借), 대차(大借)다. 소차를 얻으면 송아지 한 마리 정도를 들어올리는 힘이 생긴다. 중차는 1년 된 중간 크기의 소를 들어올리는 힘, 그리고 대차를 얻으면 커다란 황소한 마리를 들어올리는 파워가 붙는다.

장군을 하려면 대차 정도의 힘은 얻어야 한다는 게 도사들의 중론이다. 그래야 순식간에 상대를 압도해버린다. 소설 『단(丹)』에도 차력에 관한 이야기가 나온다. 필자는 언젠가 충청도 속리산과 상주 일대에서 활동했던 속리산파(俗離山派)의 행적을 추적하는 과정에서 속리산파 인물들의 면면을 알고 있던 어느 스님으로부터 흥미 있는 이야기를 얻어들었다. 그 스님 이야기에 따르면 임진왜란 때 왜군과 싸우는 의승군(義僧軍) 활동으로 유명했던 사명대사도 주문을 통해 차력을 얻었다고 한다.

사명대사가 외웠던 주문의 이름은 '섭화차(攝化借)'였다. 인간과 사물이 서로 하나가 되게 하는 주문으로서 이를 외우면 1톤 정도의 바위를 번쩍 번쩍 드는 힘이 생긴다고 한다. 어떻게 보면 〈전설의 고향〉 같은 이야기다. 그러나 현대인은 지나치게 물질적 도구에 의존하는 '도구적 인간'으로 전락함으로써 과거의 인간들이 지녔던 이러한 정신적인 힘을 알지도 못하고 계발하려 하지도 않는 경향이 있다.

미래의 운명을 예언하는 박 도사의 신통력이 구령주를 외우는 주문수행에서 나왔다면 그 구령주는 구체적으로 어떤 주문인가를 추적해보자. 구령주는 도교의 『옥추경(玉樞經)』이라는 경전에 포함되어 있는 하나의 주문이다. 조선 후기 민간도교에서 『칠성경(七星經)』과 함께 『옥추경』은 재야의 방술에 관심이 있는 지식인들에게 가장 인기 있는 경전이었다. 인기 있었던 이유는 효험이 즉발했기 때문이다.

『칠성경』이 북두칠성을 받드는 신앙을 담고 있다면, 『옥추경』은 우레의 신을 받드는 경전이다. 전자가 주로 단명하다고 여겨지는 사람들을 대상으로 수명을 연장하기 위한 용도로 숭배되었다면, 후자는 우뢰의 신을 이용해 잡귀를 쫓는 양재초복(禳災招福)의 용도였다. 도교 내단학(內丹學) 전문가인 원광대 김낙필 교수의 연구「조선 후기 민간도교의 윤리사상」에 따르면『옥추경』은 불교의 아미타불 신앙과 유사한 면이 있다고 한다. 즉, 인심이 타락한 말세에 이 경을 입으로 외우기만 해도 구원받는다는 타력구원의 신앙이 내포되어 있다. 그러면서도 도교 전문 수행자들에게는 도의 본질과 수도의 핵심을 제시하고 있는 경전이라는 것이다.

『옥추경』을 연구하면서 발견한 사실은 추사 김정희도 이 경을 중시했다는 사실이다. 필자가 고천문학을 사사한 삼정 권영원 선생으로부터 들은 바에 따르면, 추사가『옥추경』의 서문을 써놓은 것이 있다고 한다. 재야의 도사들뿐만 아니라 추사 같은 당대의 일급 식자층도 이 경에 주목했음을 알 수 있다. 추사가『옥추경』을 좋아했던 배경에는 종교적 효험도 작용했지만, 이 경에 나오는 문장이 좋아서 그랬다는 것이 삼정 선생의 분석이다. 즉『옥추경』운율(韻律)이 아주 기막히게 맞는다는 것이다.

운율은 리듬이다. 같은 문장이라도 운율이 맞아야 읽는 재미가 있고, 운율이 맞다 보면 노래처럼 암송할 수 있다. 지금이야 운율이 퇴색했지만 조선 후기의 한문 식자층들은 한문 고유의 운율을 아주 중시했던 것 같다. 그 영향이 김일부의『정역(正易)』에도 나온다는 사실을 지적한 분이 삼정 선생이다.

『정역』이 주장하는 핵심 메시지는 패러다임이 바뀌었다(paradigm shift)는 내용이다. 우주의 시계바늘이 정오를 지나 오후 3시쯤을 가리키고 있다는 주장으로서, 낮 12시가 지났으므로 선천에서 후천으로 패러다임이 바뀌었다는 것이다. 그 패러다임의 변화는 여성적 에너지가 이제 세상을 주도한다는 사실을 의미한다. 선천이 양적 에너지가 주도하는 세상이었다면 후천은 감성적인 성격을 지닌 음적 에너지가 주목받는다고 본다. 선후천이 교체되는 변화의 과정을 '금화송(金火頌)'이라는 노래로 표현했다.

김일부가 남긴 다섯 개의 금화송 가운데 첫 번째인 '금화일송(金火一頌)' 내용이 바로『옥추경』의 운율을 따 지은 내용이다. 금화송을 운에 맞춘 이유는 운이 맞아야 거기에서 영적인 힘이 나온다고 본 까닭이다. 이러한 맥락을 감안하면 구령주 역시 운율에 맞추어 암송하는 주문임을 짐작할 수 있다. 그런데 구령주를 암송할 때는 운을 맞추어야 할 뿐만 아니라, 암송 시간대와 암송 템포, 반복횟수가 있을 터인데 이는 비밀에 부쳐져 있다.

서양의 클래식에만 콩나물 대가리가 있는 것이 아니다. 주문 암송도 악보의 고저장단에 따라야 한다. 주문은 자기 마음대로 왼다고 되는 것이 아니다. 구전심수(口傳心授)의 세밀한 지도를 받아 이루어진다. 즉 스승으로부터 미묘한 부분에 대한 은밀한 지도가 있어야 효과가 발생한다. 사주명리학에서 구령주를 수련해 효과를 보았다는 사실 자체도 그동안 비밀에 부쳐져 있다가 박 도사가 죽기 직전에야 제자에게 이를 공개해서 필자도 알게 되었다. 박 도사의 말년 제자인

조용헌의 사주명리학 이야기

청담(淸潭)이 병원에 입원해 있는 박 도사를 찾아뵙고 간병한 공로로 비전을 얻어들을 수 있었던 것이다.

구령주의 존재를 모르는 사주쟁이들은 박 도사의 초능력이 오직 책만 보고 얻은 능력인 줄로 착각한다. 필자도 청담으로부터 구령주라는 이야기만 들었지 구령주를 구체적으로 어떤 절차에 의해 암송해야 하는지는 듣지 못했다. 구체적인 방법론은 철저히 함구하고 있다. 수업료를 내지 않아서 알려주지 않는 것 같기도 하다. 아마 청담이 병들어 병원에 입원해야만 나도 들을 수 있는 기회가 오는 것 아닌가 하는 생각도 든다. 신앙심의 그레이드는 헌금 액수에 비례하듯이, 사주의 정확도는 복채에 비례한다는 것이 이 바닥의 법칙이다.

무노동이면 무임금이라고 하듯 무복채(無卜債)는 무적중(無的中)이다. 무림의 비급을 입수하기 위해서는 남다른 정성이 필요한 법. 돈이 없으면 몸공이라도 드려야 한다. 화장실 청소 10년이라는 몸공도 기꺼이 감수해야 한다. 화장실 청소 1년 만에 구령주의 구체적 수행법은 듣지 못했지만, 그 진원지에 관한 정보는 입수할 수 있었다.

'구령주'의 뿌리, 계룡산과 청허선사

박 도사의 정신적 자양분은 두 갈래다. 하나는 개운조사파다. 앞장에서 설명한 바와 같이 아라한과의 경지에 도달한 개운조사를 추종하는 개운조사파는 『능엄경』의 수행법인 소리에 집중하는 수행 노선을

백운암 인근의 시원한 물줄기. 이곳의 물소리는 소리에 집중하는 수행법인 이근원통(耳根圓通)에 적합해,
제산 역시 이곳에서 이근원통 수행을 경험했다.

가지고 있다. 박 도사는 일찍이 계곡 물소리가 일품인 함양의 백운산 밑에 있는 백운암(白雲庵), 구 영암사(靈岩寺)에서 개운조사파와 함께 수련한 적이 있다. 또 하나의 갈래는 윤청허(尹靑虛) 선사(仙師)다. 박 도사의 일생에 가장 강력한 영향을 미친 인물이 윤청허 선사다. 박 도사가 20대에 지리산을 방랑하던 시절에 만나 죽을 때까지 그리워한 스승이기도 하다.

청허선사는 충남 아산이 고향인 인물이다. 6·25 때 피난을 와서 지리산 근처 함양에 살게 되었다. 그는 함양읍 교산리 향교마을에 살면서 한약방을 차려 생계를 이어갔다. 요즘도 한의사들이 선도 수련에 특히 관심이 많지만, 과거에도 도인들이 수도를 하면서 호구지책을 유지할 수 있는 가장 원만한 방법이 한약방이었다. 입산하기 전 성이 윤씨라서 속칭 '윤약국'으로 불렸다고 한다. 20대에 운명적으로 윤약국을 만난 박 도사는 친구인 남원 운봉의 노개식 씨에게도 진짜 도인을 만나보아야 한다면서 친구를 데리고 갔던 적도 있었다.

청허선사는 50대 초반이라는 늦은 나이에 비로소 처자식의 생계를 해결해놓고 정식으로 지리산에 입산했다. 그전까지는 한약방을 하면서 처자식을 책임져야 했고, 세간에 살면서 도교 수련의 모든 이론과 방법론을 완벽하게 준비한 다음에 지리산으로 들어갔다. 최치원이 사바세계에 시달린 나머지 가야산으로 들어갈 때 읊었다는 시의 한 구절이 바로 '일입청산갱불환(一入靑山更不還)'이다. '내 한번 청산에 들어가면 다시는 나오지 않으리라!' 청허선사는 모든 준비를 치밀하게 마친 다음 산에 들어가 현재까지 나오지 않고 있다.

그는 처음 10명의 제자를 받아들였다고 한다. 이 가운데 주문 수행과정에서 3명이 죽고 4명은 정신이상이 되었으며 나머지 3명이 살아남았는데, 그 살아남은 3명의 제자 중의 최연소자가 박 도사다. 두 명의 나이 많은 제자들은 지리산에 머무르면서 정통 선도수련에 들어갔고, 박 도사는 중간에 결혼해 가정을 가지게 됨으로써 호구지책이 필요하게 되었는데, 그 호구지책으로 인해 사주명리학 쪽으로 방향을 잡게 된 것이라고 한다. 그래서 박 도사는 목돈을 만지게 되면 말끝마다 '선생님이 계신 산으로 돌아가야 할 텐데'라는 말을 반복했다고 한다.

비록 시장바닥에서 사주를 보는 천업(賤業)에 종사했지만, 그가 그리워한 곳은 청허선사가 계시는 지리산이었다. 1970년대 후반 부산에서 어느 정도 성공을 거두어 목돈이 들어오자 계룡산에 재입산한 계기도 그러한 연장선상이었다. 계룡산에 들어갈 때 당시로는 거액에 해당하는 1천만 원의 돈이 수중에 들어왔었다. 김복동 씨와 농수산부 장관을 하던 장덕진 씨가 함께 보내준 돈이었다. 지금은 작고했지만 김복동 씨는 군 시절부터 박 도사와 교류가 있었으며, 매제인 노태우 장군이 장차 대통령이 될 것이라는 예언을 대통령 되기 7년 전부터 이미 알고 있었다고 한다. 박 도사와 그러한 긴밀한 관계였던 만큼 산으로 들어간다고 하니까 목돈을 주어 도와준 것이다.

박 도사는 1천만 원 가운데 700만 원은 가족에게 생활비로 남겨놓고, 나머지 300만 원을 가지고 계룡산으로 들어왔다. 박 도사가 그 300만 원의 일부를 사용해 발행한 책이 앞에서 언급한 『선불가진수어록』이라는 책이다. 이 책을 보면 저자가 백운산인 윤일봉이고, 발행인이 박제산이다. 백운산인 윤일봉은 누구인가? 박 도사의 스승인 윤청허 선사를 지칭한다. 청허선사는 『선불가진수어록』 내용이 선도수련의 알파와 오메가를 모두 담고 있으므로 이 책을 펴내야 한다고 제자인 박 도사에게 당부했으며, 박 도사는 스승의 명을 받아 계룡산 시절 이 책을 세간에 공개했던 것이다. 청허선사는 100세가 훌쩍 넘는 나이로 현재까지 지리산에 생존해 있다고 들었다.

도교의 신선은 100세 수명은 넘게 살아야 진짜 신선이라고 본다. 신선은 몸으로 직접 입증할 필요가 있다. 100세 나이는 불로장생한다는 선도수련의 이론을 유감없이 보여주는 기준점이기도 하다. 일찍 죽었다는 사실을 따지고 들어가면 인생살이에서 무리수를 두었다는 말이고, 무리수를 두었다는 것 자체가 도인이 아니라는 사실을 말해준다. 이렇게 말하면 너무 가혹하게 말하는 셈인가!

'자기를 알아주는 사람을 조심하라!'

다시 본 주제로 돌아가면, 구령주의 발원지는 청허선사다. 구령주는 3단계의 과정이 있는데, 이 중 처음 단계만 통과해도 막강한 예언력이 나오고, 그 예언력에 기초해서 박 도사가 장덕진 장관에게 전한 '언제쯤 비가 올 예정이니 양수기를 사지 말고 기다리라'는 예언이 나올 수 있었던 것이다. 미래의 천기까지 꿰뚫어보는 능력은 계룡산 시절의 구령주에 뿌리를 두고 있음을 알 수 있다.

그렇다고는 하지만 박 도사 전체의 인생을 두고 볼 때 그 예언은 입밖에 내지 말았어야 하는 것 아닌가 싶다. 그 적중력이 세간에 노출됨으로써 결과적으로 계룡산에서 수도하지 못하고 다시 서울로 뽑혀 올라간 것이 된다. 알고도 모른 체하는 내숭이 도사의 필수적 자질인데, 박 도사는 그것을 알고도 입을 다무는 함구의 자질을 갖추지 못했던 것이 천추의 한이다.

겪어본 사람들의 체험담에 따르면 박 도사는 입이 근질근질해서 도저히 말을 하지 않고는 배겨나지 못했다고 한다. 거기서 함구하고 스톱하는 자제력을 갖추기는 웬만한 인내심 갖고는 어림없다고 한다. 십중팔구는 나가서 떠들게 마련이다. 고스톱의 핵심도 고와 스톱을 시중(時中)에 맞게 판단하는 것이지만, 인생사 전체도 따지고 보면 고와 스톱을 어떻게 판단하느냐에 길흉이 결판난다. 조용헌이만 보아도 조금 아는 것 가지고 이렇게 떠들고 있지 않은가!

특히 자기를 알아주는 사람에게는 그만 감동해 천기를 누설하는 경향이 많다. 박 도사도 어려운 상황일 때 자기에게 도움을 준 장덕진 장관의 요청을 거절하기는 어려웠을 것이다. 『삼국지』의 제갈공명도 천하대사 운운하는 유비의 꾐에 넘어가지 않았더라면 재야에서 조용히 수도해서 틀림없이 신선이 되었을 것이다. 그래서 조선 중기의 토정 선생은 '자기를 알아주는 사람을 조심하라!'는 잠언을 남긴 것 아닌가 싶다. '남자는 자기를 알아주는 사람에게 목숨을 바친다'는 말도 있지만, '자기를 알아주는 사람을 조심하라'는 잠언도 있다

　　　　　　　　　　조용헌의 사주명리학 이야기

는 것을 독자들은 염두에 두기 바란다.

　모름지기 명철보신(明哲保身)할 줄 알아야 한다. 이런 맥락에서 청허선사가 그의 제자와 나눈 다음 문답을 음미할 필요가 있다. "선생님! 선생님은 그렇게 어마어마한 능력을 가지고 계시면서도 왜 세상에 나가서 경륜을 펼치지 않으십니까?", "너 영화 본 적 있지? 한 번 본 영화를 또 보면 재미가 있든 없든? 한 번 본 영화를 나더러 또 보라는 말이냐?"

　청허선사 같은 인물이 존재한다는 사실 자체가 필자에게는 한없는 기쁨이다. 아직 한국의 선맥(仙脈)이 끊어지지 않았음을 말해주는 증거이기 때문이다. 끊어진 것 같으면서도 아직 끊어지지 않고 이어지고 있다는 사실이 그렇게 반가울 수 없다. 청허의 선맥을 소급해 올라가면 구한말 연담(蓮潭) 이운규(李雲圭)와 연결된다. 충남 연산에 거주했던 연담은 전라감사를 두 번 지냈던 이서구(李書九)의 뒤를 이어 천문, 지리, 인사에 능통했던 도인이다. 연담 문하에서 동학(東學)의 최수운(崔水雲)과 남학(南學)의 김광화(金光華)가 공부했고, 『정역』을 쓴 김일부가 배출되었다.

　연담이 일찍이 김일부에게 전했다는 '영동천심월(影動天心月, 그림자가 하늘의 달을 움직이게 한다)'이라는 시구는 후천개벽을 알리는 『정역』의 출현을 미리 감지했던 예언으로 회자되고 있다. 강증산의 후천개벽 사상도 김일부로부터 영향받은 것이고, 원불교 소태산의 정신개벽도 같은 맥락에 속해 있다고 보아야 한다. 근세 한국 민족종교의 도맥이 직간접으로 연담과 연결되어 있음이 드러난다.

흥미롭게도 청허선사는 김일부의 스승인 연담 이운규와 맥이 닿아 있다는 설이 있다. 그렇다면 연담의 현맥(顯脈)이 김일부에게로 갔고, 은맥(隱脈)은 선도수련이라는 채널을 통해 청허에게로 이어졌다는 추측도 가능하다. 이는 청허가 충남 연산과 가까운 거리인 충남 아산 출신이고 『정역』파들이 활동했던 계룡산과도 교류가 있었다는 사실을 감안하면 상당히 가능성 있는 말이다.

발설과 은폐의 아슬아슬한 줄타기

발설해버려야 속이 시원해지는 화체(火體)의 기질. 화체의 성격은 감정을 숨기지 못한다. 좋게 말하면 머리가 명석하고 투명한 성격이지만 세간생활에서는 그것이 본인에게 불이익으로 되돌아오는 경우가 많다. 참고로 고스톱을 칠 때 고돌이 원단이 표에 들어오면 곧바로 얼굴 표정에 그 설렘이 반영되는 체질이라고 보면 쉽다. 화체는 도박에서 좀처럼 돈을 따기 어려운 체질이기도 하다.

박 도사의 그러한 기질은 음지에서 은밀하게 활동해야 하는 직업적 도사에게는 치명적 약점이 되었지만, 무대 밖에서 관람하는 구경꾼들에게는 흥미진진한 구경거리를 제공하는 요인으로 작용했다. 대표적인 예가 유신(維新)을 유신(幽神)이라고 규정한 것이고, 그 외에도 본 지면에서는 차마 공개할 수 없는 수많은 정치인이나 재벌 회장들과의 스파크가 있었다. 박 도사가 권력과 관련되어 곤욕을 치른 또 하나의 사건이 있다. 소위 윤필용 사건이다. 1973년 4월 당시 수경사령관이었던 윤필용 장군이 모반기도 혐의로 보안사령부에 체포된 사건이다. 이 사건으로 31명의 군 수뇌부가 옷을 벗어야만 했다.

사건의 발단은 이렇다. 유신 선포 후 계엄령 아래 궁정동의 한 식당에서 윤필용 수경사령관과 이후락 중앙정보부장이 식사하면서 이야기를 주고받았다. 윤 장군이 "각하가 노쇠하니 건강이 약해지기 전에 물러나시게 해서 우리가 모시고 후계자를 내세워야 한다"는 이야기를 이후락 중정부장에게 했다. 그러자 이 부장이 "각하가 물러나면 다음에는 누가 되느냐?"고 묻자, 윤 장군은 "형님이 있지 않습니까?"라고 대답했다는 것이다. 이 대화 내용이 박 대통령에게 즉각 보고되었고, 이는 모반 사건으로 간주되어 당시 박종규 경호실장과 강창성 보안사령관의 주도하에 수사가 시작되었다.

수사는 당시 부산에서 영업하고 있던 박 도사에게까지 뻗쳤다. 평소 이후락 정보부장이 점쟁이들에게 무엇을 물어보기를 좋아하는 스타일이었던 만큼, 이 부장과 알고 지내는 박 도사를 데려다가 취조하면 어떤 정보가 나올 것이라고 판단한 것이다. 적어도 대권에 야심이 있다면 단골 점쟁이에게는 그 사실을 털어놓고 상의하지 않았겠느냐는 추측을 했던 것이다. 자기 운명이 과연 대권을 잡을 수 있는 것인가 하고 말이다. 보안사 수사팀은 이후락, 윤필용과 평소 왕래가 있었던 부산의 박 도사를 그 파트너 점쟁이로 찍었던 것 같다.

여기서 이후락의 이판사판에 관한 정보 수집 형태를 일별할 필요가 있다. 나는 이후락 씨를 한국의 장량으로 본다. 이렇게 말하면 나

부산 기장의 묘관음사는 선기(禪機)로 불교계를 풍미한 대선객인 향곡스님이 기거했던 곳이다.

를 비판하는 사람도 많겠지만 그가 중앙정보부장으로서 행했던 악업과 선업의 차원을 떠나 한 개인이 명철보신하는 데 관계되는 판단의 유형만 놓고 보면 그렇다는 이야기다. 『초한지(楚漢誌)』에서 보면 한신은 어물거리다가 타이밍을 놓쳐 유방에게 잡혀 죽었지만, 장량은 한 건 챙긴 다음 미련 없이 산으로 도망가 명철보신한 사례다.

　이후락도 역시 10·26 이후 낌새가 이상하게 돌아가자 경기도 이천 도자기 공장으로 숨은 다음 죽을 때까지 나타나지 않았다. 그 명철보신의 판단 차원에서만 놓고 보면 그는 『초한지』에 등장하는 장

조용헌의 사주명리학 이야기

량만큼이나 노련한 판단을 보여주었다. 각종 정보채널에서 올라오는 정보 수집에서도 치밀했지만 이판의 정보, 즉 본인이 이름난 고승이나 도인, 그리고 술객들과의 접촉 과정에서도 필요한 정보라고 여겨지면 선입견 없이 수용하는 성향이었다. 그는 많은 술사들과 어울렸고, 숙명통(宿命通)이 열린 고승들과의 만남을 통해 자신의 인생의 진퇴를 수시로 상의하는 스타일이었다. 이들을 무시하지 않을 만큼 그는 노련한 인물이었다는 이야기다.

필자는 최근 몇 년간 그가 재임시절 만나고 다녔던 고승이나 술객들의 면면을 추적해본 결과 그 범위가 의외로 다양했다는 사실에 놀란 바 있다. 부산 기장의 묘관음사(妙觀音寺)에 계시던 향곡(香谷, 1912~1978) 스님까지 만나고 다닐 정도였으니 말이다. 이야기가 샛길로 빠지는 위험을 무릅쓰고서라도 이 대목을 짚고 넘어가자. 향곡 스님은 1960~70년대 한국 불교계를 풍미한 대선객(大禪客)이다. 그 우람하고 호탕한 풍모에 원숭이와 여우들을 한방에 날려버리는 선기(禪機)는 당대 제일이었다. 묘관음사에 가거들랑 향곡당의 영정을 한번 보시면 짐작이 갈 것이다.

1970년대 중반 어느 날 현직 정보부장이던 이후락이 묘관음사의 향곡스님을 방문했다. 이 부장도 불교에 조예가 있어 『벽암록』 정도는 읽었으므로 선사(禪師)를 만날 때는 첫 물음을 선문답으로 시작해야 한다는 정도는 알고 있었다. 이후락은 대뜸 "어찌 이 골짜기에는 향기가 나지 않습니까?" 하고 한 초식을 날렸다. 향곡스님의 이름이 향기 향(香)자에 골 곡(谷)자니 이렇게 빗대서 물은 것이다. 그러자 곧바로 향곡당의 대답이 날아왔다. 선문답은 0.5초 내에 나와야 한다. 3초 후에 나오면 이는 선문답이 아니다. 향곡당 왈 "니, 이름이 후락이라꼬? 니, 후라이 잘 치게 생겼다." 현직 정보부장의 이름을 '후라이'에 빗대서 패러디한 것이다. 여기가 감히 어디라고 네가 와서 까불라고 하느냐? 까불지 말라는 일갈이기도 했다.

나는 새도 떨어뜨린다는 유신시절의 현직 정보부장을 향해서 '후라이 잘 치게 생겼다'고 한방 날린 향곡당의 칼날은 역시 천하 명검이었다. 졸지에 한 칼 맞은 이 부장은 그 자리에서 큰절을 세 번 올렸다. "큰 법문 들었습니다." 하면서. 만약 저질 같았으면 이런 모욕을 당하고 "저 영감탱이 당장 잡아넣어. 남산 지하실에 가서 뜨거운 맛 좀 보아야겠구만!"이라고 했을 텐데, 그 대신에 공손하게 삼배를 올릴 정도의 교양과 견문은 간직하고 있었던 셈이다. 아무튼 이후락은 사판의 정보 수집에도 열심이었지만 방외의 인물들을 만나면서 이판에 관한 정보 수집에도 관심이 많았다는 사실을 기억해야 한다.

1973년 3월 무렵. 부산 동대신동 박 도사의 2층집에 기관원들이 들이닥쳤다. 대문 밖에는 검정색 지프차가 대기하고 있어서 온 동네 사람들은 기관원들이 간첩 잡으러 출동한 줄 알았다고 한다. 영문을 모른 채 기관원들에게 체포된 박 도사는 집 밖에서 곧바로 헬기로 옮겨져 경남 마산지구의 정보부대인 해양공사 지하실로 끌려갔다. 박 도사를 지하실에 꿇어앉혀놓고 정보부대 책임자였던 K 소령은 "야! 너 도사야? 도사라면 네가 언제 여기서 나갈 수 있는지 알아맞혀봐." 하고 조롱하듯 내뱉었다. 너 이제 죽었다는 뜻이었다.

이 말 끝에 박 도사는 손목에 찬 시계를 보더니 "오후 2시 되면 나간다"고 대답했다. "이 새끼, 여기가 어딘지 알아? 어디서 함부로 주둥아리를 놀려?" 하면서 K 소령은 구둣발로 박 도사의 정강이를 걷어찼다. 그런데 2시가 되자 갑자기 사령부에서 전화가 왔다. "그 친구 지금 즉시 서울로 이송하라"는 오더였다. 깜짝 놀란 K 소령은 박 도사를 서울로 이송하면서 태도가 180도 바뀌었다. 호칭도 '이놈' '저놈'에서 선생님으로 바뀌었다. 호송 헬기 안에서 "제 팔자는 앞으로 어떻게 되겠습니까? 저희 집 아들놈 사주도 한번 봐주십시오"라는 인생 상담을 정중한 태도로 드려야만 했다.

서울로 이송된 박 도사는 다시 서빙고 지하실에 수감되었다. 보안사에서는 중앙정보부의 이후락 부장이 관련된 사건이라서 혹시 중앙정보부에 박 도사를 뺏길까봐 취재원을 신속하게 안전한 곳으로 옮겨야만 했던 상황이었다. 서빙고에 구금된 박 도사는 보안사 요원들의 취조를 받아야만 했다. 취조 내용은 이후락과 윤필용이 너에게 와서 대권(大權)에 관한 점괘를 물어본 적이 있느냐 하는 것이었다. 시원한 대답이 안 나오자 요원들은 박 도사에게 고문을 가하려고 했다. 그 과정에서 약간의 망설임이 있었다. 박 도사를 데려온 K 소령으로부터 박 도사의 신통력을 전해 들었던 까닭에 다른 사람같이 무작정 때릴 수는 없는 상황이었던 것이 아닌가 싶다.

그 위기의 순간 박 도사는 서빙고 지하실에 모여 있던 보안사 요원들에게 으름장을 놓았다. "너희들 지금 나를 때리려고 하는데, 나를 때리면 너희들 다 잡혀간다. 아마 사흘이면 잡혀갈 것이다." 과연 사흘 후에 보안사 요원 17명이 뇌물수수 혐의로 모두 체포되었다. 박 도사의 예언이 사실로 입증된 것이다. 추측컨대 중앙정보부 쪽에서 보안사에 대한 역공이 시작되는 과정에서 보안사 요원들이 뇌물 혐의로 잡혀갔던 것 같다. 이때만 하더라도 박 도사의 영발이 대단한 상태였음을 짐작할 수 있다. 보통사람 같으면 얼이 빠져 있을 위기의 상황에서도 정확하게 자신의 앞일을 예측할 수 있었으니까 말이다.

서빙고 지하실에 있던 박 도사는 다시 강원도 모처의 군부대로 이송돼 9개월간 연금 상태로 지내야 했다. 군부대에 연금해놓은 이유는 보안사에서 정보부에 박 도사를 빼앗기지 않기 위한 조처이기도 했다. 만약 박 도사가 정보부의 이후락 부장에게 넘어가면 수사하던 보안사에 불리한 증언을 할 가능성이 있었기 때문이다. 9개월간 연금생활을 할 때 옆에서 박 도사를 도와준 사람이 있었다. 최모라는 사람이었는데, 어려운 상황에 처해 있던 박 도사에게 여러 가지 친절을 베풀었다. 이것이 인연이 되어 후일 최모라는 사람이 사업을 시작할 때 박 도사가 그 보증을 서주게 되었다. 그러나 최씨의 사업이 부도나는 바람에 그 보증이 두고두고 박 도사를 괴롭혔다. 천하의 박 도사도 실수를 한 것이다.

이 보증 건으로 인해 박 도사는 죽을 때까지 채권자에게 시달려야만 했다. 박 도사 본인 이름으로는 부동산 등기를 해놓을 수 없었음은 물론이다. 그러나 어디에 하소연도 못했다. 보통사람이 그런 실수를 하면 동정의 대상이 되지만, 앞일을 안다는 도사가 그런 실수를 하면 천하의 웃음거리밖에 되지 않는다. 박 도사는 말도 못하고 끙끙

않았다. 세상 살면서 식자층 노릇하기도 힘들지만 도사 노릇하기도
힘든 것이다.

재물을 탐하면 학문이 무너진다

박 도사의 일생을 보면 돈은 상당히 벌었지만 풍족하게 돈을 쓰는 인
생을 살았던 것은 아니다. 돈은 쓰는 사람이 임자라는 말이 있다. 돈
을 버는 사람보다 쓰는 사람이 사실은 재물복이 있는 사람이다. 그는
쓰는 사람은 아니었다. 박 도사의 사주를 보면 재물복이 없는 팔자
다. 필자가 입수한 그의 생년월일시는 음력으로 1935년 11월 22일
유(酉)시다. 육십갑자로 환산하면 을해(乙亥)년 무자(戊子)월 정묘
(丁卯)일 기유(己酉)시로 환산된다. 태어난 날은 정묘일임을 알 수
있다.

 따라서 사주팔자상에 나타난 그의 주체는 일간인 정(丁)이다. 정
(丁)은 불이로되 태양과 같은 큰 불이 아닌, 화롯불과 같은 작은 불
이다. 이 불이 태어난 계절이 음력으로 11월, 양력 12월의 추운 계절
이다. 추운 겨울에 태어난 화롯불이니만큼 귀중한 용도로 사용할 수
있는 불이라고 일단 간주한다. 그러나 불이 약하다. 약한 불을 보강
하기 위해서는 인수가 되는 목(木)이 절대적으로 필요하다. 박 도사
팔자에서는 목(木)이 중요한 역할을 한다. 목(木)은 가족관계로 보면
어머니에 해당하지만, 사회적으로 보면 학문과 공부에 해당한다. 이

럴 때 목(木)이 용신이라고 말한다. 즉 자신의 운명이 지닌 약점을 보강하기 위해서는 공부하고 책 보는 일을 쉬지 말아야 한다.

이런 형태의 사주팔자를 보통 전문용어로 '탐재괴인(貪財壞印)' 사주라고 평한다. 탐재괴인이란 '재물을 탐하면 학문이 무너진다'는 뜻이다. 사주의 역학관계에서 재물과 학문은 서로 반비례하는 관계에 놓여 있다. 재물이 많은 사주는 학문이 없고, 반대로 학문이 많은 사주는 재물이 없다. 학자가 지나치게 돈을 밝히면 공부를 못하게 된다는 이치와 같다. 그러므로 탐재괴인의 사주를 가진 사람이 재물을 쫓으면 몸이 상하게 된다. 재물을 절대 쫓아서는 아니 되고 어떤 상황에서든지 끝까지 책을 붙잡고 있어야 한다. 박 도사의 사주가 그런 사주다.

박 도사도 본인의 사주를 알고 있었을 것이다. 자신이 재물복이 없다는 사실을. 그러니까 모든 재산을 부인 이름으로 해놓았다. 그러나 막상 보증으로 인해 그렇게까지 본인 앞으로는 재산을 전혀 가질 수 없게 될 줄은 아마 몰랐을 것이다. 또 한 가지 시달렸던 일은 고향인 서상면 옥산부락에 덕운정사를 짓게 된 일이다. 덕운정사는 보통 가정집이 아니라 규모가 큰 목조건축이다. 단순한 살림살이 용도의 집이 아닌 수양을 하는 도관 겸 제자들을 가르치는 아카데미 용도로 지은 건축이다. 상당히 돈이 들어간 건축이다. 더구나 항간에 '50세 넘어 집 짓지 말라'는 말이 있다. 집 짓는 일이 그만큼 사람의 진을 빼는 중노동이므로 50세 넘어 집을 짓다 잘못하면 건강을 다칠 수 있는 확률이 높다는 것이다.

덕운정사의 손님접대용 건물 전경. 이곳에서 제산은 손님들의 사주명리를 살폈다.

박 도사가 상당한 건축비가 들어가는 덕운정사를 50세 넘어 짓기 시작한 것은 무리한 판단이었다. 탐재괴인의 팔자를 가진 사람이 건축비가 많이 들어가는 건물을, 그것도 50대 중반에 집 공사를 시작했고, 더구나 보증 때문에 채권자들로부터 독촉을 받는 상황이었다. 이 세 가지는 모두 무리수였다고 보인다. 이 무리수로 인해 박 도사는 명을 재촉했다. 그것이 보는 사람으로 하여금 못내 아쉽게 한다. 좀 더 살아서 사주명리학에 관한 저술도 남기고 제자들도 양성했으면 좋으련만 그 일을 못하고 중도에 갔다. 이것은 결국은 운명이겠지만 사주명리학에 애정이 있는 필자의 입장에서 보면 한없이 애석하기만 하다. 박 도사 같은 인물은 백 년에 하나 나올까 말까 한 인물이라는 점에서 더욱 그렇다.

박 도사의 건강에 이상이 생긴 시점은 1995년 을해년이었다. 그해에 경주 박혁거세 오릉에 가서 절을 하려고 하는데 갑자기 머리가 띵하게 울려왔다. 그때부터 중풍이 시작된 것이다. 흥미로운 점은 하필 그 해에 박 도사가 정기를 받고 태어난 극락산 밑 을해명당의 저수지를 포크레인으로 건드렸다는 사실이다. 동네 사람이 저수지를 준설하기 위해서 저수지 바닥에 있는 돌들을 포크레인으로 들어올려서 을(乙)자의 목 부분에 잔뜩 쌓아 놓았다. 목이 눌린 상태였다. 대조해보니 공교롭게도 저수지를 준설하던 그 시점에 중풍이 왔다는 사실을 발견했다.

우연의 일치인가, 아니면 까닭이 있는 것인가? 신비주의를 숭상하는 술사들은 이를 동기감응(同氣感應)으로 해석한다. 박 도사 본인을 비롯해 가족들은 그 저수지 준설공사와 중풍이 관련 있다고 믿는다. 그 사람이 정기를 받고 태어난 지점을 인위적으로 훼손하면 그 해당 인물 또한 훼손당한다는 것이 풍수의 동기감응 사상이다. '지령이 곧 인걸인데, 지령을 훼손했으니 어떻게 사람이 무사하겠는가.' 하고 생각하는 것이 동양의 풍수신앙이기도 하다.

박 도사의 사망은 집을 짓는 무리수라고 하는 인간적인 실수와, 을해명당의 훼손이라고 하는 동기감응이 복합적으로 작용한 결과가 아닌가 싶다. 사건의 배후를 캐보면 대개 이처럼 복합적인 원인이 얽혀 작용하는 경우가 많다.

'너 자신을 알라!'는 신탁의 진정한 의미

박 도사의 일생을 더듬어보면서 생각나는 서양의 점괘가 하나 있다. 국제화 시대이니만큼 운명을 판단할 때도 국산품인 사주팔자만 애용할 것이 아니라 서양의 외제품도 이용해주어야 한다. 박 도사의 사주팔자를 서양의 점괘로 크로스 체크해보면 그 점사(占辭)로는 바로 '너 자신을 알라!'가 나온다.

이 말은 원래는 소크라테스가 한 말이 아니고 희랍의 유명한 델포이 신전 벽에 새겨 있는 금언이라고 한다. '너 자신을 알라'는 신탁 가운데서도 최고의 신탁이라고 한다. 그러니까 이 말은 원래 점괘였던 것이다. 고대 그리스에서도 점을 많이 보았다. 그리스 신화 자체

그리스 신화에 등장하는 신탁 역시 점괘를 보는 것과 다르지 않다. 가장 '점발'이 잘 받는 곳으로 유명했던 델포이 신전. 이곳의 벽에 '너 자신을 알라'는 최고의 신탁이 새겨져 있다.

가 수많은 점사와 혼합되어 있지 않던가. 왜냐하면 전쟁을 벌이는 일이란 민족 전체가 죽고 사는 전율할 일이므로 신들에게 그 결과를 겸허히 묻지 않을 수 없었다.

이는 동서양이 마찬가지였다. 사마천의 『사기(史記)』보다 품격이 약간 떨어지지만 서양 역사책의 원조로서 기원전 5세기 무렵에 쓰인 헤로도토스의 『역사(歷史)』가 유명하다. 헤로도토스의 『역사』 첫 대목을 보면 델포이 신탁 이야기가 등장한다. 기게스라는 왕의 측근이 왕위를 찬탈하고 왕비와 결혼했을 때 과연 그 일이 정당한가를 두고 델포이 신전에 가서 점을 쳐보았다는 대목이 바로 그것이다. 서양 역사책의 원조인 헤로도토스의 『역사』에서 가장 첫 대목에 신탁 이야

조용헌의 사주명리학 이야기

기가 나오고 델포이 신전이 등장한다는 사실을 필자는 일찍부터 주목한 바 있다.

하고 많은 신전 가운데 왜 하필 델포이 신전인가? 다른 책을 읽다 보니까 델포이 신전의 신탁이 가장 영험하고 적중률이 높았다는 대목을 본 적이 있다. 델포이는 점발(占發)이 잘 받는 곳이었던 모양이다. 내가 아직 델포이를 현장 답사해보지 못해서 뭐라고 단정할 수 없지만 추측컨대, 바위와 암벽으로 이루어진 지형이고 약간 언덕처럼 주변보다 높은 곳에 위치해 있을 확률이 높다. 동양의 점발 잘 받는 곳들이 대개 바위로 이루어진 지형이고 높은 곳이라는 점에 비추어볼 때 그렇다.

특히 단단한 바위가 신전 밑바닥을 이루고 있거나 뒤쪽에 벽이 있을 공산이 높다. 단단한 바위지대일수록 지기(地氣)가 강하게 올라오는 곳이고, 지기가 강할수록 영발(靈發)이 강하며, 영발이 강할수록 점발이 잘 받는다는 원리를 필자는 오랜 방랑 끝에 발견했다. 델포이도 아마 그럴 것이다. 그 기도발 잘 받는 델포이 신전의 기둥에 새겨진 '너 자신을 알라'는 역대 신들로부터 내려온 점사, 즉 신탁 가운데 최고의 신탁이었다고 한다.

자기 자신을 객관적으로 파악하는 것. 그것이 최고의 통찰이다. 점의 궁극적 관심은 자신에 대한 객관적인 통찰에 있다. 자기를 통찰하는 것이야말로 최고의 신탁이라는 말은 맞는 말이다. 그런데 많은 술객 도사들이 빠지는 함정이 이 통찰의 부족이다. 다른 사람 점은 잘 보아주는데 정작 자신의 점은 보지 못한다. 그래서 뻔한 함정에 빠지곤 한다. 이 약점을 방지하기 위해 술사들은 크로스 체크를 하기도 한다. 서로 상대방의 팔자를 보아주는 방법이다. 인간은 상대방의 눈에 든 티끌은 밝게 보지만 자신의 대들보 같은 허물은 못 볼 수 있다. 이런 맥락에서 '너 자신을 알라'는 고난도의 고행을 겪어야만 얻어지는 경지이지 함부로 얻을 수 있는 급수가 아니다. 박 도사가 말년에 빠졌던 함정도 바로 자기 자신을 몰랐다는 사실이다.

결과론적으로 말하면 천하의 박 도사도 자기를 아는 데는 실패했다. 자기를 안다고 장담할 사람은 세상에 아무도 없다. 그래서 계율과 스승이 필요하다. 스스로 계율에 의지해 자신을 점검해보고, 스승으로부터 끊임없는 경책을 받아야만 스스로 반성할 수 있다. 박 도사의 일생을 보면서 왠지 델포이 신전의 기둥이 자꾸 생각난다. '너 자신을 알라'를 음미하면서 불교의 '나는 없다'라는 무아(無我)의 법문을 연상하는 것은 현학적인 취미인가.

3부

점과 관상 그리고
그 안의 인간의 운명

도대체 점은 미신임에도 불구하고

왜 인류사에서 사라지지 않고 존재하는 것인가?

가장 큰 이유는 맞는 부분이 있기 때문이다.

점은 들어맞기 때문에 존재한다.

그렇다면 왜 미신이라는 이야기가 나오는 것인가? 맞지 않기 때문이다.

이를 일러 '혹중(或中) 혹부중(或不中)'이라고 표현한다.

점은 그 중간 어디엔가 있다. 그렇다고 완전 중간은 아니다.

좀 더 좁혀서 말한다면 맞지 않을 확률보다 맞을 확률이 조금 더 높다.

인간의 영원한 관심사,
점이란 무엇인가

애널리스트와 점쟁이, 운칠기삼의 확률

점(占)이란 한마디로 '앞일을 예측하는 작업'이라고 정의할 수 있다. 미래가 과연 어떻게 될 것인가, 내 인생이 앞으로 어떻게 전개될 것인가, 하는 궁금증은 인간의 영원한 관심사다. 식욕, 성욕, 수면욕 다음으로 인간의 강력한 욕구 중의 하나가 앞일을 알고자 하는 미래욕이 아닌가 싶다. 동서고금을 막론하고 이 욕구는 쇠퇴하지 않은 채 계속 발현되고 있다. 점은 바로 그러한 욕구를 충족시키기 위한 대안이기도 하다. 그래서 점쟁이는 각종 직업 가운데 가장 오래된 직업이기도 하다. 기원전 3천 년 전부터 있던 직업이 바로 점쟁이다. 물론 그때는 점쟁이라고 하지 않고 제사장이라고 하는 품위 있는 직함으로 불렸지만 말이다.

근래의 직업 가운데 가장 점쟁이스러운 직업이라고 한다면 증권사 펀드매니저와 애널리스트들을 들 수 있을 것이다. 펀드매니저의 사촌직업을 애널리스트라고도 부르는 것 같다. 이들은 미래의 주식 시세를 알기 위해 끊임없이 자료를 분석하기 때문에 붙여진 이름이다. 애널리스트라는 모던한 호칭에도 불구하고 이들의 주식시세 예측이 다 맞느냐 하면 그렇지는 않다. 맞지 않는 부분이 많다. 애널리스트의 예측을 믿고 주식을 샀다가 신세 망친 사람이 주변에 부지기수다. 적중되지 않음에도 불구하고 애널리스트들은 여전히 월급을 받으면서 명줄을 이어간다. 상당히 선망받는 직업이기도 하다.

필자가 보기에는 5천 년의 역사를 지닌 정통 점쟁이 계보를 잇는 사람들이 바로 애널리스트들이다. 미래를 예측한다는 측면에서 이들의 작업 내용은 점에 해당한다는 사실을 부인할 수 없다. 콘텐츠는 그대로인데 포장지만 바뀌었을 뿐이다. 점이 맞으면 수십 억 연봉도 가능하고 사회적 대접도 좋아서 선망하는 직업이 된 애널리스트는 포장지만 바뀌었을 뿐 작업 내용은 점쟁이의 점사(占辭)와 동일하다. 애널리스트가 사주쟁이와 다른 점은 미국의 MBA 수료 여부다. 미국에서 MBA 자격증을 땄으면 애널리스트가 되고 못 땄으면 사주쟁이가 되는 것이다.

그런데 애널리스트에서 사주쟁이에 이르기까지 왜 모든 점쟁이는 도태되거나 사라지지 않고 존재하는 것인가? 굶어 죽지 않고 아직까지 생계를 유지할 수 있는 이유가 무엇인가? 도대체 점은 미신임에

기원전 3천 년 전부터 존재한 직업인 점쟁이. 내 미래에 대한 궁금증은 인간의 영원한 관심사다.
점은 그 궁금증을 충족시켜주기 위한 일종의 대안이다.

도 불구하고 왜 인류사에서 사라지지 않고 존재하는 것일까? 이 문제에 대해 필자가 고심 끝에 내린 결론은 두 가지다. 첫째, 점은 들어맞기 때문에 존재한다.

무릇 현실세계에서 존재하는 모든 것들은 이유가 있다. 이유가 있기 때문에 존재하는데, 점이 아직도 우리 생활에서 유통되고 있는 가장 큰 이유는 맞는 부분이 있다는 것을 의미한다. 그렇다면 왜 미신이라는 이야기가 나오는 것인가. 맞지 않기 때문이다. 맞지 않으면 미신이고 사기가 된다. 이를 일러 '혹중(或中) 혹부중(或不中)'이라고 표현한다. 점은 그 중간 어디엔가 있다. 그렇다고 완전 중간은 아니다. 좀 더 좁혀서 말한다면 맞지 않을 확률보다 맞을 확률이 조금 더 높다.

기록을 살펴보면 동양의 성인 가운데 가장 합리적 사고에 충실했던 공자(孔子) 같은 성인도 점의 확률을 인정한 바 있다. 1972년 중국 후난성 창사시의 마왕퇴(馬王堆) 고분에서 출토된 『백서(帛書)』를 보면 공자와 제자인 자공의 문답이 기록되어 있다. 자공이 공자에게 묻는다. "선생님도 점이라고 하는 것을 믿습니까(夫子亦信其筮乎)?", "믿는다. 100번을 점치면 70번이 맞는다(吾百占而七十當)." 공자의 대답은 70퍼센트 확률이니까 믿지 않을 수 없다는 말이다. 공자가 점서(占書)인 『주역』을 가죽끈이 세 번이나 끊어지도록 탐독한데도 알고 보면 이유가 있었던 것이다.

70퍼센트는 고금의 점사(占事)에서 공통적인 확률이다. 사주를 봐도 대체적으로 70퍼센트 정도 맞는다고 한다. 즉 열 개 중 세 개는

틀릴 수 있다는 말도 되고, 열 개 중에 세 개는 알 수 없다는 말도 된다. 고스톱의 황금률도 운칠기삼(運七技三)이다. 운이 칠십이고 기술이 삼십이라는 확률이다. 운은 운명적 요소를 지칭하고 기술은 개인의 자유의지와 노력을 의미한다. 쉽게 말하면 운명 70, 노력 30의 비율이라는 의미다. 여기서 주목해야 하는 대목은 70퍼센트라는 확률이다. 어떻게 해서 7할이 맞을 수 있는가.

5할이 넘는다는 것은 우연으로만 돌릴 수 없는 그 무엇이 있다는 것을 뜻한다. 7할이라는 바탕에 깔려 있는 원리는 무엇인가를 탐색해보기로 한다. 나는 그 원리를 세 가지로 압축한다. 첫째는 상응(相應, Correspondence)의 원리이고, 둘째는 반복(反復)의 원리며, 셋째는 귀신(鬼神)의 존재다.

모든 일에는 반드시 조짐이 있다

상응의 원리란 시간(天文), 공간(地理), 존재(人事)라는 각기 다른 세 차원이 서로 연결되어 있다는 원리다. 그 좋은 예가 카오스(chaos) 이론이다. 현대물리학에서 말하는 카오스 이론이란 북경 상공에서의 나비 날갯짓으로 인한 파장이 캘리포니아 상공에 가서는 폭풍우로 변할 수 있다는 이론이다. 카오스 이론은 혼돈 현상의 이면에 특정한 질서(cosmos)가 작동하고 있다는 말이기도 하다. 나비의 날갯짓과 폭풍우는 전혀 무관한 차원 같아도 알고 보면 서로 관계가 있다는 주장이다. 언뜻 보기에는 혼돈 같지만 깊이 들어가보면 상응 관계에 놓여 있다는 사실을 현대 물리학자들은 설파하고 있다.

상응의 원리에 따르면 만물은 거미줄과 같은 미세한 끈으로 연결되어 있어서 한쪽을 잡아 흔들면 다른 한쪽이 흔들린다는 설명이기도 하다. 풍수에서 말하는 동기감응(同氣感應)의 원리도 이와 같다. 땅속에 묻혀 있는 조상의 뼈라고 하는 매체를 통해 조상의 백(魄)과 후손의 백이 서로 감응한다고 본다. 그 감응 현상은 꿈으로 나타난다. 대체로 묘를 쓰고 나서 10일 내에 직계 가족들에게 선몽이 있게 마련이다. 만약 명당 자리에 들어갔으면 망자가 환한 표정으로 깨끗한 집에 앉아 있는 모습으로 나오는 경우가 많고, 물이 나오는 좋지 않은 자리에 들어갔으면 초췌한 표정이나 허름한 옷을 입고 나타나는 수가 있다. 아무런 꿈도 없으면 해도 없고 득도 없는 무해무득(無害無得)의 자리에 들어갔다고 판단한다.

상응의 원리에서 중요한 것은 징조를 알 수 있다는 점이다. 어떤 일이 앞으로 어떻게 전개될 것인가에 대한 단서가 징조라고 한다면, 징조를 파악함으로써 결과에 대한 사전 예측이 가능하다. 예를 들어 북경 상공에서의 날갯짓은 점술가의 입장에서 볼 때 하나의 징조다. 이것을 보고 캘리포니아 상공에 얼마쯤 후에 비가 올 것이라는 사실을 예측하는 것과 같다. 꿈도 마찬가지다. 우리는 밤에 꾼 꿈을 가지고 낮에 전개될 일을 미리 짐작하는 경험을 일상에서 수없이 겪고 있다. 앞일을 미리 예시하는 선견몽(先見夢)은 전개되는 상황을 판단하는 징조이자 중요한 자료로 활용할 수 있다.

조용헌의 사주명리학 이야기

점술가는 다른 사람이 무심코 지나치는 미세한 조짐을 주목하고 이를 잡아채는 능력을 지녀야 한다. 마치 배가 난파당할 조짐을 보이면 그 배에 사는 쥐들이 미리 대피한다고 하듯이 점술가는 난파선의 쥐처럼 예민한 후각과 육감을 보유하고 있어야 한다.

10·26이 일어나던 해인 1979년 초여름, 신문에 두꺼비가 뱀을 잡아먹는 사진이 보도된 적이 있었다. 보통사람 같으면 단순한 흥밋거리로 지나칠 수 있는 이 사진이 예민한 안테나를 가진 술사(術士)에게는 하나의 징조로 받아들여지는 수도 있다. 곧 인간세에서 일어날 하극상의 징조라고 해석하는 것이 바로 그것이다. 박정희는 정사(丁巳)생 뱀띠이고, 김재규의 관상은 두꺼비 상이다. 두꺼비가 뱀을 잡아먹는 신문의 사진을 보고 김재규가 박정희를 잡아먹는 사건과 연결시키는 것이 술사들의 상응 능력이기도 하고 상상력이기도 하다. 모든 일에는 반드시 조짐이 있다고 보는 것이다. 문제는 그것을 읽어내느냐 못 읽어내느냐의 차이다.

필자에게 이 이야기를 해준 인물은 전주에 사는 동전(東洴)거사다. 그는 전주의 풍류객이요 선가(仙家)에 조예가 깊은 인물이다. 대학을 졸업한 뒤에 취직은 제쳐두고 우리 산천에 대한 그리움을 벗 삼아 전국을 방랑했다. 26세에 시작해 32세까지 전국을 두 발로만 걸어다녔다. 그 방랑 과정에서 재야의 수많은 기인들과 사귈 수 있었고, 그 만남을 통해 관상과 주역의 세계에 눈을 뜨게 되었다.

『주역』은 상응의 원리에 바탕한 점서

나는 그와 교류하면서 『주역』과 관상에 대한 많은 에피소드들을 듣게 되었는데, 그는 상응의 원리에 바탕한 점서가 바로 『주역』이라는 사실을 강조하곤 했다. 『주역』에 등장하는 64괘(卦)는 괘를 뽑는 사람의 마음과 상응한다는 전제를 깔고 해석해야 한다. 그는 어느 음식점에서 처음 필자를 대면했는데, 필자의 인상을 한번 보고 64괘 중 50번째 괘인 '화풍정(火風鼎)' 괘가 떠오른다는 이야기를 건넨 바 있다. 위에는 리(離)괘, 아래에는 손(巽)괘가 합치면 정(鼎)괘가 된다. 필자에게서 풍기는 전체적인 기운과 이미지가 화풍정 괘로 연결되더라는 것이다.

물론 이 판단은 괘를 손으로 뽑아 나온 결과가 아니고 동전거사가 필자를 척 보았을 때 떠오른 순간적인 이미지였다. 괘라고 하는 상징과 조용헌이라는 사람이 처해 있는 전체적인 상황이 서로 상응하는 상태를 감지한 것이다. 화풍정 괘의 형상(䷱)을 보면 위에는 불이 너울너울 타고 있고, 밑에는 바람이 불고 있다. 즉 화덕에다 솥단지를 걸어놓고 부채로 바람을 부치는 형상으로서, 이질적인 여러 요소들을 솥단지에 몰아넣고 푹 삶는 상황이라고 그는 설명했다. 따라서 현재 매우 바쁠 것이고, 푹 고아서 약물을 우려내면 그 약물은 아마 쓸 만할 것이라는 이야기도 덧붙였다. 화풍정 괘는 당시 내가 처해 있던 상황을 객관적으로 그리고 집약적으로 표현한 괘로 이해했다.

여기서 문제는 괘를 뽑는 사람의 상응 능력 수준이다. 즉, 현실과

조용헌의 사주명리학 이야기

괘를 연결시키는 능력이다. 그 사람이 처한 상황을 64가지 괘 중 과연 어느 괘에 배당할 것인가는 그 사람의 주관적 영역에 속한다. 64가지 괘를 달달 외우는 방법으로 백날 『주역』을 공부해봐야 헛일이다. 괘는 괘대로 현실은 현실대로 따로 놀 뿐이다. 『주역』은 자기가 처해 있는 상황을 괘로 환원시킬 수 있을 때 비로소 의미 있는 경전으로 다가온다.

환원시키기 위해서는 감각을 예민하게 다듬어야 한다. 어떤 선입견도 없이 인간과 사물을 바라보는 것이 감각을 다듬는 방법이다. 감각이 예민하게 다듬어지면 어떤 사물을 대하는 순간 즉시 괘로 환산된다고 전문가들은 말한다. 방바닥에 누워 천장을 보면 천장에 『주역』의 64괘가 자동으로 그려지는 경지에 도달한다. 이 정도 경지에는 이르러야 어디 가서 『주역』을 공부했다고 명함을 내밀 수 있다고 하겠다.

바꿔 말하면 『주역』은 책만 외운다고 도달되는 경지가 아니다. 자연과 교감을 나눌 수 있을 정도의 예민한 감각의 확보가 관건이다. 제도권 학자이면서도 재야 학문인 풍수에도 정통했던 고(故) 배종호 교수는 생전에 대학원 수업시간을 통해 필자에게 이런 말을 하곤 했다. "내가 한창 풍수 공부에 골몰했을 때는 산에 가보면 풍수 책이 머릿속에서 펼쳐지고, 풍수 책을 보면 거기에 해당하는 산의 모습이 영화필름처럼 떠올랐네!"

동전거사는 그 감각을 다듬는 훈련을 신선들이 많이 살았던 설악산에서 했다고 술회한 바 있다. 설악산에서 선가(仙家)의 사부를 만났던 것이다. 그 사부의 훈련 방식은 절벽 기어오르기였다고 한다. 설악산의 험난한 바위절벽을 기어오르다 보면 집중력이 생긴다. 발을 헛디디거나 손을 잘못 잡으면 떨어져 죽는다. 죽지 않기 위해서라도 사력을 다해 바위를 움켜잡아야 한다. 다른 잡생각은 일절 발생할 수 없다. 몇 시간씩 바위를 붙잡고 있다 보면 바위와 익숙해진다. 바위를 손으로 잡고 발로 버티고 가슴에 안고 뺨으로 부비는 과정에서 바위와 이야기를 나누게 된다. 정녕 바위를 피부처럼 생각하게 되는 것이다.

절벽 기어오르는 훈련을 통해 집중력, 육체적인 근력, 담력, 자연과의 교감을 익힐 수 있었다. 바위절벽 훈련이 어느 정도 끝나면 몇 시간씩 움직이지 않는 부동자세로 서 있거나 앉아 있는 연습이 기다리고 있었다. 처음에는 한 시간, 그다음에는 두세 시간, 네 시간 이런 식으로 시간을 늘려가는 수련이었다. 적어도 여섯 시간 정도는 부동자세를 유지할 수 있어야 고요함에 들어갈 수 있다고 동전거사는 주장한다. 고요할 줄 알아야 내면세계에 들어가고, 내면세계에 침잠해 있을 때 외부세계의 미세한 출렁거림도 그대로 포착된다. 부동자세 시간과 내면세계의 깊이는 비례한다는 것이 동전거사의 지론이다.

부동자세 훈련이 어느 정도 단계에 이르자 인적이 완전히 끊긴 숲 속에 앉아 있어도 숲에서 일어나는 미세한 소리들이 전부 귀에 들어오더라는 것이었다. 숲 속의 낙엽이 떨어지는 소리도 포착되었다. 심지어 낙엽이 나무에서 떨어지는 순간의 소리는 물론이거니와 땅에 떨어질 때 바람에 흔들리면서 너울거리는 소리까지 감지될 정도였다고 한다. 이처럼 예민한 상태에서 사람을 보면 그 사람이 풍기는 냄새에서부터 시작해 얼굴에서 풍기는 빛깔, 목소리 컬러, 눈동자에서 나오는 빛의 강도와 크기 등이 세밀하게 체크되는 것이다.

내면의 고요한 세계에 침잠하는 것을 가리켜 삼매(三昧)라고 부른다. 불교의 '휴휴암좌선문(休休庵坐禪文)'을 보면 고승들은 삼매의 극치를 나가대정(那伽大定)에 들었다고 표현한다. '나가'는 큰 뱀을 지칭하는 단어다. 큰 뱀은 똬리를 틀고 가만히 있으므로 깊은 고요함의 경지에 들어갈 수 있고, 그 고요함의 극치에서 큰 지혜가 솟아난다. 비범한 지혜는 내부에서 솟아나는 것이지 밖에서 수입하는 것이 아니라는 관점이 깔려 있다. 그래서 고요함이 중요하다. 나가대정의 경지에 도달한 고승들은 여섯 가지 신통력을 갖춘다고 경전에 나와 있다. 누진통(漏盡通), 신족통(神足通), 타심통(他心通), 숙명통(宿命通), 천안통(天眼通), 천이통(天耳通)이 바로 그것이다.

누진통이란 정액이 나오지 않는 경지로서 성적 욕망에서 해방되었다는 징표다. 신족통이란 하룻밤에 수천 리를 갈 수 있다는 축지법이다. 타심통은 상대방의 마음을 읽어내는 능력이다. 숙명통은 전생을 알 수 있는 능력이고, 천안통은 천리 밖에 있는 사물도 볼 수 있는 능력이다. 천이통은 하늘의 소리를 들을 수 있는 능력이다. 이 여섯 가지 신통력 가운데 속세의 중생들이 관심을 갖는 가장 중요한 능력은 숙명통이다. 숙명통에 도달하면 흔히 삼생(三生)을 안다고 한다. 전생(前生), 현생(現生), 내생(來生)이 삼생이다. 과거, 현재, 미래를 알 수 있다는 말이기도 하다.

신선들이 많이 살았다고 전해지는 설악산. 동전거사는 이곳에서 풍수 공부를 위해
자연과 교감을 나눌 수 있는 감각을 다듬는 훈련을 했다

월남전 파병과 상월조사

직접 뵙지는 못했지만 한국 천태종의 개창조인 상월조사(上月祖師, 1911~1974)는 숙명통에서 타의 추종을 불허하는 고승이었다고 전해진다. 단양 소백산에서 수도했는데 소백산 구인사는 바로 상월조사가 세운 절이기도 하다. 상월조사의 여러 가지 도력이 양백지간(兩白之間, 소백산과 태백산의 중간)의 도사들 사이에 회자되고 있는데, 그 중 하나가 박정희 대통령과의 일화다.

1960년대 후반 월남전에 한국군을 파병하는 문제를 두고 박 대통령이 고민할 때였다. 미국에서는 파병하라고 압력을 넣고 있지, 막상 월남에 파병을 하자니 나라의 젊은 청춘들을 명분 없는 전쟁터로 몰아넣는 것 같고, 잘못 결정하면 천추의 죄인이 될 수 있는 상황이었다. 박 대통령은 이 문제를 가지고 상당히 번민했다고 한다. 이걸 누구와 상의해야 하나. 최고 권력자는 할 것인가 말 것인가 결정을 내려야만 한다. 박 대통령은 많은 도사와 고승들에게 이 문제에 대해 자문을 구했다. '이걸 어찌해야 합니까?' 하고.

당시 통도사 극락암에는 선승으로 알려진 경봉스님이 계셨다. 박 대통령은 극락암에 찾아가 경봉스님에게 어떻게 해야 하느냐고 물었다. 경봉스님은 이 이야기를 한참 듣고 나서 주장자로 세 번 방바닥을 쾅쾅 치는 것으로 법문을 마쳤다. 과연 선승다운 격외(格外)의 답변이었다. 격외의 도리를 이해할 수 없었던 박 대통령은 여러 고승들을 방문하다가 마지막으로 천태종의 상월조사를 찾았다. 그때만 해

소백산 구인사는 한국 천태종의 개창조인 상월조사가 창건한 절이다.
상월조사는 전생을 알 수 있는 능력인 '숙명통(宿命通)'에 있어서 타의 추종을 불허한 고승이었다고 전해진다.

소백산 구인사에 모셔져 있는 상월조사상. 상월조사는 여러 가지 도력뿐만 아니라 월남전 파병에 관해 박 대통령에게 조언해준 일화로도 유명하다.

도 천태종의 세가 미미하던 때였다.

박 대통령을 만나 이야기를 들은 상월조사는 파병하라고 조언했다. 파병을 하고 나면 그 뒤에 이렇게 저렇게 상황이 전개될 것이라고 박 대통령에게 구체적으로 설명을 해주었다고 한다. 요는 현재 상황에서 파병을 안 할 수 없다, 파병한 뒤에는 그 여파로 나라의 발전이 있다는 내용이었다. 이 설명을 들은 박 대통령은 속이 시원했고, 그날부터 두 다리 뻗고 잠을 이룰 수 있었음은 물론이다.

박 대통령은 그 예언에 대한 감사의 표시로 헬기를 보내 청와대에 두 번이나 상월조사를 초청해 식사를 대접했다. 국사대접을 했던 것이다. 미약했던 천태종의 종세가 비약적으로 확장하기 시작한 것은 아마 상월조사가 박 대통령과의 만남을 가진 이후부터였던 것으로 여겨진다. 한국에 인물이 없는 것 같아도 재야에는 숨어 있는 고수들이 웅크리고 있었음을 알 수 있다.

예측을 가능케 하는 '규칙적인 반복'

점이 70퍼센트 맞는다는 주장의 근거 가운데 또 하나는 반복의 원리다. 밤과 낮을 보자. 끊임없이 규칙적으로 반복한다. 유사 이래 밤에서 낮으로, 낮에서 밤으로 반복되는 현상이 한 번이라도 어긋난 적이 있었던가. 밤에서 낮으로 전환되지 않은 경우는 없다. 그러므로 예측할 수 있다. 한번 밤이 오면 다음에는 반드시 낮이 온다는 사실을. 오르막길이 있으면 내리막길이 있음을. 규칙적인 자연현상은 예측이 가능하다.

밤낮 다음으로는 사계절 또한 규칙적이다. 봄, 여름, 가을, 겨울은 계속 순환해서 돌아간다. 봄에서 여름을 거치지 않고 가을로 곧바로 건너뛴 사례는 유사 이래 발견된 적이 없다. 지금이 5월이라면 두 달쯤 후에는 반드시 여름이 온다는 사실을 예언할 수 있다. 그 예언은 적중할 것이다. 음양오행이 여기에서 나왔다. 음양오행은 밤과 낮 그리고 사계절의 순환이론이다. 늦여름에서 초가을 사이, 그러니까 사계절의 가장 중간지점에 토(土)를 배치했다. 봄은 목이고, 여름은 화이며, 중간은 토, 가을은 금, 겨울은 수를 상징한다.

음양오행은 자연의 규칙적인 반복 현상을 관찰한 결과이고, 이를 이론화함으로써 다가올 일을 예측하는 쪽으로 이용되었다. 자연현상 가운데 사계절 다음으로 반복되는 현상은 12개월이다. 일 년은 열두 달이다. 일 년 동안에는 보름달을 열두 번 목격할 수 있다. 보름달이 열한 번이나 열세 번 떠오른 경우는 관상감이 생긴 이래 관측된 적이 없었다. 12라는 반복. 여기에서 자(子), 축(丑), 인(寅), 묘(卯), 진(辰), 사(巳), 오(午), 미(未), 신(申), 유(酉), 술(戌), 해(亥)라고 하는 12지(支)가 발생했다.

일 년만 12개월이 아니라 하루 가운데에도 12시간을 배당했다. 자시, 축시, 인시, 묘시 등등이 그렇다. 이를테면 12진법이다. 12지라는 사이클에다가 동물을 배당시킨 시기는 서기 2세기경으로 왕충(王充)의 『논형(論衡)』에서 처음 발견된다. 자는 쥐를 상징하고, 축은 소를 상징하며, 인은 범을, 묘는 토끼를, 진은 용을, 사는 뱀을, 오는 말을, 미는 양을, 신은 원숭이를, 유는 닭을, 술은 개를, 해는 돼지를 상징한다. 12지에다 동물을 배당시켰다는 것은 숫자에다가 인격성을 부여했음을 뜻한다. 이때부터 숫자는 인격을 가지게 되고, 의미를 지니며, 인간의 구체적인 삶에 영향을 미치게 된다.

12지와 운명의 관계를 잘 설명해주는 예가 '당사주(唐四柱)'라고 불리는 운명감정법이다. 당나라 때 유행한 사주라고 해서 당사주라는 이름이 붙었다. 이는 완벽한 12진법을 사용한다. 자(子)는 귀하다는 의미의 천귀(天貴)에 해당한다. 축(丑)은 고생한다는 의미의 천액(天厄), 인(寅)은 권력을 잡는다는 천권(天權), 묘(卯)는 참을성이 부

김유신 장군묘 둘레를 장식한 호석으로, 이는 '오(午:말)'를 뜻한다.

족한 천파(天破), 진(辰)은 꾀가 많은 천간(天奸), 사(巳)는 글을 좋아하는 천문(天文), 오(午)는 복이 많다는 천복(天福), 미(未)는 돌아다니기를 좋아하는 천역(天驛), 신(申)은 외롭다는 천고(天孤), 유(酉)는 과격함을 상징하는 천인(天刃), 술(戌)은 사교성을 의미하는 천예(天藝), 해(亥)는 건강함을 의미하는 천수(天壽)에 배대시켰다.

이를 보는 법은 이렇다. 예를 들어 1960년 음력 5월 5일 인시에 태어난 사람이면 태어난 해는 쥐띠인 자에 해당한다. 자는 천귀다. 태어난 해는 귀하다. 그다음에 5월 달을 보자. 태어난 해인 자에서부터 1월 달을 짚으면 5월에는 천간이 걸린다. 따라서 태어난 달은 꾀가 많은 달에 태어났다고 본다. 태어난 날짜인 5일을 천간에서부터 짚어가기 시작하면 신 즉 천고에 걸린다. 날은 외로운 날에 태어났다. 인시는 천고에서부터 짚어가기 시작한다. 술에서 걸린다. 술은 천예다. 사교성과 감수성, 그리고 예술성이 있는 시에 태어났다.

당사주의 틀에서 이 사람 운명 전체를 보면 태어난 날인 5일만 좋지 않다. 나머지는 다 좋다. 이만하면 전체적으로 좋은 명조라고 판단한다. 오로지 12지만 가지고 생년월일시를 판정하는 당사주 시스템은 간단한 방법이다. 십이지에 십간까지 모두 동원해서 보는 육십갑자 시스템의 사주명리학에 비해서 그렇다는 말이다. 당사주가 구구단이라면 사주명리학은 인수분해에 비유할 수 있다. 구구단은 인수분해에 비해 정확도와 세밀도는 떨어지지만 쉽다는 장점이 있다. 쉽다는 장점이 대중에게 크게 어필했다.

조용헌의 사주명리학 이야기

12지의 유래와 상징

한자문화권에서 12지는 이처럼 요람에서 무덤까지 일생을 따라다니는 상징이기도 했다. 태어날 때는 용띠냐 말띠냐에서부터 시작해 죽고 나면 무덤 둘레에는 12지로 만든 석상을 둘러씌웠으니까. 김유신 장군 묘 둘레를 장식한 호석(護石)들은 12지를 형상화한 것이다. 12지를 좀 더 자세히 살펴보자. 12지의 유래와 상징을 가장 설득력 있게 정리한 저서가 나가다 히사시(永田久)의 『역(曆)과 점(占)의 과학』(동문선, 심우성 역)이라는 책이다. 거기에 보면 다음과 같이 나와 있다.

자(子) 쥐

갓난아기가 양손을 움직이는 모양. 자(孶, 새끼 치다)라는 한자와 같은 뜻이며, 초목의 종자가 점점 자라나서 싹트기 시작하는 상태를 나타내고 있다. 네즈미잔(鼠算, 쥐가 번식하듯 급속도로 불어남을 비유)이라 말하는 것처럼, 쥐는 번식력이 강한 동물이므로 자에 쥐를 배당시킨 것이다.

축(丑) 소

본래 뉴(紐)와 같은 의미이며, 끈으로 묶는다는 말인데, 초목의 싹이 꽃망울 속에서 단단하게 맺힌 채로 충분히 자라나지 않은 모습을 나타낸다. 중국에서 우(牛)와 뉴(紐)가 발음상 비슷하기 때문에 소가 축(丑)에 적용되었다고 생각된다.

인(寅) 호랑이

공경하고 경의를 표시하는 상태를 나타내는 말로, 초목이 땅속에서 쭉 성장해 시기를 기다리는 상태다. 고대 중국인이 공경하며 두려워했던 동물은 백수의 제왕인 호랑이(중국에는 사자가 없었다)였으므로, 호랑이에게 인을 배당했다.

묘(卯) 토끼

문짝이 좌우로 열려진 형태를 나타내며, 초목이 지면을 밀어젖히고 지상으로 나온 상태를 나타낸다. 글자 형태가 양측으로 열린 토끼의 귀와 비슷하다는 발상에서 묘에 토끼가 결부되었다.

진(辰) 용

커다란 조개를 손으로 벌리는 형태로 '흔들다'와 같은 뜻. 초목이 활력 있게 자라는 상태를 나타낸다. 진(辰)이라는 것은 중국에서 큰 별, 안타레스를 가리키는 말인데, 이 별은 전갈자리에 있고, 이 전갈의 모양을 하늘에 있는 용으로 생각해 배당했다고 생각할 수 있다. 이 안타레스는 은나라 시대에는 5월을 정하는 척도가 된 가장 중요한 별이었기 때문에, 그것이 하늘에 있는 용의 심장을 나타낸다고 생각했던 것이다.

사(巳) 뱀

뱀의 모양으로 꾸불꾸불한 모습을 나타낸다. 옛날 글자체에서 이(巳)는 사(巳)였고, 사(巳)에는 '멈추다'라는 의미가 있으며, 초목의 활동이 극에 달해 멈추어 있는 상태를 가리키고 있다. 덧붙여서 사(巳)는 이(已, 그만두다·이미·뿐의 의미)나 기(己, 자기 자신, 오행설에서는 토에 속함)와 너무 비슷해서 혼동하기 쉽다.

오(午) 말

나무 목(木) 변에 오(午)라고 쓰면 저(杵, 절굿공이)의 모양이 되는데, 오는 저(杵)의 원래 글자다. 관통하다 또는 되접어 반대편으로 꺾는다는 의미가 있고, 초목이 왕성한 상태에서 쇠퇴하기 시작해 되접어 꺾이는 시점을 나타내고 있다. 오는 호(互)와 같은 음으로 무리를 부르며 무리지어 생활하는 말에 배당되었다.

미(未) 양

오음(吳音)에서는 미로 읽혔으며, 나뭇가지의 잎이 무성함을 의미하고 초목이 성숙한 상태를 나타낸다. 미의 중국음이 '웨이'이므로 양이 우는 소리와 비슷하다는 점에서 미를 양에 적용시켰다.

신(申) 원숭이

사람이 올바르게 자라난 형태. 번개를 나타내는 모양이기도 하며, 초목이 충분하게 자란 상태를 나타낸다. 원숭이가 번개처럼 손을 뻗치는 행위를 하기 때문에 원숭이가 신에 배당되었다.

유(酉) 닭

술을 넣는 항아리 모양으로 '짜다'는 의미가 있으며, 초목의 숙성한 열매를 항아리에 넣어 쥐어짜는 시절을 나타내고 있다. 유와 닭이 어떤 이유로 연결되었는지 확실하지 않지만, 생활에서 가장 밀착된 동물로 닭을 배당시켰을 것이다.

술(戌) 개

창과 도끼 모양이므로 나무가 벌채되고 초목이 죽어가는 상태를 나타낸다. 농경이 일단락된 시기에 개를 사냥에 사용했기 때문이었으리라고 생각된다.

해(亥) 돼지

뼈대 모양으로 닫는다는 의미가 있는데, 초목이 생명을 마감하고 땅속으로 되돌아가는 상태다. 해는 갓 태어난 돼지새끼를 의미하는 시(豕)와 글자 형태가 비슷하다는 점에서 해(亥)에서 시(豕)로, 그리고 돼지로 연결된 것이다.

이와 같은 12지를 사용한 사주감정법으로 유명한 책이 우민사에서 나온 정다운 스님의 『인생십이진법(人生十二進法)』이라는 책이다. 1985년 밀알출판사에서 나온 초판까지 더해 아마 300만 부 가깝게 나가지 않았나 싶다. 신문에 별로 광고도 안 했는데 300만 부 가까이 나갔다는 것은 대단한 기록이다. 해방 이후 단행본으로서 300만 부 이상 팔린 책은 이 책이 기록이지 않나 싶다. 조정래의 『태백산맥』이나 이문열의 『삼국지』는 열 권짜리 전집을 모두 합해서 몇 백만 부이지, 전집을 한 권으로 따지면 몇 백만 부가 되지 않는다.

이처럼 성공할 수 있었던 원인은 사주를 가장 간명하게 설명했다는 데서 찾아야 한다. 사실 사주명리학은 복잡해서 이를 제대로 이해하기 위해서는 상당한 정력과 시간을 투자해야 한다. 그러나 당사주는 쉽다는 점에서 대중에게 다가갈 수 있었고, 그것이 『인생십이진법』과 같은 밀리언셀러를 탄생하게 만들었다. 정다운 스님은 이 밀리언셀러에서 자신감을 얻어 '심경대(心鏡臺)'라고 하는 '우편사주' 장르를 새롭게 개척한 장본인이 되었다.

우편으로 자신의 생일생시와 함께 돈을 부치면 그 사주에 대한 답장을 해주는 시스템이 통신사주다. 이때까지만 하더라도 사주를 보기 위해서는 철학관이나 깃발 꽂은 집을 직접 찾아가야 하는 불편함을 감수해야 했는데, '심경대'가 신문에 광고되면서부터는 소액환만 동봉하면 집에서 편하게 자기의 사주풀이를 받아볼 수 있게 되었다. 사주가 대중화되는 데 큰 기여를 한 것이다. 우편사주 다음에 등장한 장르가 오늘날 범람하는 인터넷 사주 사이트라고 보아야 한다.

한자문화권에서 음양오행, 풍수도참(風水圖讖)설과 십간 십이지는 떼려야 뗄 수 없는 관계에 있다.
특히 십이지는 한 사람의 요람에서 무덤까지 일생을 따라다니는 상징이기도 하다.

사주는 '가장 이성적인 점'

다시 본론으로 돌아와서 사주명리학은 반복의 원리에 바탕을 두고 있음을 주목하고 싶다. 반복의 원리는 밤과 낮, 그리고 사계절, 그다음에 일 년 열두 달의 주기에서 유래한 12지다. 여기에 한 가지 덧붙인다면 10간이다. 갑(甲), 을(乙), 병(丙), 정(丁), 무(戊), 기(己), 경(庚), 신(辛), 임(壬), 계(癸)를 십간(十干)이라고 부른다. 왜 단위가 하필 10인가에 대해서는 정설이 없다. 이유를 정확하게 모른다. 필자가 추측하기로는 오행성과 관련이 있지 않나 싶다. 태양계 행성 중에서 인간의 육안으로 관찰되는 별은 다섯 개다. 수성, 금성, 화성, 목성, 토성이 그것이다. 천왕성, 해왕성, 명왕성은 육안으로 보이는 별이 아니다. 육안으로 관찰이 가능하다는 사실은 지구상에 영향을 많이 미친다는 것을 의미한다.

서양의 고대 점성술에서도 가장 중시된 별은 해와 달 그리고 이 오행성이었다. 음양오행설에서도 마찬가지다. 이런 맥락에서 천간(天干)의 10이라는 숫자를 생각하면 2(음양)×5(오행성) 해서 10이 나왔다고 생각해볼 수 있다. 매일 하늘에 떠오르는 달과 해가 절대적으로 인간의 삶에 영향을 미치는 독립변수이고, 오행성은 그다음에 영향을 미치는 종속변수로 생각한다면, 독립변수와 종속변수의 결합은 2×5로 생각할 수밖에 없다.

사주명리학 이론의 일차적 기반은 10간 12지에 있고, 그다음에 이 10간 12지를 음양오행으로 인수분해한 것에서 모든 해석이 도출된다. 예를 들어 갑은 음양으로는 양에 해당하고, 오행으로는 목에 해당한다. 따라서 갑은 양목(陽木)으로 본다. 양목은 단단하고 커다란 나무로 간주한다. 사주에 갑목이 많은 사주는 고집이 세고 지조가 강하다. 여자가 갑목이 많으면 일편단심 민들레 성격이라서 남편이 죽어 과부가 되어도 재혼하지 않는 경향이 있다. 뻣뻣한 나무라서 애교는 적다고 간주한다.

자연현상의 반복되는 주기에 바탕을 두고 있다는 점에서 사주는 '가장 이성적인 점'이라고 정의내릴 수 있다. 점은 점인데 이성적인 점이다. 이성적인 레토릭을 사용하는 이유는 자연현상의 반복되는 규칙성에 기초해 있다는 점에서 그렇다. 반복되는 규칙성을 잘 보여주는 자료가 바로 만세력이라고 하는 캘린더다. 만세력은 음양오행을 씨줄로, 10간 12지를 날줄로 해서 구성된 달력이기도 하다.

여론주도의 막강파워, 풍수도참

한자문화권에서 음양오행, 십간 십이지와 뗄 수 없는 관계에 있는 것이 풍수도참(風水圖讖)설이다. 도참이란 그림이나 글자를 사용한 예언을 말한다. 이것이 풍수사상과 결부돼 왕조 교체기 또는 정권 교체기마다 단골로 등장해 대중들의 민심을 사로잡았다. 텔레비전, 신문도 없고 여론조사 기관도 없던 고대사회에서는 풍수도참설이 강력한 여론주도의 힘을 가지고 있었다. 요즘이야 매스컴에 그 역할을 양보

조용헌의 사주명리학 이야기

하고 말았지만 그 불씨가 완전히 꺼진 것은 아니다. 풍수도참은 술사들의 세계에서 여전히 그 은밀한 기능을 작동시키고 있는 중이다. 본론으로 들어가기 전에 먼저 우리나라의 풍수도참 사례에 대한 역사적 개괄부터 시작해보자.

『삼국사기』의자왕 20년조를 보면 '백제동월륜(百濟同月輪) 신라여월신(新羅如月新)'이라는 도참(圖讖)이 등장한다. '백제는 둥그런 보름달이고, 신라는 초승달과 같다'는 뜻이다. 보름달은 꽉 찼으니 이제부터 기운다는 뜻이고, 신라는 초승달이니 지금부터 점차 차오른다는 의미가 내포되어 있다. 백제는 망하고 신라는 떠오른다는 메시지를 전달하는 참구(讖句)이기도 하다. 공식 역사서인 『삼국사기』에 기록되어 있을 정도의 참구이니만큼 당시 사람들에게 이는 단순한 유언비어가 아닌 비중 있는 신탁(神託)으로 여겨졌지 않나 싶다.

신라가 망할 때쯤 등장한 참구는 '계림황엽(鷄林黃葉) 곡령청송(鵠嶺靑松)'이라는 구절이다. '계림은 누런 잎이요, 곡령은 푸른 솔이다.' 계림은 신라를 가리키는 표현이고 곡령은 개성을 지칭하는 구절이다. 신라는 망하고 고려는 흥한다는 의미다. 이 참구는 나말여초의 전환기를 살다 간 최치원의 작품이라고 전한다.

그런가 하면 고려 초기의 대학자 최승로가 성종에게 올린 보고서에서도 이와 비슷한 참구가 발견된다. '금계자멸(金鷄自滅) 병록재흥(丙鹿再興)'이 그것이다. 금계는 김씨의 계림이고, 병록은 려(麗)자의 파자(破字)로서 고려를 지칭한다. 신라는 망하고 고려는 흥기한다는 말이다. 고려 중기에는 '십팔자득국(十八子得國)'이라는 참구가 유행했다. 십팔자(十八子)는 이씨(李氏) 성에 해당한다. 따라서 '이씨 성을 가진 사람이 나라를 얻는다'는 뜻이 된다. 고려 인종 때 난을 일으킨 이자겸(李資謙, ?~1126)도 이 참구를 믿고 거사했다고 전한다. '십팔자득국'은 '목자득국(木子得國)'으로 변용되기도 했는데, 이 참구는 고려 중기 이후로 말기까지 계속해서 식자층 사이에 회자되었던 것으로 추측된다.

왕씨 왕조인 고려에서는 이씨가 정권을 잡는다는 목자득국의 도참에 대응하기 위해 '벌리사(伐李使)'라는 직책의 공무원을 별도로 선발하기도 했다. 벌리사는 오얏나무(李)를 톱으로 자르는 임무를 수행하는 직책이었다. 남산에 오얏나무를 심어놓고 벌리사를 시켜 매년 오얏나무를 톱으로 자르는 것이다. 이씨가 득세하는 것을 사전에 차단하기 위한 주술적이고 상징적인 의례였다. 벌리사까지 두면서 오얏나무를 작살내는 데 심혈을 기울였지만 고려 왕조는 이씨 왕조의 등장을 막지는 못했다. 이성계의 성공은 목자득국의 허무맹랑한 도참이 마침내 현실화된 사건이었기 때문이다.

음양오행과 풍수가 관련된 도참을 보면 고려 인종 때 묘청의 평양 천도 거사가 있다. 개경은 지기가 다 쇠했으니 서경인 평양으로 도읍을 옮겨야 나라가 발전할 것이라는 주장을 폈다. 그 근거는 평양이 지닌 수덕(水德)이었다. 평양은 수덕이 좋아서 동방 목에 해당하는 우리나라에 좋은 작용을 하는 길지라는 논리였다. 수생목(水生木)의 오행논리다.

고려 숙종 때의 술사였던 김위제(金謂磾)도 남경인 한양으로의 천

조용헌의 사주명리학 이야기

도를 주장했다. 한양은 오덕구(五德丘)가 갖추어진 길지라는 것이다. 서울의 백악산 모양이 둥글어 토덕에 속하고, 북쪽의 감악(적성)이 구불구불해 수덕에 속하며, 남쪽에 관악(과천)이 뾰족해 화덕에 속하고, 동쪽에 남행산(양주)이 있으니 그 모양이 곧아 목덕에 속하며, 서쪽에 북악(부평)이 있으니 네모진 모습이라서 금덕에 속한다고 주장했다. 이렇게 놓고 보면 이성계의 한양천도에도 고려 중기부터 논의되어왔던 술사들의 풍수도참설이 영향을 미쳤던 것을 부인할 수 없다.

조선조에 들어오면서 이번에는 정씨가 왕이 된다는 『정감록』이 유행했다. 『정감록』의 저자는 누구인지 밝혀져 있지 않다. 그러나 출현한 시기가 대략 임진왜란 전후라는 점, 저자가 풍수도참에 해박한 전문가일 것이라는 점, 아마도 성씨가 정씨일 것이라는 점, 새로운 왕조를 세울 정도의 스케일과 야심을 가진 인물이었을 것이라는 점을 종합적으로 감안하면 짚이는 인물이 하나 있다. 기축옥사의 주인공 정여립(鄭汝立, ?~1589)이다. '천하는 공물(公物)'이라는 『예기(禮記)』의 대동사상(大同思想)에 기초해 혁명을 꿈꾸었던 인물이 정여립이다. 정여립은 조선 초기 이성계의 장자방 역할을 담당했던 정도전에서 비롯된 정씨 대권설을 보완하고 가다듬어 완결판인 『정감록』을 저술했던 것으로 필자는 추측한다.

『정감록』은 각종 비결류의 챔피언이었다고나 할까. 조선시대 내내 불온서적으로 취급되었다. 왕실에서는 발견되는 즉시 그 소장자를 쿠데타 혐의로 처벌하고 책자를 불태웠다. 하지만 체제에서 소외된 마지널(marginal) 지식층들에게는 해방신학이자 구원의 복음서였다.

조선시대의 해방신학이었던 『정감록』은 지금까지도 계룡산파와 태백산파, 지리산파를 비롯한 전국의 술사들에게 은밀하게 영향력을 미치고 있다. 21세기에 들어섰다고 해서 그 불씨가 완전히 꺼진 것은 아니다.

대통령선거 관전묘미로서의 풍수도참

정씨가 왕이 된다고 하는 『정감록』의 정도령 설은 2002년 대선주자들에게까지 그 맥이 연결되었다. 공식 대선주자는 아니지만 울산의 정몽준 씨는 국내 술사들 사이에 정도령의 환생이 아닌가 하는 기대를 모으고 있다.* 술사들의 분석에 따르면 현대그룹 정주영 회장이 굳이 무리수를 두면서까지 대선에 출마했던 것도 사실은 정도령 신화의 영향을 받았기 때문이라는 설이 지배적이다. 정도령의 후광은 아버지에 이어 아들인 정몽준에게까지 이어지고 있다.

올해 초에 대선주자와 관련된 각종 점괘에서 정씨 성을 가진 사람이 등장할 것이라는 이야기는 바로 정몽준을 지칭한 것이다. 문제는 월드컵인데, 한국이 16강에만 들면 정도령 도참설은 현실적인 위력을 발휘할 것으로 사료된다. 월드컵 16강은 600년 역사를 지닌 풍수도참설과 21세기의 현실이 마침내 조우해 장엄한 드라마를 연출하

• 이 글은 2002년 6월, 월드컵이 열리기 전, 16대 대통령을 선출하는 2002 대선에 즈음해 대권 후보들을 관상학적 측면에서 일별해 쓴 것이다.

　　　　　　　　　　　　　조용헌의 사주명리학 이야기

는 기폭제로 작용하기에 충분하다.

집권 여당의 대선주자인 노무현 씨와 관련된 풍수도참설도 있다. 민주당 광주경선에서 노무현 씨가 승리한 이후 그를 주목하는 술사들 사이에 떠돌기 시작한 도참설이다. 그 도참설의 비결적(秘訣的) 근거는 『숙신비결(肅愼秘訣)』이라는 비결집이다. 이 비결집에 따르면 '임오년(壬午年)에는 문둥이 관상을 지닌 사람이 왕이 된다'는 내용이 등장한다. 2002년인 올해는 임오년이다. 올해 대통령은 문둥이 관상을 지닌 사람이 되는데, 대선주자들 가운데 문둥이 관상을 지닌 사람은 다름 아닌 노무현이라는 것이다.

문둥이 관상이란 울퉁불퉁하게 서민적으로 생긴 얼굴을 의미한다. 그러한 관상을 지녔던 역사적인 인물로는 원효대사, 임꺽정, 대원군을 예로 든다. 이들의 얼굴이 모두 문둥이 관상 비슷했다고 한다. 서민적 풍모를 지녔던 것이고, 대중과 호흡을 같이했던 인물들이기도 하다. 이들의 또 하나 공통점은 육십갑자로 임오년에 이름을 얻거나 득세를 했다는 점이다. 인명사전을 찾아 육십갑자와 환산해보니 원효, 임꺽정, 대원군은 인생의 후반 절정기에 임오년을 통과했음이 드러난다.

왜 임오년이라는 해에 문둥이 관상인가? 오행으로 따지면 임(壬)은 수(水)이고 오(午)는 화(火)다. 수는 음이고 화는 양을 상징하는데, 임오년은 음이 위에 있고 양이 아래에 있는 형국이다. 그동안 억눌렸던 음이 드디어 위로 올라온 형상이다. 64괘로 보면 '수화기제(水火旣濟)'에 해당하는 괘로도 풀 수 있다. 밑바닥이 위가 되고 위가 밑바닥으로 변하는 상서로운 상황을 상징하기도 한다. 문둥이 관상이 왕이 된다는 것을 이러한 맥락에서 해석한다. 선천시대에는 이러한 변화가 반란이고 하극상으로 나타났겠지만, 21세기 후천개벽 시대에는 민이 주인이 되는 민주의 시대가 오는 것으로 나타난다는 것이 『숙신비결』을 신봉하는 술사들의 해석이다.

한나라당의 대선 후보인 이회창 씨를 지지하는 술사들 사이에 유통되는 풍수도참설은 이렇다. 요점은 오행상생론(五行相生論)이다. 수생목(水生木), 목생화(木生火), 화생토(火生土), 토생금(土生金), 금생수(金生水)의 상생(相生) 사이클이 오행상생론이다. 수의 성질을 지닌 왕조 다음에는 목의 성질을 지닌 왕조가 등장하고, 목의 왕조 다음에는 화의 왕조가 등장하며, 화 다음에는 토, 토 다음에는 금이라는 순서를 밟는다는 것이다. 오행상생의 순서에 따른 왕조 교체설은 오랜 역사를 가진 풍수도참설로서, 기원전 2세기 중국에서 활동한 사상가인 동중서(董仲舒, 기원전 179~104)에 의해 주장되었다.

이 설은 광범위한 영향을 미쳐왔는데, 우리나라 족보에서 항렬을 지을 때 사용하는 오행 순서도 바로 이 상생론에 기초하고 있다. 예를 들어 쇠금 변이 들어간 진(鎭)자 항렬 다음에는 금생수의 상생법칙을 따라 물수 변이 들어간 영(泳)자를 항렬로 삼을 수 있고, 영자 다음 항렬은 수생목의 법칙을 따라 나무목 변이 들어간 글자인 식(植)자를 쓰는 경우가 그것이다. 이러한 오행상생론에 의할 것 같으면 이승만 대통령은 북방 수(水)에 해당한다. 북쪽 사람이었으니까. 수생목. 수 다음에는 목이다. 목은 동방이고 한반도에서는 경상도에

조용헌의 사주명리학 이야기

해당한다. 그래서 이승만 다음에는 경상도에서 정권을 잡았다. 오래 잡은 이유는 경상도를 지나는 태백산맥의 등줄기가 길기 때문에 오래 잡았다고 해석한다.

목생화. 목 다음에는 화다. 화는 남방이고 전라도가 이에 해당한다. 김대중 대통령은 남방 화의 기운을 받아 대통령이 되었다. 그래서 김대중 대통령 재임 시기에 전국에 산불을 비롯한 각종 화재가 유달리 많았다고 본다. 화생토. 화 다음에는 토다. 토는 중앙인데 충청도가 해당한다. 충청도는 영남과 호남 사이에서 균형을 잡을 수 있는 지정학적 이점이 있다. 균형감각은 토가 지닌 미덕이다. 이회창 씨의 정치적 연고는 현재 충청도다. 따라서 충청도 사람인 이회창이 정권을 잡으면 토가 지닌 균형감각을 발휘해 영호남 중간에서 균형을 잡을 것이라는 주장이다.

정몽준의 『정감록』, 노무현의 『숙신비결』, 이회창의 '오행상생론'. 이 가운데 과연 어느 도참설이 최종 승리해 대권을 잡을 것인가? 참고로 1970년에는 '금극목(金克木)' 도참설이 승리한 바 있다. 한국은 그 위치가 동쪽의 목에 해당하는 나라이므로 청와대에 김씨 성을 가진 사람이 들어가면 안 된다는 내용이 금극목 도참이다. 금은 목을 때리기 때문이다. 따라서 김대중이 정권을 잡으면 금극목이 되므로 절대 안 되고, 박씨인 박정희가 정권을 잡아야 한다는 도참을 술사들을 통해 일반에 유포시키기도 했다. 만약 3공화국 시대에 필자가 이같은 풍수도참설을 지면에 소개했다면 남산 지하실에 초대받아 상당한 고초를 겪어야만 했을 것이다. 지금은 언론자유의 시대라서 자유를 만끽하는 셈이다.

일제 때에도 비결파들은 요주의 인물로 간주되어 일본 경찰의 특별 단속대상이었다. 비결파들이 공통적으로 반일(反日)적인 성향을 가지고 있었던 탓이다. 일제는 전국의 비결집들을 수집해 소각하곤 했다. 필자가 소장하고 있는『조선비결전집(朝鮮秘訣全集)』은 조선총독부 경찰국에서 전국 수십 종의 비결집을 수집해 필사한 것이다. 물론 대외비로 취급되던 비밀문건이었다.

이를 보면서 느낀 소감은, 점이란 무시할 수 없다는 것이다. 이들 비결은 음양오행과 육십갑자라는 반복적 원리에 기초한 풍수도참이기 때문이다. 그 비결들이 2002년 대선주자들을 바라보는 술사들의 판단에도 영향을 미치고 있으니 말이다. 이러한 풍수도참의 유행을 꼭 부정적 시각에서만 바라볼 필요도 없다. 재미로 보는 것이지 누가 얼마나 믿겠는가. 최종 결정은 여론조사에서 결판난다. 사람이 하늘이고, 민심이 천심이다. 그러므로 하늘의 뜻은 민심의 동향에 달렸다. 민심의 동향은 점이나 풍수도참 비결집이 아닌 여론조사가 담당한다. 여론조사 작업이야말로 하늘의 뜻을 전달하는 새천년의 신탁업(神託業)이라는 생각이 든다.

점의 원리를 탐구하다 보니 반복의 원리에 주목하게 되었고, 반복의 원리를 추적하다 보니 음양오행과 십간 십이지를 검토하게 되었다. 그러다 보니 풍수도참까지 내려와 대선주자들까지 훑어보게 되었다. 대통령 선출은 국민적 축제이고, 축제의 본질은 국민의 스트레스를 해소해주는 거대한 엔터테인먼트이기도 하다. 각본 없는 엔터테인먼트로 대선을 감상할 필요도 있다. 월드컵보다 더 흥미로운 2002년 대선을 감상하는 데 있어서 풍수도참을 대입하면 한층 즐거움이 배가될 것이다. 그 즐거움이 이 글을 쓰는 목적이기도 하다.

시대를 읽는 비상한 능력,
관상은 제왕학이다

불교의 거사, 유교의 처사, 도교의 술사

세상 사람들은 사(士)자 들어가는 직업을 선호한다. 판사, 검사, 의사, 변호사, 박사, 회계사 등등. 사(士)자 들어가는 신분은 유교, 불교, 도교에서도 발견된다. 불교에서의 거사(居士), 유교에서의 처사(處士), 도교에서의 술사(術士)가 그것이다.

불교에서는 거사(居士)라는 호칭을 쓴다. 출가는 하지 않고 재가에서 불교수행을 하는 남자를 지칭하는 표현이다. 거사가 주는 매력은 비승비속(非僧非俗)이다. 승(僧)도 아니고 속(俗)도 아닌 것. 뒤집어보면 이것도 저것도 아니니까 그만큼 운신의 폭이 넓다는 장점이 있다. 승의 세계가 지닌 신비도 탐구할 수 있을 뿐만 아니라 세속의

조용헌의 사주명리학 이야기

저잣거리에서 치열함도 아울러 맛볼 수 있다. 진여(眞如)와 생멸(生滅)의 세계 양쪽을 넘나드는 운신의 폭이야말로 삶을 깊고 넓게 볼 수 있는 필요충분조건이 아닐까 싶다.

붙잡히지 않는 자유를 추구하는 삶이 바로 거사가 지향하는 삶이기도 하다. 인도에서는 유마거사(維摩居士)가 있었다. 누군가 불이(不二)의 법문에 들어가는 것이 어떠한 것인가를 물었을 때, 유마거사는 한마디도 대답하지 않았다. 이 침묵이 바로 그 유명한 유마의 일묵(一默)이다. 중국에서는 당나라 때 방거사(龐居士)가 있었다. 마조도일(馬祖道一, 709~788) 선사의 법을 이었던 그는 '예쁜 눈 송이 송이 다른 곳에 떨어지지 않네(好雪片片 不落別處)'라는 화두를 좋아했다. 걸리지 않는 임기응변에 능했다.

한국에는 7세기 중반 변산 월명암에서 도통한 부설거사(浮雪居士)가 있다. 부설거사는 본인은 물론이고 부인인 묘화, 아들인 등운, 딸인 월명과 함께 모두 도통하는 기록을 세웠다. 이름하여 패밀리 도통이다. 세계 불교사에서 처자식 모두와 함께하는 패밀리 도통은 대단한 기록이 아닐 수 없다. 그가 남긴 팔죽

부설거사에 관한 이야기가 남아 있는 변산 월명암의 부설전. 여기에 '팔죽시'가 쓰여 있다.

시(八竹詩)는 도통의 경지가 무엇인지를 짐작케 한다. 죽(竹)은 우리 말의 '대로'라고 풀이한다.

이런 대로 저런 대로 되어가는 대로(此竹彼竹化去竹)

바람 부는 대로 물결치는 대로(風打之竹浪打竹)

죽이면 죽, 밥이면 밥, 이런 대로 살고(粥粥飯飯生此竹)

옳으면 옳고 그르면 그르고 저런 대로 보고(是是非非看彼竹)

손님 접대는 집안 형편대로(賓客接待家勢竹)

시정 물건 사고파는 것은 세월대로(市井賣買歲月竹)

세상만사 내 마음대로 되지 않아도(萬事不如吾心竹)

그렇고 그런 세상 그런 대로 보내(然然然世過然竹)

유교에는 처사가 있다. 재야에서 학문과 도덕에 힘쓸 뿐 벼슬에 나가지 않는 선비를 처사라고 부른다. 학문과 인품을 갖추었으면서도 벼슬에 나가지 않는 선비는 존경받았다. 그래서 나온 말이 "정승 세 명이 대제학 한 명만 못하고, 대제학 세 명이 처사 한 명만 못하다(三政丞 不如 一大提學, 三大提學 不如 一處士)!"이다. 지리산 밑에서 산천재(山天齋)를 짓고 공부하면서 제자들을 양성했던 남명(南冥) 조식(曺植, 1501~1572) 선생이 바로 한국을 대표하는 처사다.

그러면 불교의 거사, 유교의 처사와 같은 사람을 도교에서는 무엇이라 부르는가. 술사(術士)라고 한다. 술사는 거사나 처사와는 약간 분위기가 다르다. 거사나 처사에 비해 현실세계에 보다 많은 애착과 관심을 가진다는 점에서 다르다. 술사란 술(術)을 전문적으로 연구하는 사람이다. 술(術)이란 무엇인가. 앞에서 밝힌 것처럼 술이란 방법론에 해당한다. 학(學)이 이론이라면 술(術)은 이론을 현실에 적응시키는 방법이다. 이론과 실제의 관계가 학과 술의 관계다. 원자력에 관한 이론이 있다면 이를 현실에 실현시키기 위해서는 원자로라고 하는 하드웨어가 뒷받침해주어야 한다.

달리 표현한다면 학(學)이 '과학'이라고 한다면 술(術)은 '기술'이기도 하다. 과학과 기술은 따로 노는 것이 아니라 서로 보완적 관계다. 체(體)와 용(用)의 관계처럼 붙어다닌다. 그래서 우리가 무슨 세미나를 개최한다고 할 때, '~학술세미나'라고 표현하지 않던가. 술사의 개념은 이러한 맥락에서 이해해야 옳다.

한자문화권에서 인식하는 술사의 가장 이상적인 모델은 누구인가? 『초한지(楚漢志)』에 나오는 장량이다. 일개 건달이던 유방(劉邦)을 도와 역발산(力拔山) 기개세(氣蓋世)의 항우를 무너뜨리고 한나라를 세우는 전략을 보여주었다.

조선의 역사에서 예를 찾아보면 세조의 참모였던 한명회를 꼽을 수 있다. '오수중상유일국(吾手中常有一國, 내 손안에는 항상 한 나라가 있다)'이라고 큰소리쳤던 한명회. 그의 코멘트에서 우리는 한명회가 품었던 술사로서의 자신감과 야심을 동시에 읽을 수 있다. 술사의 관심사는 사소한 돈벌이에 있지 않다. 대권 향배와 같은 큰일에만 관심을 두고 있어야 진정한 술사다. 대권이 과연 누구에게 갈 것인가. 천

하의 민심을 과연 누가 얻을 것인가를 분석하고 사색하는 인물이라
야 술사의 자질이 있다.

지인지감의 자리 '술사'

술사의 자격을 획득하기 위한 공부 과목은 광범위하다. 밤과 낮 그리
고 사계절의 순환을 면밀하게 관찰하는 음양오행에서부터 시작해 주
역, 천문, 지리, 병법, 사주, 기문둔갑을 공부해야 한다. 그리하여 천하
운세의 변화를 미리 예견하는 능력과 비상한 인물을 초기에 발굴해
내는 지인지감(知人之鑑, 사람을 파악하는 감식력)을 갖추어야 한다.
사람을 처음 보고 그 사람의 내면에 잠재되어 있는 능력을 파악하는
힘이 바로 지인지감이다.

　『삼국지』에 보면 제갈공명과 봉추의 천재성을 누구보다도 먼저
파악한 인물이 바로 사마휘다. 그는 거울처럼 사람을 잘 비춰보는 능
력이 있다고 해서 붙여진 호가 수경(水鏡) 선생이었다. 맑은 물처럼
사람을 잘 비춰본다는 뜻이다. 필자가 보기에 장량, 한명회, 사마휘가
공통적으로 갖추었던 능력은 아마도 지인지감이었을 것이다.

　그 지인지감을 갖추기 위한 전공필수 과목은 관상(觀相)이다. 관
상은 얼굴의 미추를 분별하는 데 그 목적이 있지 않다. 얼굴이라는
나타난 현상을 통해서 그 사람의 심상(心相)을 읽자는 데 목적이 있
다. 현상과 본질은 유기적인 상관관계가 있다고 전제하고, 현상을 통

　　　　　　　　　　　　　　조용헌의 사주명리학 이야기

해서 본질을 파악하자는 말과도 같다. 관상공부를 통해 '지인지감'을 획득한 술사가 그 능력을 발휘하는 시기는 천하 대권의 향배를 논할 때다. 오늘날에는 대통령 선거가 여기에 해당한다. 어떻게 보면 대통령 선거야말로 술사들이 그동안 갈고 닦은 능력을 현실에서 시험해 볼 수 있는 시기다.

그러나 애석하게도 작금의 현실은 그렇지 않다. 대선이라고 하는 이벤트는 정치학이나 사회학을 전공하는 사람들의 활동 영역일 뿐이다. 대선 후보들의 인물 됨됨이나 정책을 검증하는 사람들은 사회과학 전공자들이 대부분이다. 예전에는 술사들의 영역이었던 것이 이제는 사회과학을 하는 학자들에게 넘어갔다. 시대가 바뀌어서 어영부영하는 사이에 술사들은 그만 전공 영역과 함께 밥그릇마저 빼앗겨버리는 황당한 사태에 직면하고 말았다. 밥그릇도 밥그릇이지만 더욱 근본적인 문제는 제대로 된 술사가 배출될 수 없는 구조적인 현실에 있다.

머리 좋고 재력을 갖춘 인재들은 거의 미국으로 유학을 가서 그놈의 MBA인가 뭣인가에만 매달린다. 오로지 미국으로만 줄을 선다. 갔다 오면 연봉 수십만 달러가 기다리고 있으니 이를 나무랄 수만도 없는 노릇 아닌가. 술사는 미신종사업이요, 완전히 사양산업으로 인식되다 보니 이 분야에는 쓸 만한 인재가 지원할 상황이 아니다. 주위를 둘러봐도 어디 하나 사람이 보이지 않는다. 적막강산일 뿐이다. 대통령 선거라는 호기를 맞이해서 술사적인 안목에서 이야기를 나눠볼 만한 인물을 찾기도 쉽지가 않은 것이다.

고금의 역사를 논하고, 천문과 지리 인사를 토론하고, 유불선을 종합하면서 달빛의 풍류를 아는 인물이 조선 땅에 얼마나 있겠는가. 하지만 깊이 찾아보면 전혀 없는 것은 아니다. 있기는 있다. 조선 땅이 작다고는 하지만 완전히 맥이 끊어지지는 않았다. 끊어질 만하면 이어진다.

모름지기 관상은 제왕학이다

전주에 사는 황산(黃山) 김동전(金東洑) 씨를 만났다. 필자가 보기에 정통 술사의 맥을 이어가는 인물이 아닌가 싶다. 유복한 집안에서 태어난 그는 먹고사는 문제 가지고 걱정하는 일 없이 술사의 코스를 밟을 수 있었다. 술사가 돈 문제에 쪼들리고 생계에 붙잡히면 어찌 천하대세의 미묘한 변화를 탐구할 수 있겠는가. 20대에 6년간 조선 천지를 방랑하며 기인 달사들을 만나면서 술사 수업을 익혔던 것이다. 기본 재산을 가지고 있기 때문에 지금 50대에 이르러서도 그는 호구지책에 연연하지 않아도 되는 여유를 가지고 있다.

사람이 돈이 너무 많아도 방탕한 생활에 빠져 공부를 못하는 법이고, 너무 없으면 먹고사는 일에 붙잡혀 공부할 여유가 없다. 역사적으로 보면 그 중간 계층들이 도학을 공부하는 경우가 많았다. 황산은 여러 가지 면에서 술사의 길을 걷기에 적당한 조건을 갖추었다고 여겨진다. 특히 관상을 기본으로 하는 그의 지인지감 능력을 여러 번

조용헌의 사주명리학 이야기

접하면서 감탄했던 적이 한두 번이 아니다. 비상한 시기에 비상한 인물을 만나 비상한 이야기를 해보고 싶었다. 황산을 만나 이번 대선주자들인 이회창, 정몽준, 노무현, 권영길, 이한동에 대한 관상평을 들어보았다. 필자는 먼저 총론적인 질문을 던졌다.

"관상이란 어떻게 보는 것인가?"

"좁은 의미로는 그 사람의 얼굴만 보는 것이다. 넓은 의미로는 얼굴을 포함해 체격, 걸음걸이, 밥 먹는 모습, 평소의 행동거지, 잠자는 모습, 목소리까지 모두 포함한다. 좁은 의미의 관상은 인물감정이라고 표현해야 맞다. 관상이라는 용어를 사용할 때는 넓은 의미다. 정확하게 보려면 그 사람과 어느 정도 생활을 같이 해보아야 한다."

"관상의 역사는 어떻게 되는가?"

"관상은 중국의 황제시대 당시 의학서로 사용되었던 『영추경(靈推經)』에 뿌리를 두고 있다. 이후로 주나라 때 숙복(叔服)이라는 인물이 여러 왕들의 상을 보는 데서 그 틀이 잡히기 시작한다. 『삼국지』에서 조조에게 뇌수술을 하자고 건의했던 화타도 관상에 능했다. 관상을 공부하기 위해서는 의학을 알아야 한다. 왜냐하면 오장육부에 이상이 발생하면 반드시 얼굴에 그 증상이 표출된다. 예를 들어 간에 이상이 생기면 눈동자 가운데 흰자위가 누런 색깔을 띤다. 그래서 화타와 같은 명의들은 환자의 안색만 보아도 병이 어디에 있는지 알 수 있었다.

관상의 기본을 흔히 관형찰색(觀形察色)이라고 한다. 관형이라고 하는 것은 그 사람의 이목구비다. 이목구비의 생김새를 먼저 관찰한다. 이목구비는 부모에게 물려받는 부분이다. 선천적인 요소다. 관형 다음에는 찰색이다. 찰색은 얼굴의 색깔을 보는 것인데, 이는 수시로 변한다. 예를 들어 고스톱을 칠 때 쓰리고에 피박을 당하면 안색이 변하는 것과 같은 이치다. 그 사람 운세의 수십 년에 해당하는 장기적인 전망은 관형을 보고 하지만 몇 달 사이의 단기적인 전망은 얼굴색을 본다. 자색이나 홍색을 띠면 좋게 보고, 흑색이나 회색을 띠면 불길하게 본다. 찰색도 깊이 들어가면 기(氣)와 색(色)으로 다시 나뉜다. 기는 아직 표출되지 않고 잠재되어 있는 요소이고, 색은 이미 얼굴과 피부에 나타난 부분이다. 그러니까 그 사람의 얼굴에서 아직 표출되지 않은 기까지 볼 수 있어야 한다. 이를 기찰(氣察)이라고도 표현한다.

적어도 상대방에 대한 기찰의 경지에까지 들어가려면 관상가 자신의 정신수련이 뒷받침되어야 한다. 정신수련 없이 기찰은 불가능하고, 기찰이 불가능하면 관상의 핵심을 놓치는 수가 있다. 따라서 기찰이 가장 어려운 경지다."

"기찰을 하려면 구체적으로 어느 부위를 보아야 하는가?"

"눈이다. 눈을 보면 그 사람의 현재 상태는 물론 잠재적인 가능성까지를 엿볼 수 있다. 얼굴 표정이나 말씨는 순하게 보여도 눈빛에는 그 사람의 숨은 야심이나 파워가 드러나게 마련이다. 그 사람의 장래성을 미리 파악하는 것도 역시 눈빛에 있다. 눈빛은 숨기기 어렵다."

"흔히 관상의 교과서로 『마의상법(麻衣相法)』을 꼽는다. 이 책은 어떻게 평가해야 하는가?"

"10세기 무렵 마의(麻衣)라는 도인의 가르침을 받은 진박(陳搏)이 스승인 마의선사의 가르침을 정리한 책이라고 볼 수 있다. 관상의 교과서인 것만큼은 틀림없다. 그러나 이 책은 상대적으로 도가나 불가의 시각에서 관상을 정리했다. 도가나 불가의 관점은 도통하는 데 초점을 맞춘다. 즉 그 사람의 관상이 과연 중도에 포기하지 않고 혹독한 수행을 견딜 수 있는가를 중시한다. 유가적 입장의 관상하고는 약간 다르다. 유가적 입장이란 누가 대권을 잡을 것인가, 또는 치세에 필요한 용도의 관상에 집중하는 경향이 있다. 춘추전국시대에 발달한 관상이 대권 또는 치세에 관한 관상이다. 난세에 어떤 사람을 신하로 택할 것인가, 또는 식객의 입장에서 어떤 사람을 군주로 모실 것인가 하는 부분이 집중적으로 연구되었다. 이러한 현실적 입장의 관상은 참모나 책사들이 연구했다.

『초한지』의 장량 본인도 관상에 일가견이 있었다. 장량은 처음 유방의 관상을 보고 '장경오훼(長頸烏喙)'의 상이라고 내심 평가했다. 유방은 목이 길고 까마귀 부리와 같은 입을 가졌던 모양이다. 이와 같은 관상은 '고생은 같이해도 복은 같이 누릴 상이 아니다'라고 평가된다. 일찌감치 장경오훼를 염두에 두었던 장량은 유방과 함께 통일을 이루고 나서 곧 떠날 준비를 했던 것이다. 항우를 물리친 다음 유방은 장량의 동정을 감시했다. 유방은 측근을 보내 요즘 장량이 무엇을 하고 있는가를 물어보았다. 이때 장량은 일부러 땅을 많이 사 모았다. 부동산 투기나 하는 것처럼 위장을 해, 장량이 혹시나 자리를 엿보는 것 아닌가 하는 의심을 가지고 있던 유방을 안심시켰던 셈이다.

얼마 있다가 유방이 다시 장량의 동태를 살폈다. 이때 장량은 일부러 축첩을 하고 있었다. 주색잡기나 하고 있는 것처럼 보여야 유방이 안심할 것이라고 여겼기 때문이다. 그 뒤로도 유방은 멈추지 않고 장량의 동태를 끊임없이 감시했다. 이 기미를 파악한 장량은 도저히 안 되겠다고 여기고 과감하게 산으로 숨어버렸다. 『도덕경』 9장에 나오는 '공성수명신퇴(功成遂名身退, 공을 이루어서 이름을 날리면 몸을 숨긴다)'의 경지를 몸소 실천한 셈이다. 한신은 유방 주변에서 머뭇거리다가 결국 잡혀 죽었지만 장량이 술사답게 산으로 몸을 숨길 수 있었던 배경에는 '장경오훼'라는 관상가적 통찰이 크게 작용했던 것이다.

『사기(史記)』 「열전(列傳)」의 '범수·채택열전'에 보면 관상의 대가인 당거(唐擧)라는 인물에 대한 이야기가 수록되어 있다. 책사인 채택이 자기를 알아줄 제후들을 찾아다니던 중에 일이 풀리지 않자 유명한 관상가인 당거를 찾아가 자신의 관상을 물어본다. 이때 당거는 채택의 얼굴을 보고 '선생은 코가 납작하고 어깨가 넓고 높이 솟아 있으며, 이마는 툭 튀어나오고, 콧마루는 내려앉았으며, 다리는 활처럼 휘었습니다.' 성인의 관상은 보아도 모른다고 했는데, 선생 같은 이를 두고 하는 말인 것 같습니다……. 앞으로 수명은 43년 더 살 것입니다'(을유문화사, 김원중 역)라고 진단하는 대목이 보인다.

「열전」에 등장하는 당거와 채택과 같은 사례는 당시 난세에 살아남기 위한 현실적 용도의 관상이 유행했음을 암시하는 대목이다. 아쉽게도 이처럼 유가적이면서 현실적인 입장의 관상은 책으로 정리된

조용헌의 사주명리학 이야기

바가 없다. 비밀리에 구전으로만 전해진다. 이방원을 도왔던 하륜이나, 세조의 한명회, 그리고 선조 때의 송구봉, 숙종 때의 허미수, 정조때의 이서구는 현실치세의 관상에 능했던 인물들이다. 우리나라에서는 이성계가 정권을 잡으면서 유가가 득세했다. 그러는 바람에 그전까지 전해오던 불가나 도가의 관상법은 지하로 들어가면서 민중들의 설화에나 간간이 나오는 정도가 되어버렸다."

대통령 관상은 국운과도 관계있으니

"관상의 뿌리를 공부하려면 자연 현상을 연구해야 한다는데 이는 어떤 의미인가?"

"인간을 연구한다는 것은 자연을 연구하는 것이고, 자연을 연구한다는 것은 인간을 연구한다는 것이다. 하늘의 이치는 그때그때 인간을 통해 나타나게 되어 있다. 인간과 자연은 서로 상응하고 있다는 전제를 받아들여야 한다. 태풍을 보고 인간사를 예측할 수 있다. 난세의 조짐을 미리 보는 것이다.

'천유불측지풍우(天有不測之風雨), 인유조석지화복(人有朝夕之禍福)'이라고 한다. 하늘에는 측량하기 어려운 비바람이 있고, 사람에게는 아침저녁으로 바뀌는 화복이 있다. 술사는 이 불가능에 도전하는 사람들이다. 보통사람들이 예측하지 못하는 풍우를 예측하고, 조석으로 바뀌는 화복을 미리 감지하고자 노력하는 사람이 술사다. 그러므로 예민하게 자연과 인간을 관찰하는 일이 필수적이다. 낙엽 하나 떨어지는 현상을 보고 천하의 대세가 어디로 움직이는지를 감지하는 일과 같다.

찰색을 보는 시간대는 정오가 좋다. 한낮인 정오는 하늘의 천기가 아래로 내려오고 땅의 지기가 올라가서 맞닥뜨리는 시점이다. 아침에 해가 뜨면 기운이 얼굴에 나타나다가 저녁이 되어 해가 기울면 그 기운이 오장육부로 돌아간다. 따라서 정오는 천기와 지기가 가장 잘 균형을 이루어서 혈색이 제대로 보이는 타이밍인 것이다. 관상은 이때 보아야 제대로 볼 수 있다. 그것도 나무그늘 밑에서 보는 게 가장 적합하다. 어찌 자연의 흐름과 관련 없다고 할 수 있겠는가."

"자연재해와 관상의 상관관계에 대한 좋은 예가 있는가?"

"한 가정만 두고 보아도 가장이 어떤 상을 가지고 있는가에 따라 집안이 흥하고 망한다. 마찬가지로 국가를 관리하는 대통령의 관상이 어떠한가에 따라 그 나라의 진로가 바뀐다. 좁혀 말한다면 대통령의 관상은 국가적 자연재해와 관련될 수도 있다.

김대중 대통령 관상을 보자. 김 대통령은 얼굴에 화기(火氣)가 많은 관상이다. 화기가 많다는 이야기는 내가 4년 전에도 이미 조 선생에게 했던 이야기다. 대통령이 화기가 많은 탓에 집권 후에 전국에서 크고 작은 화재가 많이 났다. 특히 몇 년 전 태백산맥에 산불이 났던 일이 대표적이다. 태백산맥의 상당부분을 태운 산불은 역사상 매우 드문 대규모의 화재였다.

노태우 전 대통령은 '물태우'라는 별명으로 사람들 사이에서 많이 오고 갔다. 말이 씨가 된다는 속담도 있지 않은가. 노 대통령 때 한강의 둑이 터지는 대규모의 수재가 발생했다. 일제강점기 때인 1920년대인가에 한강 둑이 터지고는 노 대통령 재임 시절인 1990년이 처음이었다. 이처럼 국가 최고통수권자인 대통령의 기운과 그 나라의 자연재해도 어느 차원에 들어가면 서로 상응한다."

"일리가 있는 것 같기도 하고, 어찌 보면 인문학적 상상력의 한 사례를 보는 것 같기도 하다. 그렇다면 김대중 대통령의 얼굴에 화기가 많다는 것은 어떻게 알 수 있는가?"

"김대중 대통령은 관상에서 볼 때 상정 부분이 발달했다. 상정은 얼굴을 3등분했을 때 상단인 이마 부분에 해당한다. 상정은 얼굴의 맨 위쪽이니 화기(火氣)로 여긴다. 상정이 발달한 사람은 통상 머리가 좋다고 본다. 그러나 주위 여건 탓으로 이게 순조롭게 발휘되지 못하면 그 화기가 내면으로 축적된다. 김 대통령의 경우 야당시절 많은 탄압을 받으면서 화기가 자연스럽게 발산되지 못하고 억눌렸다. 축적된 것이 한꺼번에 외부로 발산되면 화재라는 현상으로 나타날 수도 있다. 인간관계도 이와 연장선상에 있다.

순전히 관상 입장에서만 놓고 보면 박태준 씨 같은 경우는 김대중 대통령의 화기와 상충되는 금의 기운이다. 그러나 이한동 씨 같은 경우는 김 대통령의 화기를 소화할 수 있는 상이다. 대통령과 총리도 서로 궁합이 맞아야 관계가 오래간다."

관상공부와 '동물의 왕국'

"관상을 보는 방법에는 몇 가지가 있는가?"

"크게 세 가지다. 먼저 금수형(禽獸形)으로 보는 방법이 있다. 그 사람의 모습을 동물 형태에 비유해 보는 법이다. 동물의 성격과 움직임은 일정한 패턴이 있다. 그러므로 일단 그 사람이 어떤 동물에 해당하는가를 알기만 하면 그다음부터는 분석이 용이하다. 해당되는 동물의 행태를 연구하면 그 사람의 행동을 예측할 수 있으니까. 자축인묘진사오미 같은 열두 가지 띠도 이러한 맥락에서 생각해보면 아주 합리적이다.

왜 옛날 현인들이 인간을 동물에 비유했겠는가. 인간의 행동양식도 환원하면 결국 열두 가지 동물의 행태로 귀속된다는 말 아닌가. 인간도 크게 보면 동물의 범주에 속한다. 그래서 나는 텔레비전 프로그램 가운데 〈동물의 왕국〉을 즐겨 본다. 〈동물의 왕국〉은 관상 공부의 첩경이다. 동물세계를 보면 복잡다단한 인간세계가 일목요연하게 보일 때가 있다. 동물은 본능대로만 행동하기 때문이다.

금수형 다음으로는 오행으로 분류해 보는 법이 있다. 그 사람의 외모가 화형(火形)인가 금형(金形)인가 수형(水形)인가로 나누어 보는 법이다. 두 사람이 합쳤을 경우 궁합이 어떻게 변할 것인가를 예측하는 데는 이 오행법이 유용하다. 인간관계의 궁합은 상생만 좋은 것이 아니라, 때로는 상극 관계가 더욱 좋을 때도 있다. 상극이 되어야만 스파크가 튀고, 스파크가 튀어야만 격발시킨다. 격발이란 잠재

조용헌의 사주명리학 이야기

능력이 발휘되는 경우를 말한다. 돼지고기와 새우젓은 상극이지만 결과적으로는 상생이다.

　오행 다음으로는 주역의 64괘로 환원해 보는 법이 있다. 어떤 사람의 인상을 보고 이 사람은 어떤 괘라는 것을 직감으로 파악하는 방법이다. 몇 년 전에 내가 조 선생을 처음 보았을 때 '화풍정(火風鼎)' 괘가 나왔다고 말한 것이 이에 속한다. 이 세 가지 방법 중에서 금수형 관상법이 가장 공부하기 어렵다. 그 대신 적중률은 상대적으로 높다. 정확도를 높이기 위해서는 금수형을 전공으로 하고 오행법과 64괘법을 부전공으로 운용할 줄 알아야 한다."

　"대권후보자의 요건이 있다면 무엇인가?"

　"나의 선생님은 이 말을 강조하셨다. '사군자포경세지구(士君子抱經世之具) 필선지오용(必先之五用).' 선비나 군자가 세상에서 경륜을 펴려면 반드시 다섯 가지 요소를 갖추어야 한다는 뜻이다. 첫째는 귀달시(貴達時)다. 때가 되었는가를 살펴야 한다. 둘째는 귀택인(貴擇人). 사람을 잘 선택해야 한다. 그러기 위해서는 상을 보아야 한다. 셋째는 귀신발(貴愼發). 출발을 할 때는 신중하게 해야 한다. 시작을 경솔하게 하면 안 된다는 뜻이다. 정몽준 씨 대통령 출마 공식선언 일자도 신중히 생각해서 결정했을 것이다. 넷째는 귀심세(貴審勢). 주변의 상황을 면밀하게 관찰해야 한다. 옛날 술사들은 적어도 10년 동안의 일기변화를 날마다 관찰했다. 낙엽이 언제 떨어지나, 바람은 어느 방향에서 부는가 등등이다. 제갈공명이 적벽대전에서 부른 동남풍도 따지고 보면 10년 넘게 자연현상을 관찰한 심세의 결과다.

　다섯째가 귀선물(貴宣物)이다. 주변상황을 관찰했으면 적절한 행위가 뒤따라야 한다. 귀선물이란 결국 적절한 행위를 말하는데, 그 적절한 행위의 핵심은 역시 베푸는 일에 있다. 정치는 베푸는 일이다. 제나라 환공을 도운 관중이 한 말이 있다. '지여지위취자(知予之爲取者) 정지보야(政之寶也).' '베풀 줄 아는 자가 또한 얻을 수 있으니 이는 정치의 핵심이다'라는 의미다. 대권을 추구하는 인물 정도 되면 이상의 오용(五用)에 대해 한 번쯤 생각해볼 필요가 있다."

　"이제부터 각론에 들어가는 질문을 하겠다. 부담이 되겠지만 대선 후보자 다섯 명(이회창, 정몽준, 노무현, 권영길, 이한동)에 대한 관상평은 어떤가? 옛날 같으면 대권 후보에 대한 관상을 지면으로 발표하는 행위는 역린(逆鱗)이라고 하는 일급 괘씸죄에 걸려서 자칫 형무소 가는 일이 될 수 있지만, 지금은 언론의 자유가 보장되는 시대다. 아울러 정치보복도 없는 시대라고 다들 이야기하니까 괜찮을 것 같다. 너무 심각한 내용은 빼고 교양에 엔터테인먼트를 더하는 수준에서 말할 수 있는 선까지 이야기해주면 좋겠다. 먼저 현재 여론지지도가 가장 높은 이회창 후보의 관상부터 코멘트해주기 바란다."

이회창_독수리의 눈매와 원숭이의 입

"정치 지도자의 관상에서 주목할 포인트는 세 가지다. 첫째가 위의

　　　　　　　　　　　　　　조용헌의 사주명리학 이야기

(威儀)이고, 둘째가 돈중(敦重), 셋째가 청탁(淸濁)이다. 지도자는 전체적으로 풍기는 인상이 위엄이 있어야 하고, 두터운 느낌을 주어야 하며, 그러면서도 맑은 느낌을 주어야 한다. 이회창 후보는(이하 이회창) 위엄이 있으면서 비교적 맑은 관상이다. 동물의 형태에 비유한다면 독수리나 매의 얼굴이다. 독수리나 매에서 풍기는 날카로움과 위엄이 있다. 독수리보다는 약간 작고 매보다는 조금 큰 얼굴이라고 하겠다. 그 중간이다.

이회창의 집안을 살펴보면 체구가 왜소한 혈통이다. 만약 체구가 큰 혈통이었다면 독수리 같은 얼굴이었을 것이다. 독수리는 높은 곳에다 둥지를 튼다. 높은 곳으로 올라가려는 본능을 지니고 있다. 낮은 곳에서 살지 않는다. 얼마 전에 불거진 호화빌라 문제 같은 것도 독수리가 높은 곳에서 살기 좋아하는 속성이 나타난 것이라고 본다. 독수리는 공중에서 빙빙 돌다가 목표물을 정확하게 조준해 신속하게 공격한다. 어지간한 땅 짐승은 다 잡힌다. 공격할 때는 목표물을 정확하게 조준한다. 아무 짐승이나 공격하는 것은 아니다. 공중에서 내려올 때는 정확하고 빠르게 내려오는 동물이다.

그가 이제까지 살아온 과정을 보면 공중에서 돌다가 갑자기 내려온 감이 있다. 독수리의 날개로 날았다. 밑에서부터 천신만고 끝에 올라가는 스타일이 아니다. 감사원 부임 때도 그랬고 지난 1997년 신한국당 대선 후보가 되는 과정도 그랬다. 밑에서부터 계단을 밟아 올라간 것이 아니지 않는가. 이는 어찌 보면 그동안의 인생행로가 순조로웠다는 이야기도 된다. 대권을 잡으려면 독수리도 위에서 밑으로 내려와야 한다. 밑바닥 서민들의 사정을 알아야 한다. 특히 이회창의 관상에서 흥미로운 부분은 하관에 해당하는 부위다. 하관 중에서도 입을 주목해야 한다.

이회창의 입은 초식동물 가운데 원숭이의 입에 가깝다. 얼굴 전체가 독수리가 아니고 아랫부분은 원숭이의 입이 혼합되어 있는 것이다. 만약 얼굴 전체가 독수리의 얼굴이었다면 지난번 선거에서 틀림없이 대권을 잡았다. 동물 중에서 가장 인간과 닮은 동물이 원숭이다. 관상법에서 원숭이 상은 지혜가 뛰어난 인물로 본다. 역사적으로 원숭이 상은 뛰어난 천재들에게서 많이 발견된다. 이회창의 상정과 중정이 원숭이 같았다면 일본 사람들이 영웅으로 생각하는 도요토미 히데요시 버금가는 상이다. 이회창의 입이 원숭이 입과 비슷하다는 이야기는 말년에 그의 행보가 어떠해야 하는가를 암시한다.

원숭이는 나무도 오르락내리락하면서 열매도 따고 동료들의 이도 잡아주고 재롱도 떤다. 국민들을 위해서 열매도 따고 이도 잡아주고 재롱도 떨어야 한다. 그전까지는 독수리처럼 공중에서 빙빙 선회하다가 한번에 고공낙하하면 되었지만, 말년에 해당하는 하관의 형태가 초식동물인 원숭이인지라 본인이 부지런히 노력하고 공을 들여야 한다. 본인이 움직여서 수고를 해야 한다. 불우이웃과 소외자들에게 관심을 가져야 한다. 이 점만 유의한다면 대권에 가장 가깝게 접근해 있는 관상이다.

이회창의 입을 가지고 좀 더 부연설명하자면 작년까지만 하더라도 연설할 때마다 입이 틀어지는 버릇을 가지고 있었는데, 현재는 그렇지 않다. 교정된 것 같다. 이는 변상(變相)에 해당한다. 관상의 입장에서 볼 때는 매우 잘한 일이다. 입이 틀어지면 구설로 인한 화를 초래하는 것으로 간주한다. 관상에서 볼 때는 말을 할 때 입이 반듯해야 좋게 본다. 눈도 좋아졌다. 옛날에는 강하고 공격적인 빛이 있었는데 요즘에는 많이 없어졌다. 보다 긍정적인 사고와 자신감의 반영이기도 하다."

정몽준_아프리카 초원의 얼룩말

"정몽준 후보의 관상은 어떤가?"

"정 후보의 관상은 한마디로 얼룩말이다. 넓은 초원에서 한가하게 풀을 뜯고 있는 아프리카의 얼룩말 같은 관상이다. 여기에다가 기린의 모습이 약간 첨가되었다. 얼룩말은 넓은 초원을 빠르게 달릴 수 있는 능력을 가졌다. 스피드를 가지고 있는 동물이다. 정몽준은 겉보기에는 한가하게 보이지만 놀라운 스피드를 내장하고 있는 상이다. 그런가 하면 얼룩말은 초원에서 풀을 뜯으면서도 이리저리 눈을 흘겨보는 습성이 있다. 육식동물의 습격을 감지하기 위해서다. 풀을 먹고사는 초식동물이라서 유순하고 유연하다.

결과적으로 축구협회를 맡은 일은 얼룩말 관상을 지닌 정몽준으로서는 적합한 일이었다. FIFA를 맡아서 오대양 육대주를 뛰어다닌 것도 관상에 부합된다는 말이다. 말은 어찌 되었든 그라운드를 뛰어다닐 때 진가를 발휘하게 마련이다. 얼룩말의 장기는 발이다. 뒷발로 한번 걷어차이면 몸 성할 동물이 별로 없다. 사자도 얼룩말을 사냥하면 성공률이 20퍼센트 정도밖에 안 된다고 한다. 그만큼 빠르고 뒷발의 걷어차는 힘이 위력적이다. 얼룩말이 홀로 있지 않고 무리를 지어 있으면 사자도 쉽게 공격 못한다고 한다. 뒷발질을 하면서 빙 둘러서서 진을 형성하면 사자가 공격할 틈이 없다.

관건은 얼룩말이 무리를 형성할 수 있느냐 하는 부분이다. 세가 없으면 그림만 좋다가 만다. 얼룩말은 혼자 있으면 당할 수 있지만 수백 마리 무리를 지어서 초원을 질주하면 아주 장관을 연출한다. 얼룩말은 넓은 그라운드를 사용할 수 있다는 측면에서 세계화 또는 글로벌화되는 시대에 알맞은 상이다. 앞으로 유라시아 대륙이 열리면 능력을 더 발휘할 수 있는 동물이 얼룩말이다. 멀리서 보기에 평화롭다고 해서 쉽게 접근하면 발로 차일 수 있다. 상으로 보면 정몽준은 사업가 스타일이 아니다. 다른 부위에 비해 코가 발달해 있다. 이러한 사람은 전문직종을 통해 자신의 성취감을 높이려 한다. 코만 놓고 본다면 한 분야에 몰두하는 전문가의 코다.

얼룩말은 우리나라 제주도의 조랑말과는 약간 다른 종류다. 외국의 말이다. 국내 적응이 필요하다. 얼룩말은 드넓은 초원에서 마음대로 뛰어다니는 말이지만, 한국의 지형은 드넓은 초원이 적다. 산이 많은 지형이 한국이다. 아프리카 넓은 초원의 얼룩말이 산이 많은 한국에서 활동하기 위해서는 현지적응이 필요하다. 산동네에 맞는 보법을 익힐 필요가 있다. 그 방법 중의 하나로 『논어』나 『맹자』 같은

조용헌의 사주명리학 이야기

동양의 고전을 틈틈이 읽어보는 것도 해당된다. 동양의 고전에 대한 관심을 기울였으면 좋겠다."

노무현 _ 만주벌판의 시라소니

"노무현 후보의 관상은 어떤가?"

"노 후보는 시라소니다. 시라소니는 표범과 비슷한 동물이다. 표범은 아프리카뿐만 아니라 전 세계적으로 분포해 있지만 시라소니는 만주벌판을 비롯한 북방의 추운 지역에서 주로 서식하는 동물로 알려져 있다. 인파이터로는 최고가 시라소니다. 그 빠르기와 한번 물었다 하면 놓지 않는 집중력과 예리함은 호랑이도 시라소니를 쉽게 보지 못하게 한다고 한다. 이인제가 거기에 물린 것이다.

자유당 시절 김두한과 쌍벽을 이루었던 주먹이 바로 '시라소니'다. 체구는 김두한보다 작았지만 주먹과 발의 빠르기는 김두한보다 더 빨랐다고 한다. 호랑이보다 작지만 날카로움과 빠르기는 더 낫다. 시라소니와 한번 붙으면 상대가 호랑이라 할지라도 상처는 각오해야 한다. 시라소니와 호랑이의 차이점은 사냥방식이다. 호랑이는 배부르면 사냥을 하지 않는데, 시라소니는 배가 부르더라도 먹잇감이 보이면 잡는 경향이 있다. 싸움을 더 자주 한다는 뜻이다. 근래에 강원도 일대에서 발견되는 발자국은 호랑이가 아니라 시라소니 발자국이다. 남한에 호랑이는 없어졌을지 몰라도 시라소니는 남아 있다.

시라소니의 습성은 독립독행이다. 누구에게도 의지하지 않고 혼자서 간다. 경상도 부산에서 유일하게 DJ 깃발 치켜들고 간 사람이 노무현이다. 불의에 굽히지 않고 고독하게 걸어간다. 시라소니가 고개 숙이는 것 보았는가. 고졸 학력을 가지고도 기죽거나 굽실거리지 않고 여기까지 걸어왔다. 나라가 망하자 눈 내리는 만주벌판으로 풍찬노숙하며 독립운동하러 갔던 김좌진이나 이청천 장군이 연상된다. 우랄알타이, 만주벌판, 고조선, 백두산, 독립군이 연상되는 인물이다. 시라소니는 우리나라에 만주가 회복될 때 힘을 더 쓸 수 있다.

노무현은 이마의 주름이 인상적이다. 이 주름은 관상에서 현침문(懸針紋)이라고 하는데, 고집을 상징한다. 이마의 현침문은 한 가지 일에 오랫동안 몰두하는 장인들에게서 많이 나타난다. 노무현의 고집과 집념을 읽을 수 있다. 또 한 가지 특징이 협골이 발달되었다는 점이다. 협골은 광대뼈 부분이다. 노 후보의 얼굴을 보면 이 부분이 발달되어 살이 도톰하다. 여기가 발달되면 반항아나 혁명가의 기질이 강하다. 복종하는 타입이 아니다. 박 대통령도 이 부분이 툭 튀어나온 얼굴이다.

그러나 자세히 들여다보면 노무현과 박 대통령은 약간 다르다. 노무현이 협골 쪽이 발달되었다면, 상대적으로 박 대통령은 귀밑의 턱뼈 끝 쪽에 해당하는 부위인 '시골'이 더 발달되어 있다. 협골은 정면에서 드러내놓고 저항하는 타입이라면, 시골의 발달은 한발 뒤에서 저항을 조정하는 스타일이다. 눈앞의 부위가 협골이고, 눈 뒤쪽의 부위가 시골인 탓이다. 협골의 발달은 정면공격을 선호한다는 의미다.

조용헌의 사주명리학 이야기

당나라 현종 때 반란을 일으킨 안록산이 협골이 발달한 관상이었다고 전해진다. 이를 본 어느 술사가 현종에게 안록산을 조심해야 한다고 경고했지만, 현종은 그 말을 흘려듣고 오히려 승진을 시켜 지방의 절도사로 발령을 냈다. 그 뒤로 결국 안록산이 반란을 일으켰다.

하지만 매사에는 음과 양의 두 측면이 공존한다. 과거에는 협골이 반란지도자의 상징이었지만 지금은 시대가 바뀌었다. 민주시대에는 아래로부터의 지지를 받아야 지도자가 된다. 좋게 다듬으면 한 국가의 지도자가 될 수 있는 관상이다. 노 후보에게 권하고 싶은 부분은 신독(愼獨)이다. 조선시대 선비들이 홀로 있으면서 자신을 들여다보았던 수련이 신독이다. 아니면 선(禪)이나 기도를 해도 도움이 될 것이다. 그리해서 얼굴을 좀 더 맑게 다듬었으면 좋겠다. 시라소니는 아무 때나 사냥할 일이 아니고 필요할 때만 공격하는 습관을 들여야 한다."

권영길 _ 절벽 위의 산양

"권영길 후보의 관상을 말해달라."

"권 후보는 양의 모습이다. 양 가운데서도 산양(山羊)이라고 해야 더 적합한 표현이다. 산양은 산 위의 바위 절벽 같은 곳에서 풀을 뜯으며 산다. 평지에서 편안하게 주는 사료나 먹으며 안주하는 동물이 아니다. 험난한 바위절벽을 오르락내리락하면서 사는 인생이다. 양은 하늘에 제사드릴 때 '희생양'으로 사용되는 동물이기도 하다. 공적인 목적을 위해서 자신을 희생하는 동물이라는 뜻이다.

권영길의 이번 대권 도전은 실제로 목표가 대권을 잡는 데 있다기보다는 대중을 위해 자신의 인생을 바치는 희생양으로서의 역할에 초점이 있다. 한문으로 양(羊)자를 분석해보자. 양자 밑에 큰 대(大)자를 붙이면 아름다운 미(美)가 된다. 이는 양이 희생을 크게 하면 아름답다는 의미로 변한다는 것이다. 다시 양(羊)자 밑에 쓸 고(苦)자를 붙이면 착할 선(善)자로 변한다. 양이 고통을 감수하면 착함이 된다는 뜻이 아니고 무엇이겠는가.

권영길의 상은 이처럼 자신보다 대중을 위해 희생과 고생을 감수하는 상이다. 그러나 한 가지 유의할 사항은 양이 고생을 많이 한다고 해서 멸종되지는 않는다는 점이다. 산양은 천연기념물로 지정되어 있다. 그래서 국가에서 끝까지 보호를 해준다. 이런 맥락에서 보자면 권영길은 국민들이 끝까지 보호해줄 것으로 추측된다."

이한동_ 포효하지 못한 사자

"이한동 후보의 관상은 어떤가?"

"이한동 후보는 사자의 상이다. 위풍당당하고 힘이 있어 보인다. 그의 목과 어깨 부분을 가만히 지켜보면 사자가 먹이를 노려보는 힘과 기백이 느껴진다. 어떻게 보면 황소가 앞발에 힘을 주고 목을 뒤로 뺄 때의 형국과 같은 당당함과 힘이 배어 있는 상호다. 관형찰색 가운데 관형만 놓고 본다면 다섯 명의 후보 가운데 가장 위풍 있는 지도자의 모습이다. 전형적인 호남아의 풍채다.

문제는 이 풍채 좋은 사자가 동물원에 너무 오래 있었다는 점이다. 동물원에서 주는 먹이만 받아먹고 안주해버린 감이 있다. 사자는 초원에서 얼룩말도 잡고 하이에나도 사냥하면서 야성을 길러야 하는데 동물원의 사자로 오래 있으면서 그 야성이 퇴화해버렸다고나 할까. 이게 참으로 애석하다. 사자는 포효하는 야성과 범접할 수 없는 살기를 지녀야 동물의 왕이다.

이한동은 지금부터라도 야성을 회복하는 일이 시급하다. 동물원의 우리를 박차고 나가는 결단이 필요하다는 말이다. 며칠 동안 밥도 굶고 허기도 느껴보고, 호랑이와의 전투에서 육박전도 치르며, 사냥꾼의 덫에도 걸려서 상처도 나는 과정을 겪어야만 야성을 회복할 수 있다. 그렇게만 되면 동물의 왕국을 지배하는 제왕의 관상이다. 다시한 번 부연설명을 한다면 이한동이 씨름해야 할 화두는 '지성'이 아니라 '야성'이라고 하겠다. '야성의 엘자'로 거듭나는 이한동을 기대하는 바다."

"다섯 명 후보들의 관상평을 재미있게 들었다. 관상은 한번 정해지면 바꿀 수 없는 것인가. 바꾸는 일이 가능하다면 그 방법은 무엇인가?"

"변상(變相)이라는 게 있다. 타고난 관상을 바꾼다는 뜻이다. 후천적인 노력을 통해서 변상이 가능하다. 듣자 하니 미국의 카터 대통령은 매일 아침 일어나 거울을 보면서 웃는 연습을 했다고 들었다. 심지어는 웃을 때 이빨이 몇 개 정도 드러나는 게 가장 이상적인 모습인가 하는 것까지 염두에 두었을 정도다. 대단한 노력을 기울여 변상을 시도한 것이다. 『백범일지』에도 보면 김구 선생 본인의 관상은 애초에 사람 잡는 백정 얼굴에 가까웠지만, 정신적인 수양과 무아봉공(無我奉公)의 대의(大義)를 위한 삶을 살다 보니 얼굴이 바뀐 경우에 해당한다.

성형수술도 변상에 해당한다. 성형수술을 하면 부분적으로 운명이 변할 수 있다. 더욱 확실한 변상은 생각이다. 마음을 바꾸면 확실한 변상이 진행된다. 변상이 이루어지는 기간은 짧게는 3일에서부터 길게는 3대에 걸쳐 진행된다. 마음을 바꾸면 불과 3일 만에라도 안색과 눈빛이 변할 수 있다.

특별한 노력을 하지 않고 자연적인 진행과정을 따르면 할아버지, 아버지, 아버지를 거쳐 손자 대에 이르러야 변하거나 정착된다. 예를 들어 조부도 학자를 하고 아버지도 학자를 하면 손자 대에 이르러 자연스럽게 학자의 관상이 형성된다는 말이다. 변상을 이야기하는 이유는 사람의 관상이 노력과 의지로써 바뀐다는 사실을 설명하기 위해서다."

"이번 대권은 누가 잡는가?"

"직접적으로 말하기는 곤란하다. 이미 내가 각 후보의 관상을 설명한 내용을 음미해보면 간접적으로는 짐작할 수 있을 것이다."

삶의 비전을 보여준
계룡산파의 비결과 탄허스님

한국 역사의 저변을 관통하는 비결, 비결파

비결(祕訣)이란 무엇인가? 과연 인생살이에서 비결이라는 게 존재할 수 있는가? 존재할 수 있다고 믿었던 사람들이 있다. 그 사람들을 일컬어 비결파(祕訣派)라고 부른다. 앞에서 언급한 정도령이 출현한다는 『정감록(鄭鑑錄)』, '임오년에는 문둥이 관상을 지닌 사람이 왕이 된다'는 『숙신비결(肅愼秘訣)』, '토덕(土德)의 균형감각을 갖춘 충청도가 대권을 잡는다'는 오행상생론(五行相生論)에 대해 궁금한 사람들이 많을 것이다. 이러한 예측은 비결파 특유의 세상 읽기 방법이다.

　보통사람들은 사회과학적 조사방법에 의거한 여론조사에 의지하지만, 독특한 주관을 가진 비결파들은 하늘의 계시를 자신이 직접 중

계방송함으로써 여론을 능동적으로 만들어가는 사람들이다. 굳이 표현하자면 이렇다. 매스컴이 등장하기 이전의 BM(Before Mass Communication)시대 여론형성 방법이 비결이었다고 한다면, 매스컴이 등장한 이후 AM(After Mass Communication) 시대의 여론형성 방법은 매스컴이라고나 할까. 그중 『숙신비결』이라는 게 어떤 비결인지 의문을 갖는 사람들이 꽤 있을 것이다. 그래서 이번에는 한국의 비결파에 대해서 내가 아는 대로 설명해볼까 한다.

일제 때 조선총독부 경찰국에서 당시 민간에서 은밀하게 돌아다니던 비결들을 수집했다. 다른 기관도 아닌 총독부 경찰국에서 조선의 비결들을 수집한 이유는, 이 비결들이 민심 향배에 상당한 영향을 미친다고 진단했기 때문이다. 일제가 보기에 조선은 풍수도참을 원리로 하는 비결에 의해 민심이 움직이는 특이한 사회였던 것이다.

재야사학자들로부터 식민사학의 대부로 일컬어지는 이병도 박사의 박사학위 논문도 하필 「고려시대의 연구-도참사상의 발전을 중심으로」이다. 제목은 고려시대를 연구하는 것이었지만, 그 내용은 우리나라의 풍수도참과 비결들을 분석한 내용이다. 제대로 제목을 붙이자면 '풍수도참사 연구'가 더 맞다고 하겠다. 왜 이병도 씨가 그 많은 주제 가운데 하필이면 풍수도참이라는 '미신스러운' 주제를 가지고 학위논문을 썼겠는가. 무언가 있다고 보았기 때문이 아니었을까. 아니면 지도교수였던 일본인 학자들의 "너희네 과거 역사는 풍수도참이 중요하니 그것 가지고 한번 학위논문을 써봐라"라는 권유가 있었던 것으로 추측된다.

일제강점기에 비결을 신봉했던 사람들은 총독부에 의해 불령선인 (不逞鮮人)으로 분류되었다. 즉, 골치 아픈 '안티' 세력들로 간주되어 감시 대상이 되었던 것이다. 왜냐하면 비결을 신봉하는 사람치고 체제에 순응하는 사람이 적었고, 항상 새로운 세상이 오기를 갈망하는 운동권이 많았기 때문이다. 조선시대 운동권 교본이 『정감록(鄭鑑錄)』이다. 그래서 나는 정감록을 '조선시대의 해방신학'으로 규정해야 옳다고 본다. 정도령은 세상을 구원하는 메시아(미륵)였고, 메시아가 출현하면 민중은 부도덕한 체제의 탄압으로부터 해방된다고 믿었다.

총독부 경찰국에서 비밀리에 전국의 비결들을 수집해 만든 소책자가 앞에서 말한 『조선비결전집(朝鮮秘訣全集)』이다. 이 책의 목차 앞부분에는 '비장(秘藏)'이라고 찍혀 있고, 다음과 같은 경구를 어떤 사람이 적어놓았다. "이 비결전집은 이조시대에도 금서(禁書)이던 것을 일제 총독부 경찰국에서 민간인의 소장본 수백 종을 압수해 그 중에서 연구 가치가 있는 것을 선택해서 일본인들의 연구용으로 몇 십 부 등사해 극비로 간직했던 귀중한 문헌이다."

일제강점기 때 몇 십 부 등사해 총독부 관계자들만 보던 이 책이 해방 후에 우연히 흘러나와 필자도 소장하게 되었다. 이 책을 입수하게 된 경위는 필자의 풍수 사부님인 의산(懿山) 선생님으로부터 넘겨받은 것이다. 여기에 수록된 비결들의 제목들을 훑어보면 이렇다. '옥룡자청학동결(玉龍子靑鶴洞訣)', '오백논사비기(五百論史秘記)', '도선비결(道宣秘訣)', '남사고비결(南師古秘訣)', '서산대사비결(西山

大師秘訣)', '두사총비결(杜師聰秘訣)', '이서계가장결(李西溪家藏訣)', '토정역대비기(土亭歷代秘記)', '의상결(義相訣)', '류겸재일기(柳謙齋日記)' 등등.

이러한 비결제목에 등장하는 의상, 옥룡자, 토정, 이서계, 남사고, 류겸재(류성룡의 형)는 삼국시대 이래 오늘에 이르기까지 이 땅의 민초들로부터 '도인'이라고 존경받아왔던 인물들이다. 현재도 전국의 산속에서 기약 없이 고군분투하는 낭인과(浪人科)들에게는 흠모의 대상이 되고 있다. 그 비결들이 전달하고자 하는 메시지를 요약하면, 언제쯤 좋은 세상이 온다, 그 좋은 세상을 몰고 오는 인물은 누구이다, 언제쯤 난리가 난다, 난세에 목숨을 보존할 수 있는 십승지는 어디 어디이다, 등의 내용이 주를 이룬다. 도탄에 빠진 민초들에게 희망을 주는 내용들이라는 공통점이 발견된다.

일제강점기에 비결류들이 민심 향배에 영향을 끼친다고 생각한 총독부는 한국 비결들의 유통을 철저히 감시했을 뿐 아니라 정밀 분석 및 연구도 동시에 진행했다. 무라야마가 저술한 『조선의 점복(占卜)과 예언(豫言)』도 그러한 연구의 성과물이다.

총독부는 한편으로는 이러한 비결들의 유통을 저지하고 감시했지만, 다른 한편으로는 정밀하게 분석하고 이용했다. 그러한 연구 중 하나가 무라야마 지준(村山智順)이 저술한 『조선의 점복(占卜)과 예언(豫言)』(1933)이라는 책이다. 여기에 보면 조선의 각종

조용헌의 사주명리학 이야기

점치는 방법과 풍수도참에 대해 상세하게 밝혀놓았다. 문헌은 물론이고 전국적인 현장답사를 거친 끝에 완성한 책자다. 무라야마는 유명한 『조선의 풍수』의 저자이기도 하다. 조선의 민속과 역술, 전통문화에 대해 치밀하게 조사했던 총독부 소속 학자다.

일본 학자들은 역으로 비결을 이용해 일본의 식민지 지배를 정당화하려는 시도를 했다. 그 예가 인구에 회자되는 '방백마각(方百馬角) 구혹화생(口或禾生)'이라는 도참이다. 이 글씨는 계룡산 연천봉(連天峯) 꼭대기 바위에 암각되어 있는 글씨다. 방백(方百)은 네모진 백 년으로 본다. 사백 년(四百年)이 네모진 백 년이다. 그다음에 마(馬)는 십이지로 환산하면 오(午)다. 오를 파자하면 80(八十)이 된다. 각(角)은 뿔이 두 개라는 소리다. 이를 전부 합치면 482년이라는 숫자가 도출된다.

뒷부분의 구혹(口或)을 합치면 국(國)자가 나온다. 역시 화생(禾生)을 합치면 이(移)자가 성립된다. 옛날에는 이(移)자를 화생이라고도 사용했다. 앞뒤를 연결하면 '482년 만에 나라(조선)를 옮긴다'는 뜻으로 해석된다. 조선왕조 창업이 1392년이니 여기에 482년을 합하면 1874년이 나온다. 일본의 조선 침략이 시작되는 강화도조약이 1876년에 맺어졌으니까 대략 이 무렵에 조선은 나라를 옮긴다, 즉 망한다는 의미를 지니고 있다고 일본 학자들은 해석했다. 따라서 조선 합병은 하늘의 뜻이라고 일본 학자들은 주장했다.

이와 비슷한 도참이 서울 삼각산 꼭대기 바위에 새겨져 있다고 하는 '방부복과(方夫卜戈) 구혹화다(口或禾多)'라는 글씨다. 방부(方

夫)를 조립하면 경(庚)을 가리키고, 복과(卜戈)는 술(戌)을 가리킨다. 경술(庚戌)년에 나라를 옮긴다는 뜻으로 해석한다. 따라서 1910년인 경술년의 한일합방이 당연한 것이라고 주장하는 근거가 되었다. 일본 학자들은 『자치통감』에 나오는 '천여불수반수기앙(天與不受反受其殃, 하늘이 주는데도 받지 않으면 반대로 재앙을 받는다)'을 인용하면서 조선 병합을 정당화하는 데 도참을 이용하기도 했다.

'비결 따라 삼천리'

이는 국가적인 차원의 비결이고, 개인적인 차원의 비결은 피난 지지를 구하는 데 집중되었다. 그게 바로 십승지다. 지금도 전국의 십승지라고 소문난 곳을 가보면 할아버지나 아버지 대에 비결을 믿고 고향의 전답을 팔아 십승지로 이사한 집안 후손들을 만날 수 있다. 예를 들면 풍기, 무주, 계룡산, 변산 등이 그런 곳이다. 19세기 말에서 20세기 초반에 걸쳐 비결파들이 가장 선호했던 거주지들이다.

　'크리스천아카데미'를 이끌었던 강원룡 목사의 자서전인 『빈들에서』(1권, 118쪽)를 보면 비결을 믿고 강원도로 이사했던 강 목사의 부친 이야기가 잠깐 나온다. 강 목사의 고향은 함경남도 남송면 원평리였다. 강 목사의 아버지는 합리적이고 진취적인 성격이었음에도 불구하고 사주팔자나 풍수도참설을 전적으로 무시하지는 않았다고 한다. 『정감록』을 신봉했다는 것이다. 『정감록』에 따르면 앞으로 큰 전쟁이 나는데 그 난리를 피할 수 있는 가장 좋은 피난처가 강원도 횡성(橫城) 지역이라며 1940년대 초반 가족들을 이끌고 이곳으로 피난했다고 한다.

기독교 신앙을 가지고 있었던 강 목사는 횡성으로 찾아가 풍수도참 같은 미신을 믿어서는 안 된다며 아버지를 적극적으로 설득했다. 그래서 다시 아버지는 함경남도로 되돌아갔다고 되어 있다. 강 목사는 자서전에서 "그때 부모님을 그대로 그곳에 계시게 했으면 해방 후 남북 분단과 전쟁의 와중에서 우리가 서로 갈라지지도 않았을 것이고, 그분들이 이북 땅에서 자식도 없이 비참하게 세상을 떠나지도 않았을 것"이라고 후회하는 대목이 나온다.

필자가 얻어들은 또 한 가지 사례는 서울대 사회학과의 신용하 교수 일화다. 신 교수는 독도 문제나 한일 간의 무슨 협정 때마다 일본에 대해서 강경한 입장을 취하는 인물로 유명하다. 적어도 일본 문제에 관한 한 신 교수는 원칙에서 물러나지 않는다. 그는 제주도 태생이다. 신 교수의 아버지도 역시 풍수도참을 신봉했던 모양이다. 일제 강점기 때 아버지의 주도로 신 교수 가족은 계룡산 밑으로 이사했다고 한다. 계룡산 일대가 앞으로 나라의 중심이 되고 새로운 시대의 비전이 가장 먼저 시작되는 곳이라는 확고한 믿음을 가지고 있었기 때문에 바다를 건너고 고개를 넘어 계룡산까지 왔던 것이다.

이로 미루어볼 때 신 교수의 부친도 『정감록』과 풍수도참을 신봉했던 비결파였으며, 일본에 대해 상당한 반일감정을 가졌던 인물이었던 것 같다. 그 영향이 현재의 신 교수 심정의 저변에 면면히 이어지지 않았나 싶다. '비결 따라 삼천리'. 근세 한국사회의 비하인드 스토리를 구성하는 상당부분은 비결 따라 삼천리다.

탄허스님과 『숙신비결』

다시 비결로 돌아가보자. 『조선비결전집(朝鮮秘訣全集)』 목록 가운데 흥미롭게도 『숙신비결』은 발견되지 않는다. 일반인에게 별로 알려지지 않은 비결인 것이다. 숙신(肅愼)은 숙신족(肅愼族)의 숙신을 말한다. 숙신은 만주 동쪽에 거주하던 부족을 가리킨다. 지금의 북경위쪽에 해당하는 지역이고 상고시대에는 고조선의 영역에 속했다. 따지고 보면 숙신족은 우리 민족의 원류 가운데 하나라 볼 수도 있다.

그렇다면 어떻게 해서 이 비결이 지금까지 전해지게 되었는가. 그배경을 보면 탄허(呑盧, 1913~1983)스님이 나타난다. 탄허스님 이야기를 짚고 넘어가자. 필자의 추적에 따르면 『숙신비결』은 불교의 탄허스님을 따르던 일련의 제자 그룹들 사이에서 유통되던 비결이다. 탄허스님은 불교의 고승이었지만, 주역을 비롯한 역술과 풍수도참에도 깊은 식견을 지닌 독특한 스님이었다. 탄허스님의 주 전공이 『화엄경』이었다면 부전공은 『주역』이었다고 말해도 과언이 아니다.

그는 이통현장자(李通玄長者)와 청량국사(淸凉國師)의 『화엄경』 주석을 종합해 『대방광불신화엄경합론(大方廣佛新華嚴經合論)』 49 책을 주석한 바 있다. 그런가 하면 선가적(禪家的) 입장에서 주역을

조용헌의 사주명리학 이야기

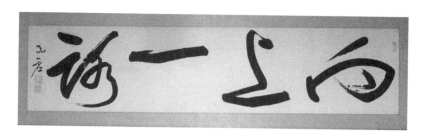

탄허의 손길이 방금 지나간 듯 '향상일로(向上一路)' 필적이 생생하다.
'절대 진리로 향하는 외길', 즉 향상일로는 자신의 길을 둘러보라는 의미다.

주석한『주역선해(周易禪解)』3권을 펴내기도 했다. 두 책 모두 학술적으로도 비중 있는 저술이다. 한쪽 손에는 삼라만상을 모두 포용하고 긍정하는 불교철학의 최고봉인『화엄경』을 가지고 있었다면, 다른 한쪽 손에는 삼라만상의 변화를 설명하고 예측하는『주역』을 가지고 있었다고나 할까. 그는 쌍권총을 차고 있었던 것이다.

탄허는 '삼라만상은 마음이 만들어낸 것이다(一切唯心造)'와 '부분이 즉 전체요, 전체가 즉 부분이다(一卽多 多卽一)'라는 도리를 밝히는『화엄경』을 체(體)로 하고, 앞일을 예측하는『주역』을 용(用)으로 해 나라의 앞일을 예견하면서 1960~70년대 국사 역할을 했다. 그는 주역의 육효(六爻)를 사용해 점을 치는 육효점에도 일가견이 있었다고 전해진다. 주역이 가지고 있는 점서적(占書的)인 전통을 가장 충실하게 계승한 것이 바로 육효점이다. 이는 역대 주역을 마스터했던 공자, 주렴계, 소강절, 주자, 서경덕, 토정과 같은 모든 학자들과 구루(Guru)들이 실천했던 방법이기도 하다.

죽어라 하고 배우기만 하면 무슨 소용이 있는가. 현실에서 활용해야 할 것 아닌가. 탄허는 불교 승려였음에도 불구하고 한자문화권의 주역 대가들이 실천했던 그 전통을 그대로 계승하고 있었던 것으로 보인다. 그는 매일 아침 일어나면 육효를 뽑아보았다. 그날의 일진이 어떻게 돌아갈 것인가를 예측하기 위해서였다. 그 방법은 엽전 세 개를 던져 괘를 뽑는 방식이었다. 특히 오래된 엽전이 영험이 있다고 한다. 오래된 물건일수록 거기에는 신(神)이 붙는다고 본다. 신은 곧 마음이기도 하다.

조용헌의 사주명리학 이야기

탄허가 가지고 있던 엽전은 오래된 상평통보였던 것 같다. 손때가 묻어 반질반질한 상평통보 세 개를 한 번 던져서 하괘를 뽑고, 다시 한 번 더 던져서 상괘를 뽑으면 6효가 완성된다. 예를 들어 처음에 던진 세 개의 엽전 가운데 한 개는 앞면이 나오고 두 개는 뒷면이 나오면 팔괘 가운데 진괘(震卦)이고, 두 번째 던져서 세 개 모두 뒷면이 나오면 곤괘(坤卦)가 된다. 진괘와 곤괘를 합치면 지뢰복(地雷復) 괘가 되어 그날은 아주 상서롭다고 보는 식이다.

이를 보면 탄허는 불교의 일반 고승들과는 분명히 다른 전통을 잇고 있었음을 알 수 있다. 불가에서는 『주역』을 은근히 거부하는 분위기가 있기 때문이다. 일체가 마음먹기에 달렸는데 뭐하러 번거롭게 괘를 뽑느냐는 것이 일반적으로 『주역』을 대하는 태도다. 그러나 탄허는 불교 승려이면서도 유(儒), 불(佛), 선(仙) 삼교를 아울러 포용하는 포함삼교(包涵三敎)의 전통을 계승했다. '포함삼교'는 신라 말의 최치원이 한 말이다. 최치원 이래로 한국의 정신사는 유교 하나만 가지고 되는 것도 아니고, 그렇다고 불교만 가지고 되는 것도 아니다. 삼교를 모두 알아야만 전체를 볼 수 있다.

원효만 알고 퇴계를 몰라서도 안 되고, 퇴계만 알고 북창(北窓, 조선 중종 때 선가의 고수였던 유학자 정렴의 호)을 몰라서는 이야기가 안 된다. 유교로부터는 인간으로서 갖추어야 할 예의를 배우고, 불교로부터는 마음의 구조를 밝히는 명심(明心)의 이치를, 선교로부터는 몸을 다스리는 양생의 비결을 배워야 한다. 탄허는 이 세 가지 전통을 모두 섭렵한 고승이었다. 이러한 다양성을 수용할 줄 알았던 탄허

탄허가 머무르던 계룡산 자광사(위)와 오대산 월정사(아래) 등은 전국의 내로라하는 방외지사(房外之士)들의 아지트이자 살롱이었다.

에게는 전국의 내로라하는 방외지사(方外之士)들이 모여들었다. 차별을 두지 않았기 때문이다.

무속인, 한학의 대가, 무술 고단자, 의학에 밝은 기인, 차력술을 가진 역사, 기문둔갑을 연구한 술사, 정치인, 예술가 등등이 탄허가 있는 곳으로 찾아왔다. 실로 『화엄경』의 하이라이트인 「입법계품(入法界品)」이 연상될 만큼 탄허는 온갖 인간 군상들과 교류했다. 탄허는 그들의 이야기를 허심탄회하게 들어주었다. 이야기 들어주는 도력도 겸비했던 것이다. 이들도 또한 탄허를 만나면 이야기가 즐거웠다. 서로 주고받는 이야기는 즐거움이 배가된다. 일방적이면 재미가 없는 법인데, 한 가지 알려주면 한 가지를 배울 수 있는 관계였던 것 같다. 옆에서 차 심부름을 하면서 찾아오는 손님들과의 이야기만 들어도 공부가 저절로 되었다고 어느 제자는 술회했다. 필자도 좀 더 일찍 태어나 그 멤버들하고 어울렸더라면 좀 더 사는 재미가 있었을 텐데…….

탄허가 머무르던 오대산 월정사(月精寺), 서울 대원암(大圓庵), 계룡산 학하리의 자광사(慈光寺)가 바로 그러한 방외지사들이 집합하는 아지트이자 살롱이었다. 아니 『수호지』에 나오는 양산박이라고 표현해야 옳을 성싶다. 나는 이런 이야기를 접할 때마다 속물스럽게도 돈이 생각난다. 빨리 돈을 벌어야겠다는 욕심이 뭉게뭉게 피어오른다. 독자들이여! 내 책 좀 많이 사주시라! 그래서 내가 살롱이 됐든 양산박이 됐든 하나 만들 수 있도록 말이다. 돈 벌어서 어디에 쓰겠는가. 이런 데 써야지. 천하의 건달과 술사 그리고 도인들이여, 다 여기로 오라. 내가 밥상 차릴 테니까. 우리 한번 놀아보자. 한번 가면 다시 오지 않는 인생, 이때 안 놀고 언제 놀 것인가.

해운과 탄허의 운명적 만남

『숙신비결』은 탄허가 계룡산 학하리의 자광사에 머무르던 시절 입수한 것으로 추측된다. 이 시기가 1970년대 초반이었다. 학하리는 명당으로 소문난 곳이었다. 일명 추성낙지(樞星落地)의 명당으로 불렸다. 추성은 중심이 되는 별이니까 북극성을 가리킨다. 북극성이 떨어진 자리니 그 의미가 심중하다. 계룡산 전체가 명당이 수두룩한 곳이지만 탄허는 그 중에서도 학하리를 아주 좋아했다. 자광사 터는 원래 우암 송시열이 공부하던 집성사(集成社) 자리로, 우암이 여기에다 주자(朱子) 영정을 모셔놓고 공부하던 곳이다. 지금도 우암이 심어놓은 향나무가 남아 있어 옛날의 자취를 전하고 있다.

탄허가 머물던 1970년대 초반의 자광사에는 괴물들이 많이 모여들었다. 그 괴물 가운데 한 사람이 해운(海雲)이었다. 해운은 탄허보다 대략 7~8년 연상쯤의 나이였으니 지금 살아 있다면 100세 정도 되었지 않나 싶다. 그는 한일합방이 되자 중국으로 건너가 중국 천지를 방랑했다. 태산을 비롯한 중국의 명산들에 올라가 산세를 굽어보고 대천을 방랑하면서 수많은 기인들과 만났다. 1920~30년대 중국에서는 독자적인 무력을 보유한 군벌들이 이곳저곳에서 할거하고 있

조용헌의 사주명리학 이야기

었는데, 그 군벌들의 우두머리들과 교류하면서 관상도 보아주고 사주도 봐줄 만큼 중국말에도 능통했다.

그는 일 년 열두 달 항상 시커먼 중국옷을 입고 다녔다고 한다. 누가 욕하더라도 한 번도 성질을 내는 법이 없을 정도로 그릇이 컸던 인물이었다. 기분 나빠도 허허 웃고 나면 끝이었다. 배고프면 아무것이나 먹고 잠이 오면 잠자리를 따지지 않고 잘 수 있는 낭인과의 전형이었다. 산에 가면 도인이요, 세속에 내려오면 영락없는 시정잡배였다. 잡배적인 기질은 그가 접촉한 여자만 해도 800명에 달했다는 고백에서도 나타난다. 미국의 소문난 플레이보이 클린턴도 200명 선에 그쳤다고 하니 해운에게 비교하면 족탈불급이다. 사나이 대장부가 1천 명을 채워야 하는데, 그것을 못 채워 좀 아쉽다고 한탄할 만큼 해운은 무애(無碍)의 기질을 지녔던 괴물이었다. 승속에 전혀 걸림이 없었다고나 할까.

그는 중국 일대를 방랑하는 과정에서 주역과 관상 그리고 수많은 비결을 입수할 수 있었다. 걸림이 없는 성품에다 관상과 주역에도 능통했던 만큼 누구를 만나도 긴장하는 법이 없었다. 그런가 하면 한시(漢詩)에도 대가의 경지에 들어가 있었다. 박금규(원광대 한문교육과) 교수가 탄허스님을 시봉하던 시절이었던 1968년 서울 대원암에서 해운을 만났을 때, 해운이 즉석에서 지어준 칠언절구는 다음과 같다.

水裏月何天上月 물 속에 있는 달이 어찌 천상의 달이겠는가
鏡中人不案前人 거울 속에 비치는 사람은 책상 앞의 사람이 아니듯

靜觀形影相依處 고요히 보면 형상과 그림자는 서로 떼어놓을 수 없다

無是假時無是眞 가짜가 없으면 진짜도 또한 없는 법이다

즉석에서 '무시가시무시진(無是假時無是眞)'이라는 절창을 읊을 정도의 사상적 깊이와 문장을 지녔던 해운. 그런 해운이었기에 당대의 고승이자 석학으로 알려진 탄허에게도 천연덕스럽게 반말을 사용했다. 스님이라고 하지 않고 신도가 옆에서 보든 말든 '어이, 탄허!'가 호칭이었다. 한마디로 탄허는 해운의 밥이었다. 그런데도 탄허는 해운을 끔찍하게 좋아하면서 돌봐주었다. 필자가 추측하기로는『숙신비결』은 바로 해운에게서 나온 것으로 여겨진다. 그는 옛 고구려 땅인 만주 일대를 돌아다니면서 많은 비결을 접했다고 하는데, 이 과정에서『숙신비결』을 입수했던 것 같다.

『숙신비결』은 탄허에게 넘어갔고, 탄허의 제자들을 통해 세상에 알려진 셈이다. 1960년대에서 1970년대에 걸쳐 계룡산파가 운집했던 자광사, 그런데 그 자광사에서 이루어졌던 해운과 탄허의 만남에서 가장 주목해야 할 부분은 숙신비결보다도『정역(正易)』이다. 해운은『정역』에도 전문가였던 것이다. 지금 생각해보면 탄허가 해운에게 매료된 부분은 아마도 이 대목이었지 않나 싶다.

구한말 김일부 선생이 저술한『정역』은 기존의『주역』에 하도낙서, 음양오행, 십간 십이지, 고천문학, 사서삼경이 씨줄과 날줄처럼 엮인 책이라서 난해하기 그지없다. 이 분야를 전부 알아야만 이해가 가능하다. 이는 마치 김일부라는 천재가 평생 공부한 것을 요약한 박

조용헌의 사주명리학 이야기

사논문과도 같아서 범상한 지능 가지고는 접근이 안 되는 학문이다. 『정역』의 요점을 간단하게 말한다면 지축이 바뀐다는 것이다. 요즘 식으로 표현하면 어마어마한 거대담론이 후천개벽설이다.

　한중일 3국 가운데 후천개벽을 주장하는 나라는 한국뿐이다. 일본과 중국에서는 후천개벽이라는 용어가 아예 없다. 그만큼 독창적인 사상이자 예언이 바로 후천개벽설인데, 남들이 이야기하지 않는 독창적인 예언인 만큼 위험부담은 따른다. 김일부 선생이 주장한 후천개벽의 초점은 지축이 바뀐다는 것이고, 구체적으로는 현재 1년 365일이 360일로 바뀐다는 것을 의미한다. 그렇게 되면 지구상의 총체적인 변화가 뒤따른다. 그 변화 중의 하나가 바로 일본이 물속으로 점점 침몰한다는 내용이다.

　지축이 바뀌면 북극의 빙하가 녹아서 일본이 가라앉고 동해안도 강릉 일대는 물속으로 들어간다고 한다. 반대로 서해안은 점점 융기되어 수천 리의 바다가 육지로 변한다고 전망했다. 탄허스님은 특히 일본이 물에 잠긴다는 예언을 여러 번 강조했다. 탄허스님이 밝혀놓은 그 예언이 『주역선해(周易禪解)』(교림출판사, 1982) 3권의 마지막 부분인 427쪽에 나온다.

　　　大德이 地를 從함이여 地가 좇아 말하도다.
　　　(水潮南天하고 水汐北地 등을 의미함)
　　　天一의 壬水가 만 번 꺾여 반드시 동으로 가도다.
　　　(극동인 일본을 의미함)

地一의 子水陰水가 만 번 꺾여 돌아가도다.
(북극의 빙하가 필경 일본에 가서 그침을 의미함)

이 예언의 요점은 북극에서 빙하가 녹아내리면 해수면이 상승하고, 해수면이 상승하면 일본은 물속에 잠긴다는 내용이다. 탄허의 이 예언은 1970~80년대 신문, 잡지를 통해 일반인들에게 여러 번 소개된 바 있는 유명한 예언이기도 하다. 이 예언의 원리적 근거는 김일부 선생의『정역』에서 유래된 것이었다.『정역』의 원문을 살펴보면 아래와 같다.

水潮南天 水汐北地
물이 남쪽 하늘에 모여들고, 물이 북쪽 땅에서 빠짐일세
天一壬水兮萬折必東
하늘의 임수는 만 번 꺾여도 반드시 동으로 가고
地一子水兮萬折于歸
땅의 자수는 만 번 꺾여도 임수 따라 가는구나

김일부는 이미 1880년대 중반 계룡산 국사봉 토굴에서『정역』을 완성하면서 '북극의 빙하가 녹으면 일본이 망한다'는 예언을 했던 것이다. 한일합방 이후 일제의 압박에 힘겨워하던 조선의 수많은 도꾼들은 그 희망의 메시지를 찾아 계룡산 국사봉으로 모여들었고, 아마 소시적의 해운도 그 도꾼들과 섞여 계룡산을 순례하면서『정역』의

자광사가 있는 학하리는 추성낙지(樞星落地)의 명당으로, 특히 탄허는 학하리를 좋아했다.
두 현판은 월정사(위)와 자광사(아래)에 남아 있는, 탄허스님이 직접 쓴 것이다.

메시지를 접했던 것 같다. 피 끓는 젊음을 가지고 있던 해운은 도저히 국내에서만 살 수 없었고, 광대한 천하가 열려 있는 중국대륙과 만주일대로 나가 정처 없는 방랑자의 인생을 살았으며, 그 결과 『숙신비결』과 같은 비결의 세계를 접했던 것으로 추측된다.

아무튼 전 지구적인 패러다임의 전환이 발생할 뿐만 아니라 앞으로 일본이 침몰한다고 하는 『정역』의 세계를 탄허에게 전달해준 인물은 해운이라는 계룡산파의 이름 없는 술사였다는 사실을 기억해야 한다. 근래에 외신을 통해 들어오는 뉴스를 보면 한반도 크기만 한 북극의 빙하들이 녹고 있고, 히말라야의 빙하도 급속도로 녹아내려 네팔과 티베트 같은 히말라야 주변 국가들이 홍수 위험에 처해 있다고 한다. 일본이 절대로 침몰하지 않는다고 장담할 수는 없는 노릇 아닌가!

이렇게 놓고 보면 19세기 후반 계룡산 국사봉의 허름한 토굴에 앉아 북극의 빙하가 녹을 것이라고 예언한 김일부와 방랑자 해운, 그리고 이를 국민에게 고한 탄허는 같은 노선에 놓여 있는 셈이다. 이들은 모두 국운융창이라는 계룡산파의 신념을 공유하고 있었다.

탄허는 일본 침몰 외에도 여러 가지 예언을 했다. 굵직굵직한 예언을 간추리면 '월남전에서 미국 망한다(패전한다)', '울진 삼척에 공비가 침투한다', '박정희 죽는다', '전두환 죽는다' 등이었다. 이 가운데 '전두환 죽는다'는 예언은 탄허가 1980년대 초반 텔레비전을 보면서 한 말이라고 한다. 탄허가 보기에 당시 전두환에게는 신검살(神劍殺)이 내려 있었다고 한다. 그래서 옆의 제자들 보고 전두환 죽게

조용헌의 사주명리학 이야기

된다는 말을 여러 번 했다. 신검살이란 칼에 맞아 죽는다는 살이다.

그러나 탄허가 전두환을 직접 만날 기회가 있어서 만나고 온 뒤에는 '직접 얼굴을 보니 신검살이 안 보였다'고 하면서 그거 참 이상하다고 제자들에게 고개를 갸웃거렸다고 전한다. 후에 아웅산 폭발 사건으로 거의 죽을 뻔했다 살아났으니 탄허의 예언이 전혀 맞지 않은 것은 아니다. 탄허 예언이 맞지 않은 사례는 1980년대 초반 대흉년이 들어 많은 사람들이 굶는다는 예언이었다. 그 해에는 태풍이 몰아쳐 남해안 일대에만 머무르다 돌아간 일이 있었다.

황당하지만 사실인 이야기들

탄허가 자광사에 머무르던 1970년대 후반의 일화다. 자광사에는 당시 국회의원인 윤길중 씨가 자주 출입했다. 윤길중 씨는 정치인이면서도 선비가 지녀야 할 필수 교양과목인 서예와 바둑에도 일가견이 있었고, 한시를 좋아해 탄허스님과는 통하는 면이 많았다. 탄허스님도 바둑 실력이 상당해서 아마 5~6단들과 두어서 이기는 경우가 많을 정도의 실력이라서, 아마바둑의 고수인 윤길중과는 특별히 친했다고 한다.

하루는 윤길중이 자광사에 오겠다는 약속을 해놓고 그 시간에 도착하지 않았다. 장난기가 발동한 탄허는 지금 윤길중이 어디쯤 오고 있는지 알아맞히기 위해 엽전 세 개를 던져 괘를 뽑아보았다. 탄허는 그 괘를 보고 윤길중이 현재 어디쯤 오고 있다고 예측했다. 옆에 같이 있던 사람들이 과연 그 예측이 맞는가를 확인하기 위해 전화를 걸어보니 그 시간에 탄허가 말한 지점을 윤길중이 통과하고 있었다는 이야기도 제자들 사이에서 회자된다.

탄허가 1960년대 후반 오대산 월정사에 머무르고 있을 때다. 당시 고려대학교 철학과 남녀 학생 열서너 명이 하계수련대회를 월정사에서 했다. 수련대회가 끝나는 날 학생들은 곧바로 오대산을 내려가려고 서둘렀다. 이를 바라보던 탄허가 오늘은 산을 내려가지 말라고 학생들을 말렸다. 그러나 학생들은 여름이라 땀으로 범벅이 된 몸으로 샤워 시설도 없는 절에서 더 머무르기가 불편했기 때문에 그 말을 듣지 않고 산을 내려갔다. 그런데 학생들은 계곡을 내려가다가 갑자기 호우를 만났다. 계곡물은 급류로 변해 있었다. 위험한 상황에서 서로 손을 부여잡고 계곡물을 건너던 학생 중 하나가 미끄러지자 나머지 학생들도 따라서 미끄러졌다. 열서너 명의 학생들 모두가 급류에 떠내려가 희생을 당했던 것이다.

그 후로 근처의 동네 사람들은 사고 현장의 계곡 부근에는 접근을 하지 못했다. 밤에 산을 올라가면 귀신들이 쑥덕거리는 소리와 깔깔거리는 소리가 들리는가 하면, 남녀 귀신들이 바위에 앉아 있는 모습도 보이는 수가 있었다. 동네 사람들이 밤에 출입을 못한 나머지 탄허스님에게 어떻게 해달라고 부탁을 했다. 결국 탄허스님이 원혼들을 달래는 비문을 써주면서 그 현상은 사라졌다고 한다. 그 비문은 지금 월정사 옆에 남아 있다.

이런 귀신 이야기를 하면 황당하다고 할 사람도 많겠지만 귀신은 있는 것이다. 겪어보면 안다. 다음번에 귀신 이야기를 자세히 다루겠지만 인간은 육체를 벗으면 모두가 귀신이 된다. 귀신이 어디 따로 있는 것이 아니다. 정신집중능력이 없는 범부가 죽으면 귀신급에 머무르고 말지만, 수도하던 도인이 죽으면 산신(山神)으로 업그레이드되고 그 지역을 지키는 토지신(土地神)이 되기도 한다.

2002년 월드컵에 참여한 FIFA 랭킹 1위인 프랑스가 한국에 와서 죽을 쓰는 이유는 여러 가지로 분석할 수 있겠지만, 나는 한국의 토지신들이 프랑스 팀에 한방 먹인 것이라고 생각한다. 먹는 음식인 보신탕 가지고 프랑스 사람들이 그렇게 한국 사람을 능멸하더니만 한국에 와서 대가를 치른 것이다. 한국의 토지신들은 자존심이 강해서 그냥 두지 않는다. 왜 남의 음식 가지고 야만인이네 어쩌네 하면서 사람 모욕을 주냐고. '그래 좋다, 너희들 한국에 왔으니 한방 먹어봐라!'가 한국 산신들과 토지신들의 공통된 심정 아니었을까 하고 혼자 상상해본다. 나는 요즘 보르도산 와인도 끊어버렸다. 그 대신 고창에서 나오는 복분자술로 돌렸다.

독립운동가 집안에서 자란 탄허스님

탄허는 세속을 벗어난 출가 승려였음에도 불구하고 세상사 변화의 이치가 담겨 있는 『주역』을 연구하고, 일본을 싫어했으며, 국운의 융

성을 기대했다. 이는 탈속한 고승들이 보여주던 면모와는 약간 다르다. 어떻게 보면 탄허는 민족주의적인 배경을 깔고 있는 예언자였다고 보아야 한다. 거기에는 그럴 만한 이유가 있다. 탄허의 집안 환경이 그랬던 것이다. 탄허는 가끔 서울 조계사에 들를 때마다 웅장한 대웅전 건물을 쳐다보면서 '내가 어렸을 때 살던 우리 집인데.' 하면서 독백을 하곤 했다. 거기에는 상당한 비하인드 스토리가 내재되어 있다.

원래 조계사 대웅전 건물은 정읍 입암산(笠岩山) 아래 대흥리에 있던 보천교(普天敎) 건물을 해체해서 옮겨 지은 건물이다. 보천교는 일제 때 300만이 넘는 신도를 지니고 있었던 당시 최대의 민족종교다. 교주는 차경석(車京錫)으로서 강증산(姜甑山)을 따르던 제자였으며, 증산이 죽자 정읍 입암산 밑에다 3·1운동 후에 보천교라는 종교단체를 세웠다. 보천교에는 호남은 물론이고 영남, 경기, 이북을 비롯한 전국 각지에서 뜻있는 사람들이 몰려들어 성황을 이루었으나, 총독부의 철저한 탄압과 와해 공작으로 교주인 차경석의 급작스러운 사망과 함께 '유사종교'라는 낙인이 찍혔다. 그리고 경찰과 정보원들을 풀어 반강제적으로 해체시켜버렸던 단체다.

일제가 보천교 와해를 위해 많은 인력과 자금을 들여서 결국에는 유사종교로 몰아야만 했던 이유는 무엇인가? 그 이유는 보천교가 민족주의자들의 소굴이었기 때문이다. 교주인 차경석의 아버지도 차치구(車致九)라는 동학의 비중 있는 간부였다. 차치구는 전봉준을 따라서 동학에 가담했다가 결국에는 참형을 당해서, 목이 뒹구는 시체가 형장에 버려져 있었다. 목 없는 시체를 무서워해서 아무도 수습하려는 사람이 없었는데, 당시 열네댓 살밖에 안 되었던 차경석이 캄캄한 한밤중에 형장에 가서 아버지 시체를 지게에 메고 와서 매장했다.

일본군에 의해 참혹하게 아버지가 죽는 현장을 목격했던 차경석은 일본을 증오했다. 한일합방이 되어 모두가 절망했을 때 모악산 밑에서 '일제는 물러나고 새로운 시대가 온다'고 선언하고 다니는 강증산을 만났다. 고기 잡는 어부를 하다가 예수를 만나자 만사 제치고 예수를 따라다녔던 베드로처럼, 차경석도 강증산을 따라다녔던 것이다. 그러고 나서 보천교를 세웠으니 외부적으로는 종교의 형태를 띠고 있었지만 내부적으로 이는 독립을 염원하는 우국지사들의 아지트였다고 표현해야 옳다.

대표적으로 고당(古堂) 조만식(曺晩植, 1882~1950) 같은 인물이 보천교를 많이 출입했다. 조만식은 한규숙(韓圭淑), 정복규(鄭復奎), 정상탁(鄭常鐸)과 함께 당시 30만 원이라는 거액을 독립자금으로 만주에 보내려고 시도하다가 발각되어 일경에 체포된 적이 있다. 30만 원은 보천교의 차경석으로부터 나온 돈이었다. 차경석은 우국지사들에게 거처를 제공했으며 형편이 되는 대로 그들에게 자금을 지원했다. 그 돈은 300만 신도들이 살림을 팔아 마련한 돈이지만 말이다.

흥미로운 부분은 탄허의 아버지인 김홍규(金洪圭)도 보천교에 깊숙하게 참여한 인물이라는 점이다. 김홍규는 차경석을 보좌하는 4대 참모 가운데 가장 수석참모인 목방주(木方主)를 담당했었다. 차경석을 중심으로 수, 화, 목, 금, 토 오행에 맞추어서 각 방향을 담당하는

5대 방주(方主)라는 제도가 있었다. 가장 중심인 토방주(土方主)는 교주인 차경석이었고, 그다음 위치에 목방주가 있었는데, 탄허의 아버지인 김홍규가 여기에 해당되었다. 조만식과 같이 체포된 한규숙은 수방주(水方主)였다.

김홍규는 처음부터 보천교에 들어갔던 게 아니다. 원래는 독립운동을 하려고 상해로 갔었다. 그러나 상해에서의 독립운동도 쉽지 않았다. 도산 안창호와 뜻이 맞지 않았던 것이다. 탄허의 말에 따르면 임시정부에서 자금을 모을 때 각 지역에 자금을 모집할 담당자를 결정했는데, 그 결정을 도산이 했다. 그래서 김홍규는 도산에게 자신을 국내 담당 자금책으로 파견해달라고 부탁했지만, 도산으로부터 여러 번 거절당하자 인연이 없다고 판단, 국내로 들어와 보천교 운동에 가담했던 것이다. 말하자면 독립운동 대신에 보천교 운동을 시작한 셈이다.

김홍규는 보천교에 오기 이전에도 태을교라는 단체에 가담해 거액의 독립자금을 마련하다가 일본 경찰에 체포되어 고문을 당한 적도 있다. 이렇게 탄허는 어렸을 때부터 아버지인 김홍규로부터 민족에 대한 교육을 받고 성장했음을 알 수 있다. 그리고 아버지가 보천교의 수석 참모였던 만큼 보천교 건물에서 어린 시절을 보냈던 탄허는 보천교의 웅장한 건물을 처음 지을 때부터 보고 자랐던 것이다. 어렸을 때 보던 그 건물이 보천교가 망하고 나서 서울로 옮겨져 조계사 대웅전으로 재건축되었으니, 조계사 대웅전을 바라보는 탄허의 심정이 어땠겠는가.

비결은 비전을 내포한다

탄허의 출가하기 전 속명은 김금택(金金鐸)으로, 김제 만경읍의 대동리 김씨 집안에서 태어났다. 김금택의 아버지인 김홍규(金洪奎)도 역시 어렸을 때부터 뜻있는 선비였던 아버지 김병일(金炳日, 탄허의 조부)의 사랑방에 드나들던 우국지사들을 접하면서 독립운동에 뛰어들었다고 한다. 당시 인근에서 학문과 인품이 높았던 탄허의 조부에게는 많은 인물들이 찾아왔었고, 어린 탄허는 조부와 아버지 심부름을 하면서 한학과 도학, 그리고 방외의 술법들에 관한 견문을 넓혔던 것으로 여겨진다.

사람은 역시 성장환경을 무시할 수 없는 법이다. 탄허가 22세인 1934년에 오대산 상원사에서 주석하던 한암(漢岩)스님을 찾아가서 머리를 깎고 불교경전을 공부했지만, 그 이전까지는 보천교적인 세계관을 가지고 있었다고 보아야 한다. 그래야만 그 이후에 탄허가 보여준 행적을 이해하는 데 도움이 된다.

일제 때 강단이 있고 기가 강했던 인물들은 만주에 가서 독립운동을 했고, 그다음 방법으로는 민족종교 단체에 투신하는 길이 있었다. 보천교를 비롯한 민족종교에 가담한 대부분의 소신 있는 사람들이 대부분 그러한 성향의 사람들이었다고 해도 과언이 아니다. 만주로 갔던 사람들이 총을 들고 싸웠다면, 민족종교에 갔던 사람들은 『주역』에서 이야기하는 세상의 변화와 『정역』에서 주장하는 후천개벽에다가 인생을 걸었다는 차이가 있다.

아이러니컬하게도 해방 이후에 사회주의가 젊은 사람들의 마음을 사로잡으면서, 이 세대들의 아들 세대들은 좌익에 적극적으로 가담하게 된다. 아버지 세대가 미신적인 후천개벽 운운하다가 인생 망쳤다고 보고, 우리 대에 와서는 미신이 아닌 과학적 사회주의를 가지고 세상을 바꿔보겠다는 의지를 표명한 것이다. 그래서 왜정 때 민족종교의 요람인 계룡산, 모악산 등지에서 민족종교 운동을 하던 세대들의 자식 세대는 대부분 좌익을 했다.

탄허도 오대산으로 들어가지 않았으면 아마 6·25 때 좌익을 하다가 총 맞아 죽었을지도 모른다. 그 주변의 연배들이 그렇게 죽은 사람이 많았으니까 말이다. 『주역』이나 마르크시즘이나 세상을 바꾸는 교과서라는 점에서는 공통적이다. 단 방법이 다를 뿐이다. 전자는 미신적(?) 방법이고, 후자는 과학적 방법이라고 주장했지만, 세월을 지내놓고 보니까 무엇이 정답이라고 단정하기가 어렵다. 1980년대에 적극적으로 운동권에 가담했던 사람들 중 상당수가 1990년대 들어와 입산수도로 방향을 돌린 사람들이 많다는 사실에서도 이는 드러난다.

『숙신비결』을 이야기하다 보니까 계룡산으로 왔고, 해운을 거쳐 탄허로 와서 다시 보천교와 독립운동까지 오다 보니 이야기가 길어졌다. 이를 다시 정리하자면 비결(秘訣)은 비전(vision)을 내포하고 있다는 것이다. 비결은 결국 미래를 예언하는 작업이고, 비전도 역시 미래를 이야기한다. 마르크스가 계급 없는 사회의 도래를 이야기한 것이나, 박 대통령이 1980년대가 되면 한국에도 마이카 시대가 온다

조용헌의 사주명리학 이야기

고 비전을 제시한 것이나, 탄허가 일본의 침몰을 예언한 것이나 모두 미래를 전망했다는 측면에서 보자면 같은 범주의 이야기다. 그래서 운동권도 깊은 공부를 위해서는 산으로 들어가고, 비결파도 산으로 들어간다.

인간은 한시적일망정 산으로 가야 한다. 모세도 시나이 산으로 갔고, 『포박자(抱朴子)』를 쓴 갈홍도 나부산(羅浮山)으로 들어갔으며, 주자도 무이산(武夷山)으로 갔고, 증산은 모악산(母岳山)으로 갔으며, 탄허는 오대산과 계룡산을 왕복했다. 동서고금을 막론하고 결국 산으로 가야 비전을 얻는다는 증거다. 산에 가면 비전뿐만 아니라 마운틴 오르가슴까지 부수적으로 얻는다. '마운틴 오르가슴(mountain orgasm)'이란 표현은 필자가 만들어낸 신조어다. 한국의 산에 오를 때마다 느꼈던 충만감을 나는 마운틴 오르가슴이라고 표현하고 싶다. 다른 표현으로는 그 충만감과 쾌감을 적절하게 표현할 길이 없기 때문이다.

'오르가슴'이란 단어의 근본 의미는 둘이 하나가 되었을 때 오는 쾌감을 가리킨다. 흔히 남녀 간의 성교를 통해 올라오는 쾌감을 정의할 때 사용하는 표현이지만, 산과 인간이 하나가 되었을 때 느끼는 쾌감을 표현하는 용어로도 적당한 것 같다. 마운틴 오르가슴이란 바로 산과 인간이 하나가 되었을 때 오는 기쁨이다. 이 세상에는 섹슈얼 오르가슴만 있는 것이 아니라 마운틴 오르가슴도 있는 것이다.

한국인의 자부심, 마운틴 오르가슴

한국의 지형은 마운틴 오르가슴을 느끼기에는 최적의 조건을 갖추고 있다. 이는 물론 필자의 주관적인 판단이다. 그 판단의 근거는 한국 국토의 70퍼센트가 산으로 이루어졌다는 사실에 있다. 한국은 산이 아주 많은 나라라는 사실을 주목해야 한다. 세계에서 이처럼 산이 많은 나라도 드물다. 물론 네팔이나 스위스는 한국보다 산이 많다. 양적인 측면에서 보자면 스위스나 네팔은 산의 비율이 70퍼센트를 넘지만 그 질적인 측면에서 보자면 한국보다 떨어진다. 질이 떨어진다는 의미는 사람이 살 수 없는 산이 많다는 뜻이다.

네팔이나 스위스는 분명 한국보다 산이 많은 나라지만 해발 2500미터 이상에는 인간이 거주하기 힘들다. 이들 나라의 산들은 2500미터가 넘는 산들이 주종을 이루고 있다. 높은 산은 경외의 대상일 뿐이다. 그러나 평균 1천 미터 높이의 산들이 주종을 이루고 있는 한국의 산들은 인간이 쉽게 접근할 수 있을 뿐만 아니라, 나무가 우거져 있고, 계곡에는 물들이 흐르고 있어서 사람이 살 수 있는 산들이다. 알프스만 하더라도 높이가 높고 겨울에는 눈이 많이 와서 사람이 살기에는 부적당하다. 미국의 로키산맥도 산이 너무 크고 웅장해서 사람이 마음 편하게 살기에는 역시 적합하지 않다. 한국 산과 같은 아늑함이 느껴지지 않았다.

산은 그냥 산이 아니다. 동양의 지적 전통에서 산은 음양오행이라는 세계관으로 이해된다. 사진은 화강암 산인 계룡산 삼불봉 능선이다.

중국의 경우에는 땅이 넓어서 어떤 지역에는 산들이 많지만 어떤 지역에는 산들이 거의 없는 평야지대로만 이어져 있다. 그런가 하면 서북쪽은 황토고원지대와 사막으로 이루어져 있다. 한국처럼 수목이 울창하고 동물이 살고, 더불어 사람이 살 수 있는 산은 한정되어 있다고 보아야 한다. 일본의 산들이 한국과 비슷하긴 하지만, 일본은 평야지대가 한국보다 많다. 산이 차지하는 비율은 한국보다 낮다.

천산산맥(天山山脈)의 중심에 있는 산악국가인 키르기스스탄을 가보니 거의 대부분의 산들이 3~4천 미터의 높이라서 인간이 살 수 없는 척박한 산들이었다. 험악한 바위가 많고 꼭대기에는 만년설들이 쌓여 있어서 구경하기에는 더없이 장관이지만, 사람이 집을 짓고 살 수 없는 환경이었다. 고원지대라서 날씨가 춥기 때문에 평소에는 산에서 거주할 수 없고 기온이 올라가는 여름의 두세 달만 양떼를 끌고 와서 풀을 뜯기는 것이 고작이었다. 바라보는 경관은 일품이지만, 인간이 살 수는 없는 산들일 뿐이다. 이를 종합해보면 세계에서 사람이 살기에 적합한 환경을 갖춘 산은 한국이 가장 많다는 것이 필자의 생각이다.

이 점에서 한국과 다른 나라는 차이가 있다. 그러므로 한국은 '세계 최고의 산국(山國)'이라고 정의하고 싶다. 산국이라는 의미는 인간이 살 수 있는 조건을 갖춘 산의 비율이 세계에서 가장 높다는 말이다. 산업화의 증가와 함께 등산인구가 세계적으로 점차 늘어가는 추세에 있지만, 인구비율로 볼 때는 한국의 등산인구가 세계적으로 몇 손가락 안에 들어가는 이유도 한국이 지닌 이러한 조건과 무관하지 않다. 여기서 비약한다면 마운틴 오르가슴을 느끼기에 최적의 조건을 갖추고 있는 셈이다. 산국인 한반도의 메인스트림을 형성하고 있는 백두대간은 바로 그러한 마운틴 오르가슴을 쉬지 않고 발전시키고 있는 발전소라고 볼 수 있다.

내가 보기에 마운틴 오르가슴이 지향하는 목표는 두 가지다. 하나는 건강이고, 다른 하나는 영성(靈性)이다. 건강과 영성은 21세기의 화두라고 생각한다. 먼저 인간은 건강해야 하고, 그다음에는 영성, 즉 정신의 자유를 추구할 수밖에 없는 존재다. 건강과 영성이 아울러 충족되는 삶은 행복한 삶이다. 두 가지를 순서로 놓고 보면 먼저 건강이고 그다음에 영성이다. 산에 많이 다니면 건강해진다. 등산 인구의 획기적인 증가는 이 진리를 말해준다. 자동차의 증가로 하체운동이 갈수록 적어지는 현대인에게 산을 오르내리는 등산은 최적의 운동이자 건강을 회복하게 해주는 처방이다.

그리고 건강 다음에는 영성이다. 동서고금을 막론하고 모든 종교 시설은 산에 집중되어 있다. 산은 인간으로 하여금 영성을 체험하게 해주는 성스러운 공간이었다. 한국의 정신문화도 역시 산과 밀접한 관련이 있다. 한국의 정신사를 이끌어온 3대 맥, 즉 유(儒), 불(佛), 선(仙)의 유적들이 백두대간의 이곳저곳에 배치되어 있음은 주지의 사실이다. 삼교 가운데서도 현재까지 가장 많은 사원이 남아 있는 불교가 대표적이다. 대략 3천여 개의 불교 사찰이 전국의 산에 산재되어 있다.

조선시대 유교 식자층이 일관되게 선호한 그림이 산수화다. 산수화의 핵심은 산과 인간이 하나가 되는 사상이다. 즉 인중산(人中山)이요, 산중인(山中人)의 경지인 것이다. 따라서 한국의 정신사는 백두대간을 따라서 존재해왔다고 해도 과언이 아니다. 전국의 산들을 돌아다니다 보면 곳곳마다 불교 사찰이 자리 잡고 있고, 선교의 유적들과 유교의 서원이 발견된다. 황량하지가 않다. 이는 로키산맥의 정황과 비교해볼 때 분명 한국문화의 특징이라고 볼 수 있다.

이렇게 놓고 보면 백두대간이 존재한다는 것은 한국 사람들에게는 건강과 영성을 실현할 수 있는 천혜의 조건을 갖추고 있는 셈이다. 백두대간은 21세기에 한국인의 삶을 건강하고 풍요롭게 해줄 수 있는 귀중한 자원이기도 하다.

음양오행으로 보는 산의 관상과 격국

산은 그냥 산이 아니다. 산마다 관상(觀相)이 다르고 격국(格局)이 다르다. 산의 관상과 격국을 인수분해하는 공식은 음양오행이라는 패러다임이다. 동양의 지적 전통에서는 산을 음양오행이라는 세계관에 비추어서 이해해왔다. 이는 천(天), 지(地), 인(人) 삼재사상(三才思想)과 같은 맥락이다. 천(天)이라는 시간과 지(地)라고 하는 공간, 그리고 인(人)이라고 하는 존재가 서로 유기적 회통관계에 있다는 세계관이기도 하다.

하늘에 있는 달과 태양, 그리고 수성·화성·목성·금성·토성이 인간에게 밀접한 영향을 미친다. 땅에는 이러한 천체관이 그대로 반영되어 있다. 즉 산의 형태에 있어서도 하늘과 같이 음양오행이 그대로 반영되어 있다고 여겼던 것이다.

산을 볼 때는 먼저 음산(陰山)과 양산(陽山)으로 구분해 본다. 음산은 육(肉)이 많은 산을 일컫는다. 육(肉)이란 흙을 가리킨다. 산에 흙이 많이 뒤덮여 있는 두터운 산을 보통 음산이라고 부른다. 예를 들면 지리산, 오대산, 모대산과 같은 산이 한국의 대표적인 육산(肉山)이자 음산(陰山)이다. 음산이 지닌 기능은 흙에서 밭농사를 지을 수 있고, 많은 산나물과 산과일들이 생산되므로 사람의 거주가 용이하다는 것이다. 지리산이 대표적인 사례다. 지리산은 주변 둘레 500리에 걸쳐 수많은 촌락을 형성하고 있고, 그 촌락마다 고유한 산풍습이 존재하고 있다.

양산은 골(骨)이 많은 산을 일컫는다. 골(骨)이란 바위를 가리킨다. 바위가 많이 노출되어 있는 산을 양산이라고 본다. 예를 들면 설악산, 가야산, 월출산과 같은 산이 한국의 대표적인 골산(骨山)이자 양산(陽山)이다. 양산은 바위로 이루어졌기 때문에 지기(地氣)가 강하게 방사된다고 여긴다. 바위와 지기(地氣)는 비례한다. 그러므로 바위가 많은 산은 종교적 영성하고 깊은 관계가 있다. 이를 증명하는 것이 바로 바위산에 자리 잡고 있는 수많은 불교의 사찰과 도교의 도관들이다.

바위로 이루어져 있는 산은 보통 악산(惡山)이라고 부르는데, 악산(惡山)이란 의미는 지기가 강해서 일반인은 살기에 적합하지 않다는 것이다. 바이브레이션이 너무 강하다. 서울의 평창동이 터가 세다는 항간의 이야기는 바위가 많이 노출되어 있다는 사실과 관계된다. 바위가 많은 곳은 강력한 지기를 흡수할 수 있는 정신수련자가 살기에 적합하다. 불교 사찰이 들어서면 맞다. 그래서 바위산에서는 사리탑이 많이 발견된다. 사리가 나올 정도의 고승들은 대개 바위산에서 수도를 한 경우가 많다. 음산은 일반인이 생활할 수 있는 공간으로 보지만, 양산은 정신수련자들이 살기에 적당한 곳으로 본다.

한국의 백두대간은 중간마다 이름난 명산들이 많고, 그 명산들은 대개 양산이다. 한국의 양산은 화강암이 주종을 이룬다. 바위 중에서도 강도가 강한 바위가 화강암이다. 서예에서 말하는 필체나 산수화에서 골기(骨氣)라고 말할 때, 그 골기는 화강암에서 방출되는 기를 이야기한다. 한국의 백두대간에서 영성과 관계되는 산들은 양산이고, 그 양산들은 대부분 화강암으로 이루어진 산이라는 점을 주목해야 한다. 화강암에서 나오는 지기는 사암(砂岩)이나 현무암 등 다른 바위에서 방사되는 지기보다 월등히 강하다. 다른 나라의 바위보다는 강하다는 뜻이다. 아울러 화강암이 노출된 산을 등산할 때 건강과 영성의 부분도 비례해서 강화되는 경향이 있다.

비전을 얻으려면 이러한 화강암 산으로 가야 한다. 계룡산파가 태동했던 계룡산도 그러한 화강암 산의 대표적인 사례다. 계룡산은 모두 통바위로 되어 있다. 통바위로 되어 있다는 사실이 중요하다. 산전체가 바위로 연결되어 있는 것이다. 그래서 강력한 지기를 발산한다. 티베트 오지에 있는 카일라스 산이 바로 그러한 산이라고 하는

조용헌의 사주명리학 이야기

데, 내가 생각할 때 한국의 수미산(카일라스)은 계룡산이다. 그만큼 통바위면서 단단한 화강암이다.

나는 아파트에 있다가 계룡산에 가기만 하면 골치가 땅할 정도로 에너지가 강하게 들어오는 것을 느낀다. 마치 자전거 튜브에 바람 넣는 것과 같다. 그 지기가 몸속으로 들어가면 나와 대자연의 리듬이 같은 박자로 돌아간다. 산과 내가 서로 어울릴 때 개인의 욕망과 에고가 녹아들면서 비전을 얻게 되는 것이다. 바위가 주는 강력한 에너지가 없이는 에고를 녹이기가 힘들다. 철이 들어서 보니까 계룡산은 이러한 작업을 하기에는 천혜의 조건을 갖추고 있다.

명불허전(名不虛傳)이라! 계룡산은 과연 실망시키지 않는다. 미래를 알고 싶은 사람은 계룡산으로 가라! 비결과 비전을 얻고 싶은 사람은 계룡산으로 가라! 산이 언제 당신을 거부한 적이 있더냐! 계룡산파는 아직도 사라지지 않았다.

신과 인간의 만남,
천층만층 접신의 세계

길흉을 알려면 귀신을 이용해야 한다

점이라고 하는 게 다 맞는 것은 아니지만 어느 정도 맞는 이유는 무엇인가? 그 원리적 배경은 무엇인가? 앞장에서 그 원리를 세 가지로 제시한 바 있다. 첫째는 상응의 원리이고, 둘째는 반복의 원리며, 셋째는 귀신의 존재다. 첫째 상응과 둘째 반복의 원리는 설명을 했고, 이제 마지막 세 번째인 귀신의 존재에 대해서 설명할 차례다.

귀신의 존재 운운하면 이게 무슨 엉뚱한 소리인가 하고 의아해하겠지만, 필자는 귀신이 존재한다고 믿고 있다. 귀신이 있다고 믿기까지에는 몇 년이 걸렸다. 귀신이 들린 수많은 임상 사례들을 접하면서 믿지 않을 수가 없었던 것이다. 간단히 말한다면 점의 원리 가운데 하나는 귀신이 점쟁이에게 알려주는 것이다. 알려줌으로 해서 점쟁이가 미래에 벌어질 일을 미리 맞히는 현상이 벌어지는 것이다.

한자문화권의 지적 전통에서는 귀신이 있다고 전제하고, 이 귀신을 이용해 인간사의 길흉을 미리 예측하는 일이 보편적이었다. 그 유명한 예가 도교(道敎)의 방사(方士)들과 신유학자(新儒學者)들의 세계관을 설명한 『태극도설(太極圖說)』이다. 조선시대에 이것을 외우지 못하면 선비가 아니라는 이야기를 들을 정도로 비중 있는 문건이 바로 『태극도설』이다. 여기에 보면 '사시합기서(四時合其序) 일월합기명(日月合其明) 귀신합기길흉(鬼神合其吉凶)'이라는 대목이 등장한다. "사계절의 순환은 질서와 합하고, 태양과 달은 밝음과 합하며, 귀신은 길흉과 합한다"는 내용이다.

여기서 주목할 부분은 '귀신합기길흉'이다. 이는 곧 길흉을 미리 알려면 귀신을 이용해야 한다는 뜻이다. 귀신의 존재를 인정하고, 귀신의 용도가 다름 아닌 길흉의 판단에 있었음을 엿볼 수 있는 대목이다. 인간사라고 하는 게 길 아니면 흉으로 결판나게 되어 있다. 컴퓨터의 원리처럼 둘 중의 하나다. 중간은 없다. 그 길흉을 예단하는 방법으로서 귀신을 이용하는 전통이 고대로부터 이어져왔던 것이다.

인생살이에 있어서 길흉을 미리 아는 일처럼 중요한 일은 없다. 그러자면 귀신을 알아야 한다는 논리가 성립된다. 자기 앞에 전개될 길흉에 대한 관심이 존재하는 한 귀신을 알고자 하는 탐구는 계속될 것이다. 그렇다면 먼저 접신(接神)에 대해서 살펴보자, 접신이란 신(神)과 교접한 상태를 가리킨다. 신(神)이라고 다 신이 아니다. 신에도 급수가 있고 차원이 각기 다르다. 교접한 신이 어느 정도 등급이나에 따라 무당(巫堂)이 되느냐, 예언자가 되느냐, 도인이 되느냐가 정해진다.

접신한 사람 가운데 가장 확률이 높은 쪽이 무당으로 가는 길이다. 무당은 한국에서 가장 오래된 당이다. 민주당이나 한나라당보다도 훨씬 오래된 당이다. 조선시대의 노론이나 남인과 같은 사색당파보다도 훨씬 연원이 깊은 당임에 틀림없다. 어림잡아 5천 년의 역사와 전통을 지닌 당이 바로 무당이다. 5천 년이라는 한민족의 역사와 운명을 같이해온 당이 무당인 것이다. 우리나라 정당사에서 살펴볼 때 가장 오래된 당이 무당이다. 5천 년 넘게 아직 살아남아 있다는 것은 그만큼 품질이 검증되었다는 의미도 된다. 대중들의 끊임없는 수요와 지지가 있었기 때문에 유지가 가능했다고나 할까.

오죽하면 구한말 김제 모악산(母岳山)에서 후천개벽을 외쳤던 강증산도 '이 당 저 당 믿지 말고, 무당이나 믿어보세'라는 노래를 불렀을까. 힘없는 민초들 입장에서 볼 때는 되지도 않는 공약을 내걸며 '립(lip) 서비스'만 일삼는 '이 당, 저 당'보다는 병을 치료해주고 앞일을 예언해주는 '무당'이 훨씬 실질적이고 인간적이다. 민초들을 도와주는 변함없는 당이 바로 무당이었던 것이다. 요즘 우리가 사용하는 '단골'이라는 말도 '당골'에서 유래했다고 한다. 무당에게 자주 왕래하는 사람이 당골이고, 당골이 단골이 된 것이다.

무당은 이승과 저승을 연결해주는 브로커

그렇다면 무당은 어떤 당인가. 우선 '무(巫)'자를 파자해보자. 무는 공(工)자가 골격이다. 공자는 그 기본구조가 심오하다. 하늘(一)과 땅(一)을 중간에서 이어준다(丨)는 의미가 함축되어 있다. 즉 이승과 저승을 이어주는 의미가 내포되어 있다. 자세히 들여다보면 그 공(工)자에 좌우로 사람 인(人)자가 들어 있는 것이 무(巫)자다. 따라서 무는 하늘과 땅을 이어주는 사람인 것이다.

쉽게 말하면 이승과 저승을 연결해주는 브로커가 무당이다. 브로커는 수수료를 받기 마련이다. 무당도 굿이라는 세레모니를 통해서 수수료를 받는다. 무당의 당은 집 당(堂)자니까 이승과 저승을 연결해주는 브로커가 사는 집이라는 의미가 된다. 신령 영(靈)자도 무(巫)자에 기반을 두고 있다. 영자를 뜯어보면 무자 위에 입 구(口)자가 세 개 놓여 있다. 그리고 그 위에 다시 비 우(雨)자가 있음을 알 수 있다. 이는 무당이 입으로 중얼중얼 외우면 비가 온다는 사실을 의미한다.

농경사회에서 가장 큰 천재지변이 비가 오지 않는 가뭄일진대, 이 가뭄을 해결하기 위해서는 무당이 동원되어 중얼중얼 주문을 외워야만 고대하던 비가 왔던 것이다. 무당의 힘으로 메마른 땅에 비가 내리는 것, 그게 바로 신령함이다. 무(巫)의 기반 위에 영(靈)이 있다. 고로 무성(巫性)과 영성(靈性)은 상통한다. 무성을 배제한 영성은 존재할 수 없다고 본다.

후손을 통해 영생을 추구하는 민족적 사생관

보통 무당이라고 할 때 그 무당에게 접신된 신은 조상신인 경우가 많다. 신들렸다고 할 때 그 신은 대부분 조상신이다. 왜 조상신인가. 그것은 동이민족의 사생관(死生觀)하고도 연결된다. 동이민족은 후손을 통해서 영생을 추구했다. 즉 자식을 낳음으로써 죽음을 극복한다고 여겼던 것이다. 이집트 사람들이 미라를 만들고 피라미드를 만드는 데 총력을 기울인 배경에는 죽은 자가 부활한다는 사생관이 담겨 있다. 죽은 자가 다시 부활한다고 보는 사생관은 이집트에서 유대인에게까지 영향을 미쳐 예수의 부활까지 이어진다. 인도 사람들은 윤회를 통한 환생을 믿었다. 몸을 바꾸어서 다시 태어난다고 보았다.

부활이나 윤회를 통한 환생의 사생관이 아니라, 후손을 통해서 죽음을 극복할 수 있다고 믿은 동이족은 조상의 제사를 무엇보다 중시한다. 제사를 통해서 조상이 다시 후손에게 강림한다고 여긴다. 그래서 제사를 지내는 데 많은 투자를 했다. 제사를 지낼 때 후손의 꿈에 조상이 나타나야 제사를 제대로 지낸 셈이다. 대충 지내면 꿈이고 뭐고 아무것도 없고, 껍데기로 지낸 것이다.

조선시대 사람들은 자신이 죽은 후에 제삿밥을 못 얻어먹는 경우를 크게 걱정했다. 조상과 후손의 연결. 이 연결을 위한 의례가 제사라면, 이 연결을 기록으로 남긴 것이 족보다. 한민족은 세계에서 가장 독보적인 분야를 가지고 있는데, 그것이 족보와 제사다. 우리나라처럼 족보가 발달된 곳은 세계에서 찾아보기 힘들다. 20대 이상의

조용헌의 사주명리학 이야기

가족분화를 족보라고 하는 두툼한 책으로 만들어 수만 명의 집안사람들에게 돌리는 민족이 어디에 있는가. 족보편찬 사업은 산업화에도 불구하고 현재에도 여전히 명맥을 이어가고 있다.

그런가 하면 묏자리도 조상과 관련된다. 명당에 조상의 뼈를 묻으면 살아 있는 후손들의 생활에 영향을 미친다고 보는 풍수사상은 한국인 특유의 관습이다. 하지만 서구화와 산업화의 영향으로 이 세 분야는 형식적인 의례로만 남아 있을 뿐, 그것이 지닌 본래의 중요성은 점차 쇠퇴해가고 있다. 아무튼 묏자리와 족보, 제사는 조상신의 감응과도 깊은 관련이 있다.

조상신의 감응을 설명할 수 있는 또 하나의 기제는 한국의 지리적 특성이다. 한국은 산이 많다. 전 국토의 70퍼센트가 산이라는 말은, 전 국토의 70퍼센트가 기도발을 잘 받을 수 있는 토양을 갖추고 있다는 말과도 같다. 산은 무성의 토대이고, 영성의 바탕으로 보아야 한다. 그만큼 한국인의 종교적 심성에 영향을 끼친 부분이 산이다. 단군 이래로 수천 년 동안 한국 사람들은 정화수를 떠놓고 산신이나 칠성님, 용왕님에게 공을 들이던 민족이다. 그 수천 년 공들였던 전통이 어디로 가겠는가. 공을 들였던 정보는 DNA에 저장되어 후손들에게 유전되어온다.

한국은 무속 인구가 20만 명이라는 통계도 있다. 요즘 사람들은 무당이라고 하면 벌레 씹은 얼굴로 쳐다보는 경향이 있는데, 이를 꼭 부정적으로만 볼 필요가 없다. 이를 잘 활용하면 영성으로 승화시킬 수 있다. 풍부한 영성이야말로 한국 사람들이 지닌 원초적 본능이요,

자산이라고 생각한다. 나는 이성과 감성 위에 영성이 있다고 생각한다. 즉 이성과 감성의 변증법적 종합이 영성이다. 앞으로는 영성이 주목받는 시대가 온다. 한국 사람이 가진 최대의 자본은 이 영성이다. 영성은 적어도 5천 년 이상 쌓아온 두터운 지층을 가지고 있다.

문제는 무성(巫性)을 영성(靈性)으로 승화시킬 때 갖추어야 할 자질이다. 그 자실의 핵심요건은 이타행이요 봉사정신이다. 이것이 결여되면 무성에서 끝나고 이것을 갖추면 영성으로 업그레이드된다. 우리가 말하는 접신과 서양에서 말하는 계시의 차이도 이것이다. 계시받았다는 것도 따지고 보면 신과 교접된 상태다. 바둑 9단의 경지를 입신(入神)의 경지라고 부른다. 신의 경지에 도달했다는 뜻으로서, 입신의 경지는 대단히 고준한 경지로 인식된다.

그렇다면 접신은 무엇이고, 입신은 무엇인가. 입신과 접신은 무엇이 다른가. 마찬가지로 접신과 계시는 무엇이 다른가. 같은 것 아닌가! 그러나 접신은 천한 뉘앙스로 다가오고, 입신과 계시는 신성한 뉘앙스로 다가온다. 따지고 보면 계시나 접신이나 입신이나 모두 신과 교접된 상태다. 바둑의 이창호도 입신된 사람이고, 따라서 그가 보여주는 천하제일 끝내기의 실력은 바둑신(神)과 접신된 상태에서 나오는 내공이라고 본다. 바둑신과 접신되지 않았다면 어떻게 이창호 같은 괴물을 설명할 수 있겠는가.

소설가도 마찬가지다. 사람들의 심금을 울리는 베스트셀러를 내려면 문장신과 접신되어야 한다는 게 나의 지론이다. 유명한 소설가들도 대부분 문장신과 접신된 사람이라고 여겨진다. 『토지』의 박경

조용헌의 사주명리학 이야기

리, 『장길산』의 황석영, 『혼불』의 최명희, 『태백산맥』의 조정래, 『사람의 아들』의 이문열 등등이 그렇다. 이들은 조상 중에 문장을 잘하는 조상이 분명히 있었다고 판단된다. 조상이 쌓아놓은 문장 실력과 현생의 내가 단련한 노력이 접합됨으로 해서 시너지 효과를 보았고, 그 시너지 효과에 기초해 작품들이 나왔다고 여겨진다.

물론 문장신과 접신되지 않고도 소설을 쓸 수는 있지만 뛰어난 작품을 남기기는 어렵다고 본다. 필자 같은 경우가 바로 그렇다. 문장신과 접신되지 않아서 이런 수준에서 헤매고 있다. 제발 접신 좀 되었으면 좋겠다. 바둑이나 소설뿐만 아니라 다른 분야에도 이 법칙이 적용된다. 평범한 수준은 자기 혼자의 노력으로 가능하지만, 비범한 경지는 조상신과의 합작이어야만 가능하다는 게 내가 그동안 많은 사례를 관찰한 결과다.

그렇다면 접신과 계시, 접신과 입신의 차이점은 무엇인가. 접신은 자의보다는 조상신이라고 하는 타의가 많이 개입된 결과다. 자의반 타의반 중에서 타의가 7 대 3으로 더 많은 비중을 차지한 결과다. 그래서 능동적이지 못하고 수동적이다. 조상의 의지가 보다 많이 작용한다. 그게 흠이다. 입신은 이와 반대다. 조상보다는 나의 의지가 많이 작용한다. 능동적이라서 자유가 많다. 그게 장점이다.

접신과 계시의 다른 점은 무엇인가. 접신의 신이 조상이라면 계시의 신은 조상을 벗어난 다른 범주의 신일 수 있다. 즉 가족 범주를 벗어나는 신이라서 스케일이 더 클 수 있다. 스케일이 더 크다는 것은 이기적이 아닌 이타적인 쪽으로 능력을 발휘할 가능성이 높다는 말이다. 물론 조상신 중에서도 스케일이 큰 신이 들어오면 이야기가 달라진다. 입신과 계시도 다르다. 입신의 경지는 능동적인 자의가 많이 작용한다면, 계시는 들어온 신에게 철저히 복종해야만 한다. 완전 수동적이다.

기억에 남는 무당 '사진점쟁이'

나는 무당을 연구하기 위해서 많은 정력과 시간, 그리고 돈을 투자했다. 지난 15년 동안 대략 300여 명의 무당과 인터뷰를 해보았으며, 여기에 투자한 경비(복채 포함)만 해도 계산을 해보니 대략 6천만 원 정도 지출한 바 있다. 그 가운데 기억에 남는 무당은 '사진점쟁이'로 불리던 무당이다.

　1990년대 초반 전주에는 사진점쟁이라는 점쟁이가 명성을 얻고 있었다. 명성의 원인은 첫째 앞일을 잘 맞힌다는 점이고, 둘째는 점치는 공법이 사진을 사용한다는 점이었다. 사진점쟁이는 점치러 온 고객의 사진을 요구한다. 고객이 가져온 증명사진이나 가족사진을 일단 물속에 집어넣는다. 즉 대접에다 물을 받아서 그 대접 속에 사진을 집어넣으면, 물 위로 그 사람의 전생이 투사된다고 한다. 이걸 보고 과거를 진단하고 미래를 예시한다. 물론 물 위에서 전생이 투사되는 장면은 옆 사람은 보이지 않고, 사진점쟁이 본인에게만 보이는 장면이다.

　　　　　　　　　　　　　　조용헌의 사주명리학 이야기

사진점쟁이가 주목을 받았던 이유는 신통력도 신통력이지만 그 공법에 있었다. 사진을 물에 띄워서 점을 보는 방법은 전대미문의 방법이었기 때문이다. 필자도 사진을 휴대하고 가서 3만 원을 내고 접수를 했다. 방안에는 대략 열댓 명 정도가 순서를 기다리고 있었는데, 중년 남자들도 더러 눈에 띄었다. 내 앞 순서의 손님도 40대 중반의 남자였다. 깔끔하게 양복을 차려입은 이 남자는 언뜻 보기에 대기업체의 간부처럼 보이는 외모였는데, 사진점쟁이는 이 남자를 보자마자 "깡패 총장이 오셨구만." 하고 반말을 내뱉는 것 아닌가.

알고 보니 이 남자는 조폭의 두목이었다. 사람을 죽이고 8년 동안 형무소에 있다가 출소한 지 두 달 만에 점을 보러 온 것이다. 결혼을 해야겠는데, 현재 만나는 여자와 과연 궁합이 맞아서 오래 해로할 수 있는가를 보러 온 것이었다. "당신은 전생부터 부하를 많이 데리고 다녀서, 금생에도 먹을 것을 전부 부하들이 가져다주어서 가만있어도 먹고사는 데 지장 없어……. 여자는 많은데 정작 자기 여자는 없는 팔자네……." 조폭 세계에서는 내로라하는 주먹이었지만, 점쟁이 앞에서는 얌전한 손님이 된 그는 반말로 내뱉는 소리를 묵묵히 듣고만 있었다.

그다음 순서는 30대 후반의 아주머니였다. 사진을 물에 넣어보더니 "남편 바람피워서 왔구먼." 하고 던진다. 아주머니는 그렇다고 시인한다. "이 집은 남편이 바람을 피워야 사업이 잘되네. 참 이상하지! 하지만 어쩔 수 없구먼, 바람을 피우지 않으면 돈이 없어지니까." 바람을 피워야만 남편의 사업이 잘된다! 그걸 긍정하느냐 않느냐는 받아들이는 사람 나름이겠지만, 어찌됐거나 나는 세상에 그런 이치도 있다는 걸 처음 알았다.

그다음에는 물끄러미 구경하고 있는 나를 오라 했다. 나는 그날 수염도 일부러 깎지 않고 옷도 허름한 점퍼를 입고 갔다. 점을 치러 갈 때는 실업자처럼 허름한 차림새로 가야만 점발(占發)이 잘 받는다는 그동안의 노하우를 실천한 것이다. 잘나가는 사람처럼 화려하게 하고 가면 왠지 점발이 잘 받지 않는다. 아마도 거리감을 느끼는 것 같다. 점쟁이들은 허름해야 동질감을 느껴서 점괘가 술술 나오는 법이다. 과연 나에게는 뭐라고 할 것인가?

필자의 사진을 넣더니만 대뜸 하는 말이 "수염이 허연 노인이 오셨구먼요!" 하면서 공손하게 첫 마디를 꺼냈다. "아니 이렇게 새파란 사람더러 노인이라니요?", "뒤에 수염이 허연 노인이 서 계시네요!" 무당들로부터 내 뒤에는 허연 노인이 서 계시다는 이야기를 여러 번 들었는데, 사진점쟁이도 역시 같은 이야기를 하고 있었던 것이다. 수염이 허연 노인은 짐작컨대 나의 고조부인 것 같다.

조상의 인생이 나의 전생이다

심령과학을 하는 사람들의 이야기를 빌면 이 고조부는 나의 보호령이다. 어딜 가나 내 뒤를 따라다니면서 나를 지켜주는 수호천사인 것이다. 컴퓨터에 비유하면 파일을 지워도 백파일(back file)은 남기 마련이다. 사람이 죽어도 그 영혼의 일부는 백파일처럼 남기 마련인데, 대체적으로는 후손의 등 뒤에 스크린처럼 떠 있는 수가 많다고 한다.

이 혼령을 볼 수 있는 능력을 지닌 무당들은 그 사람의 등 뒤에 떠 있는 보호령을 먼저 보기 마련이다. 보호령이 어느 정도 등급이냐에 따라 대접이 달라진다. 나 같은 경우는 수염이 허연 노인이기 때문에 비교적 대접을 잘 받는 편이다. 고조부는 불교의 윤회전생 이론에 따르면 나의 전생에 해당한다. 유교적 관념에 따르면 나의 선조다. 조상이 그 집안에 후손으로 다시 오는 것임을 알 수 있다. 다람쥐 쳇바퀴 도는 것처럼 돌고 돈다. 그래서 '적선지가(積善之家)에 필유여경(必有餘慶)'이라는 말이 성립될 수 있다. 선대에 악업을 많이 쌓아놓으면 후대에 뒤끝이 좋지 않은 경우를 여러 번 목격했다.

이집트의 부활이론에 따르면 고조부의 부활이 곧 현재의 나인 것이다. 포인트만 다르지 결국 모두 같은 맥락이다. 고조부가 살았던 인생이 현생의 내 삶의 골격을 이룬다. 즉 고조부가 장사를 했으면 후손인 나도 사업을 하는 수가 많다. 전생(고조부)에 보부상을 했다면 금생(나)에는 오퍼상을 하는 식으로 포장지만 약간 바뀐다. 고조부가 살았던 기본틀에다가 금생에 내가 노력하는 요소가 가미되어 인생이 진행되기 마련이다. 달리 표현한다면 중학교 때 성적표를 보는 것과 같다. 중학교 때 성적표를 훑어보면 고등학교 때 성적을 대강 짐작할 수 있는 법이다. 전생이 중학교라면 현생은 고등학교에 해당한다.

필자는 사진점쟁이와 이런저런 이야기를 나누다가 그만 자리를 뜨려고 했다. 그러자 사진점쟁이가 접수 보는 아가씨를 불러서 "이 손님에게 받았던 복채 다시 돌려드려라!" 하고 지시를 하는 것 아닌가. "아니 왜 돌려주려고 하느냐, 이것도 노동의 대가니까 받아라." 하고 내가 사양했지만 말을 듣지 않았다. 절대 받으면 안 된다는 것이다. 그러면서 하는 말이 "50대 중반이 넘으면 유명한 선생이 되니까, 그때가 되거들랑 내 자식들 좀 잘 부탁한다!"는 말을 했던 것으로 기억한다.

그래서 할 수 없이 복채를 다시 돌려받았다. 내가 수많은 무당들을 만나보았지만 복채 다시 돌려받기는 처음이었다. 화대와 복채는 깎는 법이 아니라는데, 나는 치사하게도 복채까지도 면제받아보는 경험을 해보았다. 필자가 이처럼 사진점쟁이 이야기를 늘어놓는 이유는 복채를 면제받았기 때문이 아니다. 1990년대 당시 광주 국회의원이었던 신기하(辛基夏) 의원과 사진점쟁이와의 비하인드 스토리를 말하기 위해서다.

신기하 의원은 평민당(국민회의) 원내총무도 지냈고 DJ의 총애를 받던 의원이었다. 가끔 TV에서 보면 작은 눈망울이 유난히 반짝반짝하던 모습이 기억에 남는다. 총기와 결단력을 지니고 있었던 신 의원이 현재까지 살아 있었으면 현 민주당 내의 역학구도도 지금과는 달라졌을지도 모른다. 그러나 아쉽게도 신기하 의원은 1997년 꽘에 갔다가 비행기 사고로 추락해서 사망했다. 시신도 못 찾고 죽는 비운을 당했다. 그 신 의원이 죽기 석 달 전쯤 사진점쟁이를 찾아간 적이 있었다고 한다.

일반 봉급쟁이야 점을 칠 일이 없지만, 변수가 많은 인생을 사는 사업가나 정치인은 유명하다고 알려진 역술가를 자주 찾기 마련이다. 전해 들은 바에 따르면 신 의원은 나이 드신 고모하고 같이 사진점쟁이를 찾아갔다고 한다. 고모가 한번 가볼 만하다고 적극 추천했기 때문이다. 신 의원의 사진이 물속에 들어가면서 나타난 점괘는 아주 의외였다. "손님이 비행기 타면 안 되겠는데. 비행기 타면 죽어. 그걸 면하려면 굿을 한번 해야겠어", "굿 하는 데 비용은 얼마나 듭니까?", "1,600만 원은 들어야 돼."

멀쩡한 사람에게 갑자기 죽는다고 말하면서 1,600만 원을 내라니까 신 의원은 황당했던 모양이다. 물론 이때 신 의원이 국회의원 신분을 밝힌 것은 아니다. 점쟁이집에 가면서 국회위원 배지 달고 가는 사람이 누가 있겠는가. 평범하게 점퍼 하나 걸치고 갔던 게 뻔하다. 그러므로 사진점쟁이가 찾아온 손님이 국회의원 신기하라는 사실을 몰랐던 것은 당연하다. 익명의 손님에게 굿을 권유한 셈이다. 하지만 1,600만 원이 아이 이름인가. 자신의 사진을 대접의 물속에 한번 집어넣었다 뺀 다음에, "당신 비행기 타면 죽어. 죽지 않으려면 1,600만 원 내고 굿해야 돼!" 하면 그 말을 곧이곧대로 수용할 사람이 과연 얼마나 되겠는가.

상식과 이성을 가진 사람이라면 대부분 거절하는 게 당연하다. 단번에 수긍하는 사람이 오히려 이상한 사람일 수 있다. 신 의원도 상식과 이성에 충실한 삶을 살았으므로 거절할 수밖에 없었다. 아마도 사진점쟁이의 말을 협박 반, 사기 반으로 생각하지 않았겠는가! 신의원은 그 뒤로 몇 달 있다가 직원들 데리고 괌으로 연수 갔다가 비행기가 공항 주변의 산에 걸려 추락하는 바람에 부부 모두 참변을 당했다. 참변을 당한 얼마 후에 신 의원의 고모가 다시 사진점쟁이를 찾아왔다고 한다. 그 고모는 다행히 괌에 가는 비행기를 타지 않았으므로, 점쟁이를 다시 찾아올 수 있었던 것이다.

그 고모는 "아이고! 우리 조카가 그런 일 당할 줄 미리 알았으면 소맷자락이라도 꼭 붙잡고 당부할 일이지. 왜 그때 그렇게 지나가는 말로만 이야기했소!" 하고 사진점쟁이를 붙잡고 하소연을 했다. 죽은 사람은 말이 없고 산 사람들 사이에서 오간 이야기다. 신 의원 이야기는 고모가 사진점쟁이를 붙잡고 하소연하는 모습을 목격한 어느 손님이 나에게 귀띔을 해주어서 알게 된 사연이다. 나는 그 사연을 접하면서 '과연 인생이라고 하는 게 앞일이 미리 정해져 있단 말인가? 정해져 있는 일은 피해갈 수 없는 것인가? 만약 신 의원이 돈을 내고 굿을 했다면 정말 비행기 사고를 피해갈 수 있었을까?' 하는 의문이 들었다.

혹시 1,600만 원이 비싸다고 여겼으면 디스카운트해서 500만 원 주고라도 굿을 했다면 어떻게 되었을까? 사기당하는 셈치고 말이다. 부분적인 효과라도 있었을까? 끊임없는 의문이 계속된다. 나는 요즘도 길을 가다가도 이 문제를 생각하곤 한다. 참 알 수 없는 일이다. 이런 경우를 보면 사판(事判), 현실적인 판단도 중요하지만 이판(理判), 영적인 판단도 그에 못지않게 중요한 비중을 차지한다는 생각이 든다. 지혜롭게 살려면 이판사판에 모두 식견이 필요하다. 이런 경우

조용헌의 사주명리학 이야기

를 보면 세상사는 사판만 가지고 해결되는 문제가 아니다. 인생은 간단치 않다.

사진점쟁이가 또 한 번 세간에 명성을 휘날린 사건은 김 중위 피살사건이었다. 언젠가 판문점 공동경비구역에서 근무하던 김 중위라는 사람이 살해된 사건이 있었다. 처음에 김 중위의 죽음은 자살로 알려졌다. 근무 도중 권총으로 자살했다고 발표되었다. 그러나 김 중위 가족들은 당국에서 발표한 자살을 받아들일 수 없었다. 자살할 이유가 없었다. 아무래도 석연치 않았다. 그러나 가족들이 판문점에서 발생한 아들의 죽음이 자살이 아니었다는 증거를 대기도 쉽지 않았다. 고민하던 김 중위 아버지는 아들 사진을 가지고 사진점쟁이를 찾아갔다. 지푸라기라도 잡자는 심정으로 말이다.

사진을 물속에 넣어본 끝에 나온 점괘는 자살이 아니라는 것이었다. 물속에 비친 장면은 옆에서 누가 총을 쏘아서 죽은 타살이었다. 이 점괘에서 확신을 얻은 김 중위 가족들은 재수사를 강력하게 요청했고, 결국 타살임이 밝혀졌다. 세상에는 점쟁이의 점괘가 단서가 되어 영원히 미궁으로 빠져들 뻔한 사건도 해결되는 수가 있다.

조상신이 접신된 사진점쟁이

사진점쟁이는 왜 사진을 사용해서 점을 보는 것인가? 그리고 왜 물에다 띄우는가? 사진점쟁이를 대면하면서 품은 의문이었다. 그 단서는 사진점쟁이가 점을 보는 사무실 내 액자에 끼워놓은 할머니 사진에서 찾았다. 물이 쏟아지는 폭포 옆에서 어떤 할머니가 서 있는 사진이었다. 저 할머니가 누구냐고 하니까, 본인의 외할머니라고 했다. 알고 보니 사진점쟁이의 신통력은 그 할머니에게서 나오고 있었던 것이다. 외할머니가 손녀딸에게 접신된 상태였다.

어머니가 일찍 죽어 외할머니 밑에서 자랐던 사진점쟁이는 할머니와 특별한 정이 있었고 그 할머니는 죽어서까지 손녀딸을 잊지 못해서 접신되었다. 돈에 쪼들리는 손녀딸을 경제적으로 도와주기 위해서다. 할머니가 보내주는 신통력 덕에 그녀는 소문도 나고 돈도 많이 벌었다. 폭포 옆에서 찍은 할머니 사진을 보니까 왜 물이 등장하는가에 대한 의문도 풀렸다. 그 할머니는 생전에 공을 많이 들이던 할머니였다. 특히 폭포가 떨어지는 물이 있는 곳에서 공을 많이 들이는 습관이 있었다. 기도를 할 때 물과 깊은 관련을 맺었음이 드러난다.

물과 관련을 맺었던 이 할머니가 외손녀딸에게 접신되자, 그 손녀딸도 역시 물을 사용해서 점을 보는 노하우가 발생한 셈이다. 물에다가 사진을 띄우는 초식은 손녀딸의 아이디어일 수도 있다. 물과 사진 중에서 보다 근본적인 부분은 물이다. 물 위에서 그 사람의 전생이 스크린처럼 투사되니까. 그 할머니는 생전에 기도를 드릴 때 물 위 수면을 보고 기도를 드렸지 않나 싶다.

수면을 보면 마음의 평정을 얻고 의식이 집중되었을 가능성이 높다. 불가에서 말하는 해인삼매(海印三昧)라는 것도 따지고 보면 끝없이 펼쳐지는 해수면의 상태를 보고 내면의 깊은 고요에 들어가는 것이다. 우리 내면에 숨어 있는 심층의식의 모습이 바로 고요한 바다와 같은 모습이라고 하는 이야기를 불가의 고승들로부터 들은 바 있다. 불가의 고준한 해인삼매를 점쟁이의 물에다 비유하는 것은 너무 비약일지 몰라도 기본 원리에서 보자면 공통점이 있다는 이야기다.

열이 많은 사람은 물소리를 들어라

물과 해인삼매 이야기가 나온 김에 샛길로 빠지더라도 좀 더 이야기를 해보자. 물은 정신을 집중하는 방법으로 매우 훌륭한 수단이다. 우선 물소리가 정신집중에 좋다는 이야기는 앞에서 설명했다. 계곡의 물소리도 좋지만, 바닷가에서 들려오는 해조음(海潮音) 소리가 천하일품이다. 철썩철썩 규칙적으로 들려오는 소리에 의식을 집중하면 삼매의 깊은 경지에 들어간다. 관음(觀音)의 숨은 의미가 바로 여기에 있다.

관음이란 소리를 관한다(집중한다)는 뜻이다. 우리나라 불교의 유명한 관음도량이 공통적으로 바닷가에 있는 것은 이 때문이다. 동해안 낙산사의 홍련암(紅蓮庵), 서해안 석모도의 보문사(普門寺), 남해안의 보리암(菩提庵)이 모두 해조음을 잘 들을 수 있는 위치에 자리잡았다.

소리 다음으로 물이 지니는 수행적 의미는 차가움이다. 물은 차다. 따라서 불이 많은 사람은 물을 만나야 화기가 내려간다. 물을 만나야

관음(觀音)이란 곧 소리에 집중한다는 뜻으로, 바닷가 해조음 소리가 일품인 곳에 유명한 관음도량들이 위치해 있다.
사진은 낙산사 홍련암의 모습이다.

수승화강(水昇火降)이 이루어진다. 아랫배에 함축되어 있는 물기운은 머리 위로 올라가고, 머리의 불기운은 아랫배로 내려간다. 수승화강이 원활하게 이루어지는 사람은 무병장수한다. 병이 생기는 주된 이유가 스트레스이고, 스트레스를 받으면 머리에 열이 난다. 머리에 열나는 증상은 대부분 신경을 많이 쓰는 정신노동자들의 병이다. 머리의 열을 어떻게 식힐 것인가. 가장 좋은 방법은 폭포 밑에 앉아 정수리에 폭포수가 떨어지게 하는 방법이다.

무협지를 읽다 보면 도사들이 폭포 물을 머리에 받으면서 앉아 있는 대목이 많이 나온다. 이 때문이다. 화기를 내리는 방법이었던 것이다. 물론 폭포소리에 잡념을 없애는 효과도 누리면서. 특히 다혈질의 '열-고' 잘하는 체질들은 폭포수행이 필수적이다. 다혈질일수록 불기운이 많게 마련이다. 사주팔자에서 여름에 태어나고, 일간이 병화(丙火)인 사람들은 불이 많아서 폭포를 찾아야 수행이 된다. 아니면 저수지라도 옆에 있는 것이 좋다. 금강산의 만폭동이 유명한 이유는 경치도 경치지만, 역대 열 체질의 도인들이 폭포수행을 하던 장소로 유명했다.

여름에 비가 왔을 때 만폭동에 들어서기만 해도 그 시원한 폭포소리에 화기가 내려가곤 했다는 체험담을 노스님들로부터 들은 적이 있다. 그 폭포들마다 좌선하는 수행자들이 자리 잡고 있었던 곳이 금강산의 만폭동이다. 꿩 대신 닭이라고 폭포에 가지 못하면 계곡에라도 가야 한다. 열-고 체질들은 등산할 때에도 계곡을 통해서 올라가는 방법이 정신수양에 효과적이다. 계곡에 내포되어 있는 수 기운을 받으면서 등산을 하면 머리가 훨씬 상쾌해지는 경험을 여러 번 했다.

그러나 내성적인 사람들에게는 이 방법을 권하고 싶지 않다. 여성들도 마찬가지다. 여자들은 음기가 많아 계곡을 타고 등산하면 별로 영양가가 없다. 대신 산 능선을 타고 등산하는 것이 효과적이다. 이런 맥락에서 지리산 칠선계곡 30리는 쉽게 열 받는 화 체질들이 수시로 애용해야 할 코스로 추천하고 싶다. 누구를 때려죽이고 싶은 감정이 들 때는 칠선계곡을 한번 올라가보시라. 20리만 올라가도 틀림없이 효과를 본다.

등산 못하는 사람은 목욕탕에 가서 천장에서 냉수 떨어지는 파이프 밑에라도 앉아 있어야 한다. 천장에서 강하게 떨어지는 냉수를 10분 정도라도 정수리에 맞고 나면 얼얼하면서 시원하다. 옛 사람들은 폭포에 직접 가지 못할 경우 폭포관(瀑布觀)을 했다. 자신이 폭포에 앉아 있다고 상상하는 것이다. 아니면 방 안에다 물줄기가 세차게 쏟아지는 폭포 그림을 그려놓고 자신이 그 아래 앉아 있다고 상상했다.

토가 많으면 물장사가 좋다

물과 돈의 상관관계에 대해 탐색해보자. 물장사를 해야 돈을 벌 수 있는 사주가 있다. 어떤 사주가 물장사를 해야 하는가. 토 체질이다. 사주에 토가 많은 사람은 물이 재물이 된다. 왜냐하면 오행의 상극관계로 따져보면 토극수(土克水)가 성립된다. 토는 수를 극한다. 극한다는 것은 이긴다는 뜻이다. 이겨 먹는 것이 재물이 된다. 따라서 토는 수를 이겨 먹을 수 있고, 수는 토의 재물로 작용한다.

만약 수 체질 같으면 무엇이 재물이 되는가. 화가 된다. 수극화(水克火)라서 그렇다. 참고로 상극관계를 보면 화극금(火克金), 금극목(金克木), 목극토(木克土), 토극수(土克水), 수극화(水克火)다. 사주를 이용한 주식투자의 기본 원리가 이것이다. 자기 사주에 목이 많으면 토에 해당하는, 즉 부동산에 관계되는 주식을 사놓으면 유리하다고 본다. 이걸 보면 화 체질은 금이 재물로 작용한다는 사실을 알 수 있다. 화는 금을 녹이니까 말이다. 그래서 사주에 화가 많은 사람은 몸에 쇠붙이를 붙이고 다니면 좋다. 금반지, 팔찌, 기타 금속성 장신구도 좋다고 본다.

부도가 났지만 한보그룹 정태수 회장이 화(火) 체질이었다고 회자된다. 그는 화가 많은 사주였다. 화가 많은 사람은 강속구를 던질 때가 많다. 줄 때는 화끈하게 준다. 돈을 팍팍 쓴다. 화가 많은 사주를 지녔던 정태수 회장에게 어떤 역술가가 조언을 했다. "당신은 불이 많으니까 금속을 이용한 사업을 하시오." 그 말을 듣고 벌인 사업이 '한보철강'이라는 설이 있다. 철강은 쇠붙이니까. 하지만 한보철강 하다가 한보는 망했다. 결과적으로 역술가가 조언을 잘못한 것이다. 철강에는 쇠만 있는 것이 아니라 용광로도 있다는 사실을 그 역술인은 간과했다. 용광로는 불이다. 철강은 불로 쇠를 녹이는 작업이 핵심인데, 불 체질에게 용광로를 안긴 셈이다. 이는 커다란 판단착오가 아닐 수 없었다.

사주를 보고 물장사를 하라는 말이 나오는 사람은 토 체질이 많다. 그다음에는 수 체질이 해당된다. 보통 물장사라고 하면 술장사를 일컫는다. 술은 액체이므로 일단 물이다. 그러나 이게 몸속으로 들어가면 불로 변한다. 술은 물이면서 불이라는 이중적

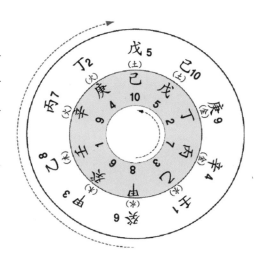

육십갑자 중 십간을 이용해 방위 등을 알아보는 십간원도와 십간방위도

속성을 지닌다. 그래서 수 체질에게 술장사는 맞는 사업이 될 수 있다. 수극화가 되니까.

물장사의 개념을 확대하면 그야말로 물을 이용한 모든 사업이 여기에 해당한다. 목욕탕, 음료수 장사, 수산업, 뱃놀이 사업도 된다. 토 체질은 이러한 사업들이 모두 맞다. 필자는 사진점쟁이의 사주를 물어본 적이 있는데, 흥미롭게도 그의 사주는 토가 많은 토 체질로 나왔다. 따라서 물이 돈이 되는 사업이고, 사진을 물에 띄워서 점을 보는 그녀의 사업은 알고 보니 물장사라고 분류될 수 있었다. 그의 사주에는 물이 반드시 필요한 용신이자 재물이 되는 오행으로 나왔다.

돈이 많으면 몸이 약해진다

육십갑자에서 토에 해당하는 글자는 천간(天干)에서 두 자다. 무(戊)와 기(己)가 토다. 지지(地支)에서 보면 네 글자가 토다. 진(辰), 술(戌), 축(丑), 미(未)다. 사주팔자 가운데 이러한 글자가 많이 있으면 일단 토 체질로 분류한다. 사진점쟁이의 사주를 정확하게 기억할 수는 없지만 기억을 더듬어보면, 무술(戊戌)년 출생에 무술(戊戌)일 태생이었던 것 같다. 토가 유난히 많았던 팔자였다.

무(戊)와 술(戌)은 모두 토다. 천간과 지지가 같은 날에 태어난 팔자를 간지동(干支同) 사주라고 한다. 간지가 같은 오행이므로 그 작용이 강하게 마련이다. 그러므로 무술(戊戌)일은 토의 기운이 아주 강한 명조라고 본다. 토가 많은 사람의 성격은 신중하고 자기의 속을 잘 보여주지 않는 경향이 발견된다. 중후한 분위기를 풍긴다. 판단도 객관적이고 신중하다. 판단이 공평무사하므로 토 체질 가운데는 명판사가 많다고 한다.

그런가 하면 고집도 아주 강하고 종교적인 신심도 강하다. 출가수행자들 가운데 토가 없는 사람은 신심이 없어 오래 수도를 못한다. 벽창호 같다는 말도 많이 듣는다. 특히 태어난 일주가 무술일에 해당하는 사람은 괴강살이 끼었다고 보는데, 고집이 아주 강하다는 것이다. 열 명 중 아홉 명이 반대하더라도 자기가 맞는다고 생각하면 밀어붙이는 사주다. 역대로 수도생활하는 사람 중에 무술일에 태어난 사람이 많았다. 풍수로 유명한 육관 도사 손석우 씨도 무술일주라고 들었다.

하지만 여자가 무술일에 태어나면 불리하다. 며느리를 간택할 때 무술일주는 꺼린다. 고집이 강하고 기가 강해서 남편을 몰아붙인다고 여긴다. '무술일에 태어난 여자하고 사는 남자치고 기 펴고 사는 사람이 없다'는 말도 있을 정도다. 참고로 우리나라 역대 대통령 가운데 토 기운이 가장 강했던 사주는 김영삼 전 대통령이었다. 기토 일주에다가 지지 네 글자가 전부 토에 해당한다. 이른바 진·술·축·미 사주였다. 아래 네 글자가 전부 토로 이루어진 명조는 제왕 격이다. 사주팔자로만 따진다면 대통령의 격국에 어울리는 사주는 박 대통령과 김영삼 대통령이었다. 김영삼 전 대통령은 퇴임 후에도 물을 가까이하는 게 좋을 것 같다.

오행의 상극관계에서 한 가지 주의할 점은 자기가 극한다고 해서 무조건 재물이 되지는 않는다는 사실이다. 약한 사람에게 재물만 많이 들어오면 오히려 해가 된다. 이를 명리학에서는 재다신약(財多身弱)이라고 부른다. 재물은 많은데 몸이 약한 사주다. 재다신약 사주가 돈을 쫓으면 몸에 병이 들거나 마누라가 병이 들거나, 돈으로 인해 패가망신할 가능성이 높다. 남자 사주에서 재물은 여자와 같다고 본다. 재다신약 사주라는 것은 몸은 약한데 마누라를 세 명쯤 데리고 사는 이치와 같다. 이 집 저 집 만족시켜주러 다니다 보면 몸이 거덜나기 마련이다.

신강해야 재물을 감당한다. 즉, 사주가 강한 사람에게 재물운이 들어오면 좋지만, 신약한 사람에게는 재물운이 오히려 독이 된다. 극하는 것이 재물이 된다는 이야기는 어디까지나 신강사주의 경우에만 성립된다는 점을 유의해야 할 것이다. 사진점쟁이 본인의 사주에서도 토기가 강하므로 물이 돈이 된다는 이야기지, 만약 신약사주 같으면 물 때문에 몸만 부대끼고 영양가는 없을 것이다.

점쟁이에게도 티오가 있다

이번에는 '티오론(TO, Table of Organization)'에 대해 논의해보자. 점쟁이에게도 '티오'라는 게 있다. 배당된 할당량이 정해져 있다는 말이다. 무슨 이야기인가 하면 어떤 점쟁이가 일생 동안 맞힐 수 있는 점사(占辭)의 양이 한정되어 있다는 이야기다. 무한정 맞히는 게 아니다. 예를 들면 10년 동안만 맞는다든지, 아니면 1만 명 선만 맞힐 수 있다든지 하는 식으로 배터리가 제한되어 있다. 마치 휴대폰 배터리처럼 말이다.

10년 동안만 맞힐 수 있는 티오를 받은 점쟁이의 경우에 10년이 넘어서면 점발이 잘 받지 않는 경우를 목격했다. 타고난 티오를 오버하면 헛방을 놓는 수가 많다. 이때부터는 그동안 해왔던 관록으로 유지하는 경우가 많다. 관록으로 할 바에는 점술업을 정리해야 옳다. 맞지도 않는 것 뭐하러 오래 하는가. 맞지도 않으면서 오래 하면 사기가 되고 망신살이 뻗친다.

내가 관찰해본 결과 점쟁이들 본인은 자신의 티오가 있다는 사실을 모르는 수가 많았다. 영원히 잘 맞힐 줄 알지만 그것은 오판이고 자만이다. 에너지와 영발은 유한하다. 예를 들면 육관 손석우 도사에게도 명당을 쓸 수 있는 티오가 있었던 것으로 추측된다. 예를 들면 육관이 1천 곳 정도의 명당을 쓸 수 있는 티오를 가졌다고 한다면, 계산상으로 1,001번째부터는 명당이 잘 보이지 않을 수 있다. 이런 경우에 1,001번째 손님은 엉터리라고 욕할 수 있지만, 1천 번째까지는 엉터리가 아니었다. 그러나 일반인들은 그 전환 과정을 잘 모른다.

역술가 본인도 모를 수 있다. 불행한 사실은 명성을 얻고 난 후에는 대부분 타고난 티오가 소진된 경우가 많다는 사실이다. 이름이 나는 과정에서는 잘 맞히다가, 정작 이름을 얻고 난 후에는 찾아가보니까 별거 아닌 경우가 많다. 그 이유는 이름을 얻는 과정에서는 본인이 쓸 수 있는 쿼터가 남아 있었지만, 이름을 얻고 난 후에는 쿼터가 바닥났기 때문이다. 그러므로 이름이 막 나기 시작할 때 얼른 가서 점을 보는 것이 현명하다. 될 수 있으면 이름나기 전 초장에 달려가는 것이 좋다. 밥 솥단지 뚜껑을 열어버리면 이미 김은 샜다. 이 바닥에서 명성이라고 하는 것은 솥단지 뚜껑과 같아서, 명성을 얻은 뒤에 점을 치러 가면 뚜껑 연 뒤에 찾아가는 이치와 같다.

그래서 명사를 만나려면 인연복이 있어야 하는 법이다. 자기한테 부여된 할당량이 있다는 사실을 아는 지혜로운 점술가는 능력을 아껴서 쓰기 마련이다. 꼭 쓸 때만 쓴다. 내가 보기에는 사진점쟁이에게도 티오가 있다. 이 티오가 어느 정도 되는지는 확실하게 모르겠다. 오래전 필자가 만났을 때는 초창기라서 배터리가 생생했지만, 세월이 흐른 지금은 어느 정도 남아 있는지 장담할 수 없다.

초능력은 신인합발의 결과

접신의 신통력은 미래를 예언하는 예언능력뿐만 아니라, 병을 고치는 능력에서도 발휘된다. 예를 들면 침을 잘 놓아서 난치병을 잘 고친다든지, 아니면 지압을 통해서 특수한 치유능력을 갖는 사람들 가운데 일부는 접신을 통해서 그 능력을 얻은 경우가 발견된다. 이는 들어온 신이 의학 분야에 조예가 깊은 신이기 때문이다. 대체로 대대로 의업(醫業)에 종사했던 집안 사람 가운데 이러한 경우가 많다. 선대에 쌓아올린 의학의 노하우가 후손에게 전수된 경우라고나 할까. 이런 각도에서 접신은 격세유전(隔世遺傳)의 일종이라고 해석할 수도 있다.

　병 가운데 접신의 능력을 지닌 사람만이 고칠 수 있는 병이 있다. 일반 병원에서는 이런 병을 고칠 수 없다. 그동안 관찰한 바에 따르면 질병은 세 가지 차원에서 발생한다. 첫째는 잘못된 생활습관이다. 술을 많이 먹어 간이 악화되는 경우다. 이러한 경우는 술을 끊고 병원에서 치료받아야 한다. 둘째는 심리적 원인이다. 목돈을 빌려주었는데 그 돈을 떼인 경우다. 이때는 화병에 걸린다. 카운슬링을 받아서 화를 풀어야 병이 낫는다. 세 번째가 불교식 표현대로 하면 영가(靈駕, 천도가 안 된 귀신)가 붙어서 생긴 귀신 병이다.

　조용헌의 사주명리학 이야기

죽은 사람의 영혼이 그 사람의 오장육부에 붙어서 병으로 나타나기도 한다. 암을 비롯한 불치병 가운데 대강 20~30퍼센트 정도는 영가가 붙어서 발생한 경우다. 이는 아무리 병원 다녀도 낫지를 않는다. 오로지 퇴마사의 처치를 받아야만 낫는다. 퇴마사는 의학의 능력이 접신된 사람을 가리킨다. 넓은 범위의 퇴마사에는 수도를 많이 한 고승이나 신부님도 해당한다. 『삼국유사』에도 보면 불교의 고승이 왕실의 왕비나 공주의 병을 낫게 했다는 기록이 보인다. 서양의 경우에도 여러 신비주의자들이 귀족이나 왕족의 불치병을 고쳐줌으로 해서 관계를 맺는 경우가 많은데, 이는 그 불치병이 귀신이 붙어서 생긴 귀신병이었기 때문에 가능했던 것이다.

이번에는 접신에 대해 살펴보았다. 접신은 들어온 신의 등급에 따라서 능력이 천층만층으로 갈라진다. 대부분 조상신이 많다. 하지만 수도를 해서 에고를 녹일수록 보다 큰 신이 들어오게 된다. 자기 그릇이 종로구만 한 그릇이면 종로구 크기의 신이 들어오지만, 대한민국만 한 그릇이면 역시 대한민국 크기의 신이 들어오는 것이 이 세계의 법칙이다.

요점은 에고를 얼마나 깊이 그리고 넓게 녹일 수 있느냐 하는 문제다. 깊고 넓게 에고를 뿌리 뽑을수록 그에 비례해서 더욱 큰 신이 들어온다. 큰 신은 우주신일 수도 있다. 성자들과 큰 도인들은 우주신과 합일된 사람들이라고 말할 수 있다. 초능력은 신인합발(神人合發)이다.

변혁가의 바이블 '주역',
그리고 주역의 대가 야산

『주역』이 시라면 사주는 산문이다

우리가 보통 역술(易術)이라고 말할 때, 그 범주에는 『주역』과 '사주명리학'이 모두 포함된다. 역술의 대가라고 하면 이 양쪽에 모두 조예가 깊은 사람을 일컫는다. 『주역』만 알고 명리를 몰라도 안 되고, 명리만 알고 『주역』을 몰라도 깊이가 없다. 양쪽을 모두 알아야 한다.

엄밀한 의미에서 놓고 보자면 이 양자는 다르다. 『주역』은 팔괘(八卦)를 기본으로 해서 이를 조합한 육십사괘(六十四卦)를 가지고 인간과 세계를 설명하고 예측한다면, '사주명리학'은 십간 십이지(十干 十二支)를 기본으로 한 육십갑자를 가지고 인간과 세계를 설명하고 예측하는 방법이다. 양자의 공통점은 예측(predict)을 하기 위한 방

조용헌의 사주명리학 이야기

법론이라는 점이다. 그렇다면 차이점은 무엇인가. 그 차이점은 여러 가지 각도에서 설명할 수 있다.

우선 『주역』은 음양에서 출발해 사상(四象), 사상에서 팔괘, 팔괘에서 육십사괘로 뻗어나가는 방식이다. 이를 수(數)로 표시하면 그 뻗어나가는 방식이 명료하게 드러난다. 즉 2(음양)-4(사상)-8(팔괘)-64(육십사괘)의 방식이다. 반면에 사주명리학은 숫자로 표현하기에는 부적합하다. 육십갑자 모두를 음양으로 나누고, 이를 다시 오행으로 곱하는 방식이다. 여기에 첨가되는 부분이 생년월일시라는 네 기둥이다. 그래서 사주 보기가 훨씬 복잡하다. 『주역』으로 어떤 사람의 점을 쳐볼 때는 '지금 당장(now and here)'만 필요하지만, 사주로 볼 때는 그 사람의 년, 월, 일, 시가 모두 필요하다.

다시 말하면 『주역』은 점치는 순간(時)을 중시하지만, 사주는 시(時)뿐만 아니라 년(年)도 필요하고 월(月)과 일(日)도 알아야 한다. 주역이 OX 방식이라고 한다면, 사주는 사지선다형이라고나 할까. 주역이 디지털 시계라면 사주는 아날로그 시계다. 그리고 주역이 시(詩)라면 사주는 산문(散文)이다. 주역이 압축적인 결론을 내리는 데 장점이 있다면, 사주는 서사적인 전망을 하는 데 유리한 장점을 지니고 있다.

예를 들어 지금 1억을 투자해 사업을 시작할 것인가 말 것인가를 알기 위해 『주역』으로 점을 치면 예스 아니면 노가 나온다. 둘 중의 하나로 결판난다. 반면에 사주로 보면 지금은 사업하기 좋지 않지만 3년 후 가을쯤이면 때가 온다. 사업을 할 때도 부동산 쪽보다 물장사가 좋다는 식으로 나온다. 좀 더 구체적인 설명 체계다.

술이란 방법론이다

유의할 대목은 주역과 사주 모두 술(術)이라고 표현한다는 점이다. 그래서 역술이라고 한다. 술(術)이란 무엇인가. 한마디로 정의하면 방법론이다. 강물을 건너가는 뗏목이고, 지붕 위에 올라가게 해주는 사다리와 같은 작용을 하는 것이 동양사상에서 말하는 술이다. 좋은 의미다. 뗏목이 없으면 어떻게 강을 건너고, 사다리가 없으면 어떻게 지붕 위로 올라갈 수 있겠는가.

강 건너에 피안이 있고, 지붕 위에 아무리 천당이 있다 할지라도 건너갈 수 없고 올라갈 수 없으면 아무 소용 없는 이야기다. 당위만 아무리 강조해보아야 소용없다는 말이다. 달나라에 가기 위해서는 로켓이 반드시 있어야 하는 것이다. 문제는 방법론이다. 그 방법이 바로 술이고, 그 술을 전문적으로 연구하는 사람이 바로 술사(術士)다. 말하자면 해결사라고나 할까.

그러나 시대가 흐르면서 술사는 부정적인 표현으로 인식되었다. 원래는 좋은 개념이었지만 시간이 흐르면서 인플레가 진행되면 출발할 때의 오리지널리티가 희석되기 마련이다. 역사를 보면 이런 경우가 많다. 마치 노자, 공자, 맹자를 지칭하는 '자(子)'라는 존칭이 영자, 미자, 춘자 하는 식으로 여자들 이름으로 희석되고, 복희씨, 신농씨의

조용헌의 사주명리학 이야기

'씨(氏)'라는 존칭이 아무나 보고 '~씨'라고 호칭되는 것처럼. 요즘에
는 '사모님'과 '선생'이라는 호칭이 그렇다. 아무 남자나 보고 선생이
라고 하는가 하면 아무 여자나 보고 사모님이라고 부른다. 고준한 의
미를 지니고 있던 술사라는 표현도 시대가 흐르면서 이렇게 타락하
고 말았다.

사실상 요즘 술사라고 하면 사기꾼 비슷한 사람을 일컫는 표현이
다. 미신이라는 콘텐츠를 가지고 혹세무민하는 사람이 술사다. 술사
를 우리나라 직업분류표의 방식대로 표현한다면 미신종사업자다. 이
글을 쓰고 있는 나의 팔자는 직업도 두 개요, 전공도 두 개로 나온다.
직업 중 하나는 대학교 훈장이고, 다른 하나는 미신종사업자로 분류
될 수 있다. 물론 돈을 받고 사주를 보지는 않으니 엄밀한 의미에서
업자는 아니지만, 역술에 대해 연구하는 사람도 광의의 개념에서 보
자면 미신종사업자에 포함된다.

제대로 연구하기 위해서는 그 물에 풍덩 뛰어들어서 발을 적셔야
하는 것이다. 그 물에 들어가보지 않으면 그 바닥의 진수를 파악하기
힘들다. 세계적인 여성 문화인류학자 마거릿 미드(M. Mead, 1901~
1978)가 본국에 남편을 두고서도 뉴기니 섬 원주민들의 풍속을 연구
하기 위해서 원주민 추장의 아들하고 결혼했던 것처럼 말이다.

미신종사업자의 단점은 지독한 천대를 받는다는 점이라고 한다
면, 장점은 명예퇴직이 없다는 점을 꼽을 수 있다. 정년퇴직도 없다.
건강이 허락할 때까지 무한 종사할 수 있는 직업이 미신종사업이다.
역사도 무지무지 깊다. 적어도 기원전 3천 년 전부터 존재하던 직업

이니까 5천 년 역사를 자랑한다. 앞으로도 없어질 가능성은 희박하다. 다른 직장은 40대 중반만 되어도 자리보전을 걱정해야 하지만, 이 분야는 나이가 들고 흰머리가 늘어날수록 오히려 신뢰도와 권위가 올라간다.

흰머리와 복채는 비례하는 경우가 많다. 젊어서부터 일찌감치 흰머리를 확보하기 위한 비책으로 숙지황 먹고 난 다음 무를 몽땅 먹어야 하지 않나 하는 생각도 가끔 든다. 누구는 30대 중반의 새파란 나이에 전남 도지사로 발령 받고 나서 머리 허연 하급직원들을 제압하기 위한 방법으로 숙지황과 무를 먹었지만, 역술가는 복채를 많이 받기 위해 이를 먹는 수도 있다. 어찌 됐든 간에 문제는 확률과 정확도다. 이게 떨어지면 진짜 사기꾼으로 전락한다.

『주역』을 대하는 세 가지 입장

명리학은 10세기 무렵에 그 체계가 완성되었다고 볼 수 있다. 『주역』은 적어도 기원전 5세기 이전부터 완성된 형태로 존재해왔다. 그 역사를 놓고 보면 『주역』이 사주보다 대략 1500년 이상 앞선다. 그러므로 『주역』이야말로 동양 역술의 알파요 오메가라고 해도 과언이 아니다. 장구한 역사를 지니고 있다. '주역사(周易史)'를 대강 훑어보면 주역에 대한 입장은 세 가지 분야로 분류가 가능하다.

첫째는 점서(占書)로서 『주역』을 대하는 입장이다. 그야말로 점을 치기 위해 『주역』을 보았다. 이 노선을 보통 상수학(象數學)이라고 부른다. 『주역』의 팔괘와 육십사괘는 일차적으로 형상(象)으로 나타나고, 이 형상은 숫자로 환산된다. 예를 들어 건괘(乾卦)는 1이고, 태괘(兌卦)는 2이며, 리괘(離卦)는 3, 진괘(震卦)는 4로 표현하는 식이다. 점을 치기 위해서는 상(象)과 수(數)에 골몰해야 한다.

『주역』의 원래 목적은 점을 치는 데 있었다. 상수학적 입장이 가장 원조다. 송대(宋代)의 소강절(邵康節, 1011~1077)이 대표적 인물이다. 그의 저서인 『황극경세서(皇極經世書)』는 상수학적 입장에서 우주변화를 설명한 명저다. 그러나 정이천(程伊川)을 비롯한 송대(宋代)의 신유학자들은 소강절의 패러다임을 전적으로 납득하지 못한 감이 있다. 너무나 거창하고 복잡해서 이해하기가 어려웠던 것이다. 그래서 신유학자들의 어록을 모아놓은 『근사록(近思錄)』을 보면 유독 소강절의 어록만 빠져 있다. 괴상하다고 여기고 빼버린 것이 아닌가 싶다.

흥미로운 대목은 19세기 한국의 민족종교 지도자들이다. 이들이 공통적으로 내세운 '후천개벽'이라는 패러다임 시프트(paradigm shift)의 연원은 소강절로부터 유래했다는 점이다. 후천개벽설은 발생지인 중국에서는 별로 빛을 보지 못했고, 일본에서도 주목받지 못한 우주론이다. 유달리 조선에서만 각광받고 유행했다. 조선에서의 계보를 살펴보면 화담(花潭) 서경덕(徐敬德, 1489~1546)이 소강절의 노선을 계승했다고 볼 수 있다. 서경덕의 학통을 계승한 인물이 누군가 하면 이토정(李土亭, 1517~1578)이고, 토정 다음에는 전라

감사로 유명한 이서구(李書九, 1754~1825), 그리고 계룡산의 김일부(金一夫)로 계승되었다.

김일부의 영향을 받아 후천개벽을 주장한 민족종교 지도자들을 보면 동학의 최수운, 모악산의 강증산, 원불교의 박중빈을 예로 들 수 있다. 19세기 서세동점의 전환기에 한국에서만 유달리 후천개벽설이 민중들에게 파고들었던 것이다. 이 부분이 중국이나 일본과는 구별되는 대목이다. 그 이유는 아마도 한국 사람들이 그만큼 변혁에 대한 갈망이 강했음을 의미한다.

하회마을의 겸암정

두 번째는 도덕적 입장이다. 점을 쳐 미래의 길흉을 예측하는 것은 괴력난신(怪力亂神)에 빠질 위험이 있다고 보고 여기서 벗어나고자 한 노선이 이 노선이다. 괘를 보고 자기의 마음을 수양하는 데 초점을 두었다. 자기수양의 차원에서 『주역』을 보고자 한 것이다. 송대의 정이천(程伊川)이 대표적 인물이다. 정이천은 기존의 상수학적인 주역에서 벗어나 의리적인 관점에서 주역을 해석한 대표적 인물이기도 하다.

『주역』은 내면의 수양을 위한 지침서였다. 조선 중기 겸암(謙菴) 류운용(柳雲龍, 1539~1601) 같은 경우가 바로 그러한 사례다. 겸암은 임진왜란을 치른 명재상 서애 류성룡의 친형이기도 하다. 그의 호

조용헌의 사주명리학 이야기

인 겸암은 주역 겸괘(謙卦)에서 유래했다. 겸손하라는 의미다. 류운용은 29세 때 안동 하회마을 건너편의 산자락에 수양을 하기 위한 정자를 하나 지을 때도 겸괘의 의미를 담아서 지었다. 그 정자의 이름은 겸암정(謙菴亭)이었다. 이름을 겸암정이라 정한 이유는 스승인 퇴계가 제자인 류운용에게 겸암이라는 호를 주었기 때문이다.

겸(謙)은 주역의 64괘 가운데 열다섯 번째에 해당하는 괘로서, 위에는 땅을 상징하는 곤(坤)괘가 있고 아래에는 산을 상징하는 간(艮)괘가 배치되어 있다. 줄여서 '지산겸(地山謙)'이라고 부른다. 지산겸은 산이 땅 위에 있지 않고 땅 밑에 있는 형상으로 겸손하라는 뜻을 함축하고 있다. 퇴계가 64괘 가운데 하필 겸괘를 제자에게 준 배경에는 류운용의 평소 스타일이 겸양과는 거리가 있는 성격이었음을 암시하고 있다. 즉 과격하고 독선적인 성격을 다스려서 겸손해지라는 의미에서 겸괘를 준 것이다.

이때부터 겸암은 평생 겸괘를 의식하고 살았던 것 같다. 현재 남아 있는 겸암정의 위치부터가 겸양한 자리다. 하회마을을 휘감아도는 물길 건너편에는 '부용대'라고 불리는 바위절벽이 솟아 있다. 보통사람 같으면 부용대 위에 정자를 지었을 것이다. 하회마을 전체를 내려다보는 탁 트인 전망을 가졌을 뿐만 아니라 터도 평평해서 정자 짓기에는 안성맞춤의 자리다. 그러나 겸암정은 부용대에서 한참 왼쪽으로 내려온 중간 지점의 어슴푸레한 위치에다 자리를 잡았다. 하회마을에서 건너다보면 별로 눈에 띠지 않는 지극히 범상한 지점이다. 눈에 확 들어오는 정상이 아니고 약간 들어가는 중간 지점을 택

퇴계는 제자 류운용에게 겸양의 의미로 '겸괘'를 주었다.
그가 그 겸괘를 의식했다는 사실은
부용대의 어슴푸레한 위치에 자리 잡은 '겸암정'의 위치만 보더라도 알 수 있다.

화천서원 입구에 걸려 있는 현판글씨인 지산루 역시 '겸손해야 한다'는 의미의
지산겸 괘를 다시 한 번 상기시키는 작명이라고 할 수 있다.

해서 정자를 지었다는 것은 정자 이름 그대로 겸양의 정신이 깃들어 있다는 징표다.

겸암정이 자리 잡은 형국 자체도 지산겸 괘가 상징하는 것처럼 산의 정상이 아니고 중턱이라는 점을 눈여겨보아야 한다. 부용대 오른쪽 밑에 겸암을 모셔놓은 서원인 화천서원(花川書院)이 있는데, 화천서원 입구에 걸려 있는 현판글씨도 다름 아닌 '지산루(地山樓)'로 되어 있다. 지산루라고 하는 이름은 지산겸 괘를 다시 한 번 상기시키는 작명이다. 겸암은 의리적인『주역』뿐만 아니라 상수학적인『주역』에도 또한 깊은 조예를 지녔다고 전해진다. 겸암에 관한 신이(神異)한 이야기가 오늘날 경상도는 물론 전라도에까지 내려오고 있다.

호랑이와 용의 만남

세 번째는 도교의 내단적(內丹的) 입장이다. 내단은 외단(外丹)의 반대말이다. 외단이 수은과 유황 등을 제련해 만든 불사약을 지칭한다면, 내단은 외부 약물이 아닌 인체 내에서 단을 찾았다. 인체 내의 하단전에 기를 모으는 방법이 진짜 신선이 될 수 있는 방법이라고 보았다. 단전호흡을 중시하는 단학(丹學)의 입장에서『주역』을 살펴본 것이다.

『주역』'계사전'에 등장하는 '근취저신(近取諸身) 원취저물(遠取諸物)'이라는 표현이 대표적이다. "가깝게는 자기 몸에서 진리를 찾고,

멀리는 각각의 사물에서 진리를 찾아야 한다"는 뜻이다. 인체를 소우주로 보고, 소우주를 알면 대우주를 알 수 있다는 전제가 깔려 있는 언급이다. 굳이 바깥의 대우주까지 갈 필요가 있겠는가. 소우주를 알면 대우주를 알 수 있는 것이지.

육십사괘는 대우주뿐만 아니라 소우주인 인체의 변화도 설명할 수 있는 기제다. 내단에서 말하는 인체변화의 핵심은 감리교구(坎離交媾)에 있다. 감(坎)괘와 리(離)괘가 서로 만나는 것이 감리교구다. 감은 신장의 수(水)기운을, 리는 심장의 불기운을 상징하기도 한다. 오장육부 가운데 신장과 심장이 만나야 하고, 혼(魂-火)이 백(魄-水) 가운데로 들어가며, 호랑이와 용이 만나고, 물과 불이 만나야만 내단을 형성할 수 있다고 보았다. 그게 바로 동양 신비주의의 정수인 '황금꽃의 비밀(secret of golden flower)'이기도 하다.

반복하자면 내단의 핵심은 감리교구에 있고, 이 내면의 연금술(Inner alchemy)을 설명하는 방식이 바로 주역이었다. 그 내면의 연금술을 주역 식으로 설명한 책이 바로 도사 위백양(魏伯陽)이 저술한 『주역참동계(周易參同契)』다. 『주역참동계』는 오늘날까지 단학의 바이블로 존중받고 있을 만큼 심오한 책이다. 개인적으로는 한자문화권 정신사의 최고봉이 여기에 있다고 생각한다. 최근 서양학자들이 가장 관심을 기울이는 분야가 이 분야이기도 하다.

조용헌의 사주명리학 이야기

『주역』 공부에서 실력 차이가 난다

조선은 『주역』의 나라였다. 식자층이라고 하면 모두 『주역』에 골몰했다. 공자만 가죽끈이 세 번 끊어지도록 주역을 공부한 것이 아니라, 조선의 공부깨나 한다는 선비들도 평생 죽을 때까지 『주역』을 끼고 살았다 해도 과언이 아니다. 우리나라 문묘에 배향된 대학자들은 모두 『주역』 전문가이기도 하다.

사서삼경을 두고 보자. 사서라 하면 『대학』, 『중용』, 『논어』, 『맹자』다. 사서는 도덕적 실천에 관한 문제가 중요하다. 『논어』를 두고 보더라도 얼마나 군자답게 사는가, 어떻게 처세를 하며 살 것인가 하는 문제가 주를 이루고 있다. 도덕 교과서다. 우주와 인간의 심오한 비밀을 탐구하는 내용은 아니다. 『대학』이나 『중용』도 정도 차이는 있지만 대동소이하다고 본다. 이러한 책들은 몇 번 읽어보면 이해가 가는 책들이다. 문제는 실천이 잘 안 돼서 그렇지 지적으로 파악이 불가능한 내용들은 아니라는 말이다. 삼경 가운데 『시경』이나 『서경』도 역시 마찬가지라고 본다.

그러나 『주역』만큼은 차원이 다르다. 요즘 식으로 표현한다면 『주역』을 제외한 나머지 경전들이 문과(文科)에 관한 책들이라면, 『주역』은 이과(理科)에 관한 책이다. 사서는 암기하면 되지만, 『주역』은 응용과 분석을 요한다. 더 들어가면 이과이면서도 다시 문과로 되돌아온다. 『주역』을 이해하려면 하도와 낙서, 그리고 팔괘와 육십사괘의 수많은 조합을 파악하고 이를 실전에 적용하기까지 대단히 많은 시간과 정력을 투자해야 한다.

설령 투자한다고 해도 쉽게 파악되지도 않는다. 한 고개 넘었는가 싶으면 또 한 고개 나오고, 또 나오고 하는 식이다. 『주역』 고수들의 고백을 들어보면 한 30년 정도 여기에만 골몰해야 무엇이 좀 보인다고 한다. 타고난 자질이 있는 사람들이 30년 동안이나 골몰하지 그렇지 못한 범부는 중도탈락이 대부분이다. 골치 아프니까 적당히 하다가 중도에 그만두는 것이다. 『주역』을 했다는 사람은 많아도 이를 실전에 적용하는 사람은 매우 희소한 이유가 이 때문이다.

조선 중기를 지나 후기로 갈수록 포부가 있고 머리가 있는 선비들은 『주역』을 파고들었다고 보인다. 공부를 얼마나 했느냐의 최종 테스트는 『주역』에 대한 이해 정도를 가지고 구분되었다. 실력의 차이는 『주역』에서 나타났던 것이다. 조선 후기로 갈수록 부패한 현실정치에 절망한 재야의 뜻있는 선비들은 『주역』으로 시대의 변화를 미리 예측하고, 변화에 미리 대비하고자 했던 것 같다.

『주역』은 변혁을 꿈꾸는 사람들의 바이블이었다. 앞에서 언급한 민족종교에 투신했던 주요 인물들의 면면을 살펴보면 대부분 『주역』 전문가들이었다. 평생 『주역』만 공부한 사람들이라고 할 만큼 이 분야에 깊은 조예를 가지고 있었다. 지나칠 만큼 『주역』에 많은 투자를 했다. 『정감록』과 함께 『주역』은 19세기 변혁을 꿈꾸는 재야 선비들의 전공필수과목이었다.

그런가 하면 『주역』은 『당시(唐詩)』, 사마천의 『사기(史記)』와 함께 한자문화권 식자층의 3대 공부 과목이었다. 일본도 마찬가지다.

『주역』은 철학이고, 『사기』는 역사이며, 『당시』는 문학이다. 이른바 문(文), 사(史), 철(哲) 삼박자를 대표한다. 이 삼박자에 대한 섭렵 없이는 식자층 노릇하기 힘들었다. 아직도 이 세 과목은 전통적 교양으로서 여전히 그 힘을 발휘하고 있다. 씹으면 씹을수록 맛이 나는데, 어떻게 안 씹을 수 있겠는가. 여기에 맛들이면 골치 아프다.

미시주역과 거시주역

지금부터 이야기하려고 하는 야산(也山) 이달(李達, 1889~ 1958)은 근세 한국주역사(韓國周易史)에서 특출한 존재다. 『주역』이란 무엇인가, 『주역』을 공부하면 어떤 능력을 갖게 되는가에 대한 대답을 주고 간 분이다. 아울러 『주역』이란 과연 공부할 만한 학문이라는 것을 온몸으로 보여주고 간 인물이 아닌가 싶다. 그러한 위력을 보여주었음에도 불구하고 이상하게 일반인들에게는 별로 알려지지 않았다.

해방 이후 서구화, 산업화가 진행되는 과정에서 아무도 돌아보지 않는 이 분야는 지하 단칸방에서 근근이 명맥을 유지해왔기 때문이다. 화려한 고층 빌딩에는 결코 나와본 적이 없다. 비록 지하 단칸방에 파묻혀 있었지만 필자가 보기에는 야산만한 인물은 그리 흔하게 나올 수 없다고 생각된다. 근세 『주역』의 대가인 김일부와 함께 양대 산맥을 이루는 인물이 바로 야산이다. 양자의 경향성을 굳이 구분해본다면, 김일부가 후천개벽이라고 하는 데에 초점을 둔 거시적 주역에 능통했다면, 상대적으로 야산은 일상사에서 주역의 원리를 적용하는 미시적 주역에 능통했다고 보인다.

경제학에도 미시경제학과 거시경제학이 있듯이, 주역에도 미시주역(微視周易)과 거시주역(巨視周易)이 성립될 수 있다고 필자는 생각하는데, 바로 그 미시주역의 전범을 보여준 인물이 야산 이달이다. 김일부를 쳐다보면 웅혼한 우주사의 변천이 느껴지고, 야산을 바라보면 시계바늘의 톱니바퀴가 맞물려 돌아가는 것 같은 정밀함이 감지된다. 일부는 망원경 주역이고, 야산은 현미경 주역이다.

물론 음양중(陰中陽)이고 양중음(陽中陰)이듯이 망원경 속에 현미경도 포함되어 있고, 현미경 속에 망원경도 있는 법이다. 야산도 민족의 진로와 같은 거시적 전망에서도 탁월한 안목을 보여주었지만, 일반인들도 쉽게 이해할 수 있는 일상사에서 『주역』을 활용해 문제를 해결하는 경우가 많았기 때문이다. 이런 맥락에서 보면 일반대중이 쉽게 다가설 수 있는 인물은 김일부보다는 야산 이달이라고 할 수 있다.

문경군 문경읍 문경리로 가자

내가 야산이라는 인물에 대한 최초의 정보를 입수한 시기는 5년 전쯤이다. 중국의 선종(禪宗) 사찰들을 답사하면서 건국대 이준 교수와 동행한 적이 있었다. 자연과학을 전공한 이준 교수와 중국 강서성

조용헌의 사주명리학 이야기

(江西省)의 시골 허름한 여관방에 같이 묵으면서 뜻밖에도 불교의 고승들과 도교의 도사들에 대한 해박한 이야기들을 귀동냥할 수 있었다. 그 중 가장 인상 깊었던 이야기가 야산이 남긴 일화였다.

해방되던 해인 1945년 4월 무렵부터 야산은 길에 다니면서 '대한 독립만세'를 중얼거리고 다녔다. 길 가던 사람이 볼 때는 영락없이 미친 사람처럼 계속해서 '대한독립만세'를 흥얼거리고 다닌 것이다. 일제강점기에 '대한독립만세'를 중얼거리고 다닌 야산은 일본 경찰에 의해 유치장에 수감되었다. 유치장에서도 횡설수설하면서 '대한 독립만세'를 흥얼거리니까 일본 경찰은 미친 사람의 헛소리로 판정하고 방면했다. 유치장 문을 나가면서도 야산은 경찰관을 향해 '대한 독립만세여!' 하고 중얼거리면서 나갔다고 한다.

8월 13일, 경남 청도의 화계리(花溪里) 오(吳)씨 집에 머무르던 야산은 따르던 제자들에게 갑자기 "경사스러운 일을 들으러 가자!" 고 선언했다. 그리고 나서 서둘러 14일, 경북 문경군(聞慶郡) 문경면 (聞慶面) 문경리(聞慶里)로 십수 명의 제자들을 데리고 갔다. 영문도 모른 채 따라간 제자들에게 야산은 잔치를 벌이라고 했다. 문경리의 촌로들을 모아놓고 닭고기와 술을 대접하는 잔치판을 벌인 것이다. 야산은 "오늘같이 기쁜 날, 내가 닭춤을 한번 추겠다." 하면서 잔치마 당에서 덩실덩실 춤을 추는 것이 아닌가.

속을 모르는 제자들은 "리 선생이 요즘 정신이 약간 이상한 것 같더니 정말 돌았는지 모르겠다." 하면서 걱정스럽게 야산의 닭춤을 구경했다. 8월 14일 저녁, 가져간 돈으로 문경리의 촌로들에게 술과 닭

야산이 해방을 예견하고 찾아간 문경군 문경읍 문경리 일대의 모습.
'경사스런 일을 듣는다'는 '문경(聞慶)'의 뜻을 이용한 야산의 절묘한 퍼포먼스 연출이 이루어진 곳이다.

고기를 먹이면서 흥겹게 논 다음날 8월 15일이 되었다. 제자들은 그 날 36년간의 일본 압제에서 벗어나 해방이 되었다는 것을 알게 되었다. 그리고 나서야 제자들은 광인처럼 행동할 수밖에 없었던 스승의 깊은 뜻을 이해할 수 있었다.

야산은 민족의 해방이라는 경사스러운 소식을 듣기 위해 장소도 비상한 곳을 물색했던 것이다. 비상시에는 비상한 장소에서 비상한 인물이 비상한 일을 한다고 했던가. 비상한 장소, 그게 바로 문경(聞 慶)이었다. '경사스러운 일을 듣는다'는 뜻 아닌가. 문경군 문경읍 문경리는 그 경사스러움이 트리플로 겹쳐진 곳이다. 해방 하루 전인 14일에 잔치판을 벌여놓고 닭고기를 먹으면서 닭춤을 추었으니 절 묘한 무대연출 아닌가. 닭은 바로 새벽이 왔음을 알리는 메신저 아니 던가. 1980년대 암울한 시절에 누가 그랬던가. '닭의 목을 비틀어도 새벽은 온다고……' 지금 생각해보니 이보다 더한 퍼포먼스가 어디 에 있겠는가 싶은 생각이 든다.

면자에서 눈 목을 떼어라

이준 교수로부터 들은 또 하나의 이야기가 서해안의 안면도 이야기 다. 6·25가 나던 해인 1950년 3월 무렵에 야산은 제자들에게 다짜 고짜 통고했다. "자네들 집에 있는 재산들 가운데 10만 원만 남겨놓 고 나머지는 전부 나에게 가져와라." 말하자면 비상금 정도 남겨놓고 나에게 재산을 다 바치라고 하는 충격적인 이야기였다. 무엇 때문인지 그 이유는 밝히지 않은 채. 평소 스승의 남다른 선견지명을 여러 번 경험했던 제자들은 무언가 이유가 있겠지 하고 시키는 대로 했다고 한다. 제자들은 당시 금액으로 집에 10만 원만 남겨놓고 가산을 정리해 현찰로 가져왔던 것이다.

그때 야산을 충실히 따르던 핵심 제자가 열 명이었다고 하는데, 이 가운데 두 명의 제자로부터 가져온 돈은 마당에 내던졌다고 한다. "너희 둘은 내 제자가 아니다." 두 명의 제자는 재산 가운데 일부만 정리해 가져왔음을 간파했기 때문이다. 부끄럽게 여긴 이 두 사람은 다시 집으로 되돌아가서 제대로 재산을 정리해 나머지 돈을 모두 가지고 왔다. 제자들은 왜 우리 선생이 재산을 가져오라고 하는가 하는 의문을 품으면서도 감히 아무 질문도 할 수 없었다.

열 명의 제자들로부터 상당한 재산을 갈취한(?) 야산은 다음과 같은 지시를 남길 뿐이었다. "너희들 모두 음력 6월 초에 서산포구에서 다시 만나자!" 약속한 그 날짜에 서산포구에 제자들이 가족들을 데리고 도착해보니 배가 두 척 마련되어 있었다. "너희들 모두 이 배에 타거라", "배 타고 어디로 가는데요?", "안면도로 간다." 지금은 안면도에 다리를 놓아서 육지와 연결되었지만 당시에는 배를 타고 가야 하는 섬이었다. 배를 타고 가던 도중 야산은 제자들에게 한마디 했다. "앞으로는 안면도(安眠島)의 면(眠)자에서 눈을 떼야 할 것이다."

눈이라 하면 눈 목(目)자를 의미한다. 면(眠)에서 목(目)을 떼어내면 민(民)자만 남는다. 무슨 이야기냐 하면 안면도는 백성을 편하게

조용헌의 사주명리학 이야기

해주는 곳이다. 즉 안면도에 가야지 살 수 있다는 말이다. 안면도에
도착하니까 거기에는 이미 야산이 집을 빌려놓은 상태였다. 쌀이 부
족하니까 보리를 특히 많이 장만해놓았다고 한다. 제자들은 그 상황
을 목격하고서야 비로소 스승이 왜 터무니없이 돈을 가져오라고 했
는지 깨달을 수 있었다. 야산이 미리 안배해놓은 덕택으로 제자들과
그 가족들은 안면도에서 무사히 6·25를 넘길 수 있었다고 한다.

　나는 이 이야기를 듣고 야산의 그 선견지명 능력에 크게 놀랐다.
어떻게 그러한 사실을 미리 알고 철저하게 대비할 수 있었단 말인가.
어떤 경우에는 미리 알 수 있어도 보안이 새어나가서 대안을 마련하
지 못하는 수도 많다. 하지만 야산은 확실하게 대안을 마련해놓았을
뿐만 아니라, 자신 혼자만이 아닌 주변 사람들까지도 난리를 피하게
하는 지혜를 가지고 있었던 것이다. 난세에는 자기 한 몸 가누기도
힘든 법인데, 어떻게 그 많은 사람들까지 건사할 수 있었을까.

　나는 이준 교수로부터 이 이야기를 듣고 야산이란 인물의 행적을
구체적으로 더듬어보고 싶었다. 이준 교수에게 이 이야기는 누구에
게 들었느냐고 물어보았다. 1977년 무렵에 야산의 제자 가운데 한
사람인 아산(亞山) 김병호(金炳浩, 1920~1982)로부터 들었다는 대
답을 들었다. 김병호는 경북 고령 사람이었다. 점필재 김종직의 14대
후손으로 『주역』을 비롯한 도학을 평생 연구하다가 야인으로 일생을
마친 사람이다. 뼈대 있는 선비집안의 후손이 나라를 잃어버린 상태
에서 할 수 있는 일은 만주로 가서 독립운동하는 일이거나, 아니면
『주역』을 공부해서 언제 광명이 올 것인가 예측하는 일뿐이었다.

야산이 6 · 25를 예견하고 제자들과 그 가솔들을 피난시킨 안면도.
야산의 선견지명은 자기 자신뿐 아니라 주변 사람들까지 고려하는 것이었다.

아산 김병호는 후자의 길을 택한 사람이었다. 『주역』에 심취했던 선비가 해방 후 할 수 있는 일은 사업을 하거나 회사에 다니는 일이 아니었다. 여기저기 전국을 돌아다니면서 뜻있는 사람들을 만나 『주역』을 강의해주는 '마지널 맨(marginal man)'의 삶이었다. 1977년경에는 서울에 자주 와서 관심 있는 사람들에게 『주역』을 강의했는데, 그가 남산의 여관에서 머물고 있을 때, 자주 찾아간 이준 교수에게 해준 이야기가 바로 문경과 안면도 이야기였다.

한번은 아산이 이준 교수에게 "내주에는 서울에 못 올라올 것 같다"는 이야기를 밑도 끝도 없이 내뱉었다. "그러면 언제나 오십니까?" 하니 "내주에 못 오면 아마 2주나 있다 오게 될 걸세." 하고는 사라졌다. 아니나 다를까 그 직후 비상계엄령이 선포되었다. 비상계엄령 하에서는 모든 집회가 금지되었다. 당연히 『주역』 강의나 모임도 불가능해지는 상황이 되어버렸다. 아산이 수도하던 장소 중의 하나가 계룡산 국사봉(國師峯) 밑의 구룡정사(龜龍精舍)라는 곳이다.

답사해보니 터가 암벽으로 짜여 있어 영기가 있는 곳이다. 일부 선생이 거처하던 토굴에서 10분 정도 내려오면 위치한 지점이기도 하다. 계룡산 국사봉은 특별한 곳이다. 이름 그대로 국운을 염려하던 국사(國師)급 인물들이 자주 찾던 봉우리다. 장래 희망이 국사가 되기를 원했던 사람들도 계룡산 국사봉을 반드시 찾았다. 국사봉 앞으로는 교과서에 나오는 토체(土體) 안산(案山)이 가로놓여 있어서 이곳이 범상치 않은 곳임을 알려준다.

내가 그동안 구경해본 토체 안산 가운데 국사봉 앞의 안산이 단연 최고다. 김병호는 구룡정사에서 『주역』을 공부하려는 제자들에게 면벽(面壁)을 시키곤 했다. 면벽은 정신집중 훈련이다. 그 과정 없이 『주역』의 육십사괘만 달달 외운다고 대가가 되는 것은 아니기 때문이다.

학문과 영기의 조화

야산의 행적에 대한 자료를 추적하던 중에 만난 사람이 이응국(李應國), 이응문(李應文) 형제다. 둘 다 야산의 손자다. 야산에게는 5남 1녀가 있었다. 장남은 진화(震和), 차남은 감화(坎和), 삼남은 간화(艮和), 사남은 이화(離和), 오남은 태화(兌和), 그리고 딸은 손화(巽和)였다. 이름에 사용된 진, 감, 간, 리, 태, 손은 모두 『주역』의 팔괘에서 따온 것이다. 사남 이화는 순 토종 역사학자로 유명한 이이화(李離和) 선생이다. 삼남 간화의 아들이 이응국, 이응문이다.

이응국은 대학을 졸업하고 은행에 근무하는 일상적인 봉급쟁이의 삶을 살다가, 어느 순간 이렇게 살 것이 아니라 집안의 가학(家學)을 잇는 일이 더 의미가 있겠다는 생각이 들었다. 그리하여 과감하게 직장을 그만두고 월급도 없는 주역인의 길을 택했다. 동생 이응문은 형보다 한술 더 떠서 대학 재학 시절부터 『주역』에 심취했다. 대학 3학년 때 학교를 그만두고 『주역』 전문가의 길로 접어들었다. 아웃사이더의 인생을 감수한 것이다.

형인 이응국이 의리적 해석에 밝다면, 동생인 이응문은 상수적 해

조용헌의 사주명리학 이야기

석에 능하다. 형은 주로 전라도 쪽의 『주역』 강의를 담당하고 있고, 동생은 경상도 지역의 『주역』 강의를 담당하고 있다. 이들 형제를 보면서 느낀 소감은 '혈통은 무시하지 못하겠구나!'였다. 얼마 전 대전에 사는 이응국 씨를 만나서 안면도 사건의 밑바닥에 깔려 있는 주역적 배경에 대한 감을 잡을 수 있었다.

야산이 제자들을 데리고 안면도에 들어간 시기는 6·25 전쟁 발생 며칠 후였다. 정확하게는 인민군이 예산, 홍성에 진입하기 하루 전날이었다고 한다. 이때 야산을 따라온 인원은 제자 몇 명만이 아니라 약 300가구에 해당하는 인원이었다. 300가구 인원이라면 한 가구에 세 명만 된다고 하더라도 계산해보면 약 1천 명에 가까운 대규모의 인원이다. 야산을 따르던 이 많은 사람들은 대부분 안면도 일대로 피난을 왔다. 안면도 일대라 하면 충남 광천, 서산, 홍성 일대까지 포함되는 지역이다. 야산은 이 사람들에게 가지고 있던 재산을 다 정리하라고 명령을 내렸다. 그 돈으로 곡식을 사서 광천, 서산 등지의 주민들에게 공짜로 나누어주었음은 물론이다.

얼떨결에 공짜로 쌀과 보리

야산 이달 선생의 생전 모습. 근세 한국 주역사에서 특출한 존재로, 『주역』이 공부할 만한 학문임을 온몸으로 보여준 인물이다.

를 받은 광천 사람들이 야산과 그 추종자들을 고맙게 생각했음은 불문가지다. 이 적선으로 말미암아 안면도 일대에 피난을 왔던 야산 일행은 6·25 때 큰 피해를 입지 않고 무난하게 넘길 수 있었던 것 같다. 6·25라는 것도 깊이 들어가보면 좌, 우 이데올로기를 빙자한 개인감정의 청산이었다고 볼 수 있다. 이데올로기는 명분인 경우가 많다. 원래 난리 나면 평소 원한 있는 사람부터 손보기 마련이다. 그런데 6·25 때 안면도에는 인민군이 들어오지 않았다.

그러면 왜 야산이 안면도의 잠잘 면(眠)자에서 눈 목(目)자를 떼라고 했는가? 거기에는 다음과 같은 세 가지 사연이 있었다. 첫째, 피난을 하더라도 다른 사람들의 이목을 피하라. 둘째, 원래 이름이 안민도(安民島)인데, 왜정 때 일본 사람들이 우민화 정책을 쓰면서 눈목자를 일부러 붙여놓았던 것이다. 이제 해방되었으니까 떼어야 한다. 셋째는 안면도의 또 다른 이름을 '개락금(開洛金)'이라고 정해야 한다는 것이었다. 락(洛)은 하도(河圖)·낙서(洛書)의 낙서를 의미한다. 하도는 선천이요, 낙서는 후천세계를 상징한다. 금(金)은 오행 가운데 후천세계로 변하더라도 살아남는 강한 기운이다. 그러므로 안면도는 후천세계를 여는 중요한 시금석이라는 뜻이 된다.

최근 들어 안면도는 육지로 연결되면서 장엄한 서해 일몰과 함께 아름다운 꽃 축제로 유명해졌다. 앞으로 어떻게 변할지 두고 볼 일이다. 여기서 한 가지 짚고 넘어갈 사항이 있다. 왜 피난 갈 때 하필 300가구였는가 하는 대목이다. 『주역』의 괘를 들여다보아야 해명이 된다. 여기에 해당하는 괘는 천수송(天水訟) 괘였다. 위가 건괘이고,

아래는 감괘로 형성된 괘가 천수송 괘다. 괘의 뜻은 송(訟)이다. 분쟁한다는 뜻이다. 서로가 자신을 믿으므로 송사가 쉽게 끝나지 않고 잘잘못도 판별되지 않는 상태이니, 꼭 송사에 이긴다는 보장이 없어 두려운 괘라고 설명되어 있다.

야산은 6·25가 발발하기 전에 이 괘를 뽑아보고 사태를 미리 예견했던 것 같다. 6·25라는 전쟁은 천하의 큰 송사(訟事)가 아니었던가. 결과적으로 어느 한쪽이 완전히 이긴 것도 아니니까 잘잘못도 판별되지 않은 셈이다. 천수송 괘에서 음미할 부분은 "구이(九二)는 불극송(不克訟)이니 귀이포(歸而逋)하야 기읍인(其邑人)이 300호(三百戶)면 무(無)하리라"는 구절이다. '구이는 송사를 이기지 못하니, 돌아가 도망해 읍 사람이 300호면 재앙이 없으리라'로 해석한다(『대산주역강해(大山周易講解)』상(上), 143쪽).

'읍 사람이 300호'라는 대목에서 300가구가 연유했다. 천수송 괘를 뽑았을 때 그 송사를 피할 수 있는 현실적 대안은 300가구를 데리고 어디론가 피하는 것이었고, 야산이 볼 때 그 피난하는 장소는 백성을 편안하게 해준다는 뜻을 지닌 안면도였다. 오늘날의 시각에서 이 상황을 다시 검토해보면 이렇다. 야산이 6·25 전에 천수송 괘를 뽑은 것은 순전히 영감이었고, 직관의 영역이었다. 지극히 주관적인 판단이기도 했다. 64괘 중에 다른 괘를 선택할 가능성은 얼마든지 있다. 그런데도 불구하고 하필 천수송 괘를 선택했느냐 하는 문제는 야산 본인의 직관적인 판단이라는 말이다.

그다음 의문은 300가구다. 100가구나 아니면 400가구, 또는 다른 규모의 인원이 아니고 왜 유독 300가구로 정했는가 하는 의문은, 『주역』이라는 경전에 나와 있는 구절을 참고한 것이다. 경전에 나와 있으니까 이를 보고 참고한 셈이다. 바꾸어 말하면 직감과 학문이 종합된 판단이었음을 알 수 있다. 직감만 있고 천수송 괘의 구절을 몰랐다면 100가구를 데리고 갔을 수도 있다. 반대로 『주역』의 구절만 알고 직감이 없으면 현실에서 무력할 뿐이다.

거울같이 비추는 직감과 박식한 학문을 아울러 갖추는 일이 중요하다는 것을 다시 한 번 실감한다. 그래야만 쌍권총을 찬다. 오케이 목장에서 결투할 때 쌍권총을 차야만 승산이 있는 것 아닌가. 학문만 있고 직관의 세계를 모르면 초월을 모르니까 속되고, 직관만 중시하고 학문을 모르면 부황해질 수 있다는 옛 어른들의 말씀을 다시 한 번 되새기게 하는 일화이기도 하다.

'위성황련'을 풀어라

8·15와 6·25에 대한 야산의 예언을 추적하다 보면 이보다 더 기막힌 이야기가 나온다. 대동아 전쟁이 시작되던 1940년대 초반이었다. 당시 동경제대를 졸업한 인텔리였던 김병윤(金炳潤)이라는 사람이 있었다. 세상이 뒤숭숭해지자 김병윤은 『주역』의 대가라고 소문났던 야산을 찾아와 "앞으로 세상이 어떻게 되겠습니까?" 하고 물었다. 야산은 그 물음에 대한 대답으로 거두절미하고 '위성황련(胃醒黃連)'이

라는 네 글자를 묵묵히 써주었다.

이는 한약의 처방전이다. 위성(胃醒)이란 위장에 문제가 발생했음을 가리키는 표현이다. 소화불량, 식욕감퇴, 구토와 같은 증상을 말하기도 한다. 이때 사용하는 약재가 황련(黃連)이다. 『한국본초도감(韓國本草圖鑑)』을 찾아보니까 매자나무과의 여러해살이풀인 깽깽이풀의 뿌리라고 되어 있다. 열을 내리고 독을 다스리며, 위를 튼튼히 하고 설사를 멈추게 하는 효능이 있다. 주로 위장에 이상이 생겼을 때 사용하는 약재다.

앞으로 세상이 어떻게 되느냐는 질문에 난데없이 '위성황련'이라는 처방을 써주었으니 받는 사람 측에서는 어리벙벙할 수밖에 없다. 한편으로 보면 자네 위에 열이 차서 답답한 상태이니 황련을 쓰라는 뜻도 내재되어 있었다. 야산은 자기를 찾아온 상대의 얼굴을 쳐다보고 위에 이상이 있음을 한눈에 간파했던 것이다. 짐작컨대 야산은 『본초강목(本草綱目)』이나 『방약합편(方藥合編)』과 같은 의서(醫書)에도 일가견이 있었음을 알 수 있다. 여기에는 세상사 묻기 전에 먼저 네 몸부터 돌보라는 뜻도 내재해 있었다.

한약재와 처방에 관한 이 말을 제대로 알아듣지 못한 김병윤이 무슨 뜻인지 좀 더 풀어서 이야기해달라고 하니까 다시 써준 문구가 '계명월성전(鷄鳴月星田) 전중공거지(田中共車之)'였다. '계명월성전 전중공거지라!' 이는 위성황련이라는 글자를 파자(破字), 즉 인수분해한 문구였다. 위성(胃醒)을 인수분해하면 계명월성전(鷄鳴月星田)이 된다. 한문이 지닌 은유와 상징의 극치를 보여주는 고단백압축 사레이기도 하다.

먼저 성(醒)자를 뜯어보면 왼쪽에 유(酉)자가 나온다. 유(酉)는 닭을 가리킨다. 그다음에 위성(胃醒)이라는 두 글자를 합해놓고 거기에서 유(酉)를 빼면 월성전(月星田)만 남는다. 위(胃)는 월(月)과 전(田)이고, 나머지는 성(星)이다. 가운데에 성(星)을 배합해서 넣으면 월성전(月星田)이 된다. 무슨 뜻인가? 월성전은 달과 별의 밭이라는 뜻이다. 하늘의 은하수를 지칭한다. 계명월성전은 닭이 하늘의 은하수에서 운다는 뜻이 된다. 이 시기는 음력으로 7월 7일을 가리킨다. 칠월 칠석은 견우와 직녀가 만나는 날이라서 은하수가 장관을 이룬다. 음과 양이 합하고, 산택(山澤)이 통기(通氣)되는 날이기도 하다.

종합하면 이는 1945년 음력 7월 7일을 가리킨다. 1945년은 을유(乙酉)년이다. 닭의 해다. 닭이 운다는 것은 1945년에 해당하고, 월성전은 7월 7일이다. 음력 7월 7일은 양력으로 8월 14일이다. 그러니까 '위성' 두 글자에는 1945년 양력 8월 14일에 해방된다(닭이 운다)는 메시지가 담겨 있었다. 일본의 항복선언은 15일이었지만 실제적으로 항복선언문은 14일에 완성되었다.

그리고 황련(黃連)을 인수분해하면 전중공차지(田中共車之)가 된다. 황(黃)자의 중간에는 전(田)자가 있다. '전중'은 황(黃)자 중간에 전(田)자가 자리 잡고 있음을 뜻한다. 황에서 가운데의 전을 빼면 공(共)이 된다. 그다음에 련(連)을 분해하면 거(車)와 지(之)다. 책받침(辶)은 지(之)로 보았다. 그래서 공거지(共車之)가 나온다.

다시 전중(田中)을 보자. 전중은 밭의 가운데다. 고대에 정전법(井

조용헌의 사주명리학 이야기

田法)이라는 게 있었다. 토지를 우물 정(井)자로 아홉 등분해, 가운데 중심은 공전(公田)이고, 나머지 여덟 군데는 사전(私田)이었다. 즉 사전에서 생산되는 농작물은 자기 것이지만, 가운데 밭에서 생산되는 농작물은 국가에 바쳐야 하는 세금이었다. 가운데는 국가와 공중(公衆)의 것이었다. 전중(田中)은 정전법의 가운데 부분을 상징한다. 사유가 아닌 공유, 나아가서는 오행으로 중앙위치의 토(土)를 가리킨다. 토(土)가 가리키는 숫자는 오(五)와 십(十)이다. 그러므로 전중(田中)은 5월 10일로 해석이 가능하다. 물론 음력이다.

그다음 공거지(共車之)를 보자. 공(共)이란 공산당(共産黨) 또는 공산군(共産軍)을 의미한다. 지는 '간다'는 뜻이다. 조합해보면 5월 10일에 '공산군의 수레가 지나간다'는 의미가 도출된다. 음력 5월 10일은 양력으로 6월 25일이다. 6·25에 대한 예언을 이런 식으로 했다. '위성황련' 네 글자에는 1945년 8월 15일의 해방과 그다음의 6·25가 예언되어 있었다. 이 얼마나 절묘한가! 한약재 처방전에서 시작해 『주역』과 오행을 거쳐 8·15와 6·25까지 꿰뚫었다. 단 네 글자 가지고 말이다. 이 예언 내용을 미리 예측하기도 어렵거니와, 그 예측을 이렇게 고준하면서도 압축된 표현으로 정제해낼 수 있는 야산의 천재성에 감탄하고 또 감탄할 수밖에 없다.

한국 땅에 누가 인물이 없다고 그랬는가! 모르는 소리다. 찾아보면 기가 막힌 인물이 정말 많았다. 봉화, 풍기라는 지역은 구한말과 6·25의 난리를 겪으면서 '비결 따라 삼천리를 유랑한' 한국의 비결파(秘訣派)들이 선호했던 땅이다. 현재에도 비결파와 그 후예들이

더러 남아 있는 낭만적인 곳이기도 하다.

대둔산 석천암의 108 제자

충남의 대둔산(大屯山)으로 가보자. 논산에서 대전 사이에 있는 대둔산은 험악한 암벽으로 이루어져 있다. 온통 화강암인데, 한마디로 악산(惡山)이다. 계룡산이 쇠주먹에 가죽장갑을 끼고 있는 기운과 같다면, 대둔산은 창검과 같은 기세다. 중국의 오악(五嶽) 가운데 서악(西嶽)으로 불리는 화산(華山)과 비슷한 기세를 지녔다. 화산도 온통 화강암으로 이루어진 산이라서 강렬한 에너지를 내뿜고 있다.

　무협지에 나오는 화산파(華山派)의 무공은 단단한 화강암에서 나온 것이다. 대둔산은 화산보다 규모는 작지만 쭉쭉 직선으로 뻗어 있는 바위봉우리 산이라는 점에서는 매우 흡사한 형국이라고 생각된다. 그래서 예로부터 무인들이나 장군들이 많이 수도했던 산이기도 하고, 신라와 백제가 결전을 벌이던 산이기도 하다. 동학 때에도 일본군에 마지막까지 저항한 동학군들이 결사항전을 벌인 곳도 대둔산의 험한 바위봉우리들이었다. 천연요새였기 때문이다.

　대둔산 여러 봉우리 중에서 고급 기운이 뭉쳐 있는 봉우리는 독수리봉이다. 정신세계에 들어가보면 독수리 형상의 바위산에는 독수리의 기운이 뭉쳐 있는 법이다. 신기하다. 이 봉우리 앞에는 태고사(太古寺)가 자리 잡고 있다. 태고사는 옛날부터 호남의 3대 수도처(대둔

　조용헌의 사주명리학 이야기

충남 대둔산 독수리봉 뒤로 자리 잡은 석천암은 해방 후 야산이 제자들과 『주역』을 공부하던 곳이다.

산 태고사, 변산 월명암, 백양사 운문암) 가운데 하나로 손꼽혀왔던 곳인 만큼 영험한 곳이다. 에너지가 강해 기가 약한 스님들은 오래 버티지 못하는 곳으로도 소문나 있다. 독수리봉 뒤로는 석천암(石泉庵)이 있다. 해발 600미터 높이의 고지대다. 뒤로는 깎아지른 바위절벽이 버티고 있는 강렬한 곳으로, 바위 속에서 샘물이 솟아 나오는데 그 맛이 일품이다.

　도 닦는 장소는 물이 좋아야 한다. 매일 먹는 물은 인체에 중요한 작용을 하므로 도를 닦는 데에도 직접적인 영향을 미친다. 이 석천암은 역대 대둔산에서 수도하던 도인들이 공부하던 곳이지만, 해방 후에는 야산이 제자들을 데리고 『주역』을 공부하던 곳으로 알려져 있다. 야산의 학통을 이은 제자인 대산(大山) 김석진(金碩鎭, 1928~)이 스승을 처음 만나 공부를 시작한 곳도 바로 대둔산 석천암이다. 당시 108명의 제자들과 공부했다고 전해지는 곳이다.

김석진 선생이 험난했던 자신의 주역 공부 과정을 밝힌 책『스승의 길 주역의 길』(한길사, 2001)을 보면 당시 석천암의 분위기가 잘 나타나 있다. 뿐만 아니라 이 책에서는『주역』을 좋아했던 사람들의 관심사와 담론내용들을 엿볼 수 있다. 당시 미국에서 들어오는 신학문을 택하지 않고 재래의 전통 한학을 고집하던 도꾼들의 내면세계와, 무엇을 위해 그 고생스러운 길을 자진해서 택했는가를 살펴볼 수 있는 좋은 자료이기도 하다.

야산이 대둔산을 주목한 시기는 1945년이다. 그 해 음력 2월에 대둔산으로 거처를 옮겼다. 해방되기 전에 대둔산으로 가야 한다는 판단이었다. 이전까지는 솜리(裡里)의 묵동(墨洞)에서 숨어 살았다. '솜리'라는 지명 자체에는 '숨는다'는 의미가 내포되어 있어서 일제치하에서 숨어 살기에는 적당한 곳이라고 여겼기 때문이다. 대둔산이라는 산으로 거처를 옮긴 배경에도 역시『주역』이 작용했다. 대둔산이라는 이름에는 둔(屯)자가 들어간다는 점을 주목해야 한다.

둔(屯)은 괘 이름이기도 하다. 수뢰둔(水雷屯)이 바로 그것이다. 위에는 감괘(坎卦)가 있고, 아래에는 진괘(震卦)가 배합된 괘다. 위에는 물이 있고, 아래에는 우뢰가 있다. 물속에 우뢰가 들어 있는 상이다. 둔괘의 의미는 건곤이 서로 사귀어 만물이 시작한다는 뜻이다. 해방이 되기 전에 서둘러 대둔산으로 거처를 옮겼던 이유가 있다. 해

조용헌의 사주명리학 이야기

야산이 석천암에서 공부한 자신의 제자들에게 수여한 일종의 수료증(왼쪽). '우수학완료(右修學完了)'라는 글자가 선명하게 보인다. 야산의 유품인 도장들(오른쪽). 수료증 등의 각종 문서 작성에 쓰였다.

방이 되면 모든 것이 새로 시작된다. 바로 그 시대에 인재를 키우고 기초공사를 하는 데 '둔'의 이름을 가진 대둔산이 최적지라고 판단했던 것이다.

　야산은 이처럼 거처를 택하는 데 있어서도 그 지명이 지닌 상징에 주목하고, 그 상징이 『주역』의 괘상과 부합되는 곳을 특히 선호했다. 둔괘가 지닌 상징처럼 야산이 자신의 학문과 포부를 세상에 공식적으로 공개한 곳은 대둔산이었다. 이전까지는 기인 또는 광인으로 행세했지만, 대둔산 시절 이후부터는 주역학자로서의 삶을 살기 시작했던 것이다. 하마터면 끊길 뻔했던 『주역』의 맥이 대둔산에서 결집되었고, 거기에서 시작된 맥 하나가 대산을 통해 오늘날까지 세상에 이어지고 있는 셈이다.

『주역』과『금강경』의 대결

1950년대 중반의 일화를 하나 살펴보자. 당시 신소천(申素天) 스님이 있었다. 평생『금강경』을 수지독송하면서 한 경지 넘어섰다는 평가를 받던 도인이었다.『금강경』은 선불교(禪佛教)에서 애호하는 경전이다. 상(相), 집착과 분별심을 없애는 데 특효가 있다는 경전이기도 하다. '약견제상비상(若見諸相非相) 즉견여래(卽見如來)' 즉 '만약 모든 사물의 형상이 본래 없다는 것을 알면 그 즉시 부처가 된다'는 구절은 한국의 선승들 사이에서 회자되는『금강경』내용이다.

신소천은 바로 이러한 비상(非相)의 경지를 맛본 도인으로 소문나 있었다. 1950년대 중반 서울 조계사에서 시작한『금강경』강의는 도학에 관심이 많은 식자층의 화제에 오르곤 했다. 그 신소천 스님이 한번은 야산과 만나게 되었다. 신소천 스님 쪽에서 먼저 야산에게 한번 만나자고 초대 편지를 보냈던 것이다. 그 편지 겉봉에는 이렇게 쓰여 있었다. '거이탈삼취무공(去二脫三吹無孔) 이차기여우국성(以此寄與憂國聖)'

신소천이 써보낸 편지 겉봉의 글씨는 난해했다. 무슨 뜻인지 해독을 못한 야산의 제자가 스승에게 도대체 무슨 뜻인지 물어보는 수밖에 없었다. 야산은 이걸 보고 빙그레 웃었다고 전해진다. 과연 신소천답다. '거이탈삼'은 둘을 보내고 셋을 벗긴다는 뜻이다. 이는 신(申)자에 대한 인수분해다. 신자의 양쪽 변의 세로로 된 작대기 두 개를 떼어내고, 다시 가로로 된 작대기 세 개를 벗기면 무엇이 남는

가. 기둥(丨)하나만 남는다. 이 기둥(丨)은 '구멍 없는 피리(吹無孔)'를 상징한다. 이것을 나라 걱정하는 성인에게 보낸다(以此寄與憂國聖)는 내용이다.

신소천은 신(申)씨다. 그러니까 신소천의 마음속에 간직한 진심(?)을 나라 걱정하는 도인인 야산에게 보낸다. 그러니 한번 만나자는 뜻이었다. 그리해서 두 사람의 만남이 이루어졌다. 단순한 만남이 아니라 『금강경』의 대가와 『주역』 대가의 만남이었다. 두 사람의 장문인이 만나면서 당연히 스파크가 튀었다. 먼저 신소천 스님이 야산에게 질문을 던졌다. "『주역』의 핵심은 무엇입니까?", "점술(占術)에 있습니다", "점술의 핵심은 무엇입니까?"라는 신소천 스님의 거듭된 질문에 야산은 "건괘(乾卦) 구오(九五)에 있습니다"라고 답변했다.

매우 짤막한 두 사람의 문답이었지만 그야말로 핵심은 다 들어 있는 대화였다. 『주역』 육십사괘 중에서 제일 비중 있는 괘는 역시 첫 번째 괘인 중천건(重天乾) 괘다. 위아래가 모두 건괘로 이루어졌다. 그 건괘의 하이라이트는 구오(九五)다. '구오(九五)는 비룡재천(飛龍在天)이니 이견대인(利見大人)이라'는 대목이 바로 그것이다. 용이 하늘에서 여의주를 굴리며 신묘한 변화를 나타낸다는 내용이 구오에 담겨 있다. 야산은 바로 이 구오를 『주역』의 핵심으로 보았던 것이다.

이번에는 야산이 신소천에게 질문을 던졌다. "『금강경』의 핵심은 무엇입니까?", "아뇩다라삼먁삼보리에 있습니다." 야산이 재차 물었다. "아뇩다라삼먁삼보리의 핵심은 무엇입니까?" 그러자 신소천은 손에 들고 있던 염주를 그 자리에서 바닥에 떨어트렸다. "파상(破相,

상을 깨트린다)입니다.” 과연 고수다운 문답이었다. 고수들일수록 문답이 짧으면서도 영양가는 높다. 하수들일수록 이야기가 늘어지면서 영양가는 없다. 고수들 문답은 들을수록 압축된 향기가 느껴진다.

야산의 아들인 역사학사 이이화 선생으로부터 들은 이야기다. 아버지 야산이 김천의 황악산에 머무르던 시절이 있었다. 아버지가 산에서 내려와 김천에 나타나면 제자들이 택시를 대기시켜놓았다. 제자들이 야산을 택시에 태워 ‘미두’를 하는 장소로 데려가기 위해서였다. 일제 때는 미두라는 것이 있었는데, 지금으로 치면 주식투자와 같은 성격의 것으로서 쌀값을 미리 예측하는 머니 게임으로 보면 된다. 『주역』으로 미두의 시세를 정확하게 예측했던 야산은 했다 하면 돈을 엄청나게 벌었고 이 돈을 형평운동(백정평등운동)에 지원했다고 한다.

그런가 하면 야산은 6·25 이전부터 충남 광천에 철공장과 성냥공장을 차려놓고 생산업에 열중하기도 했다고 한다. 해방 이후 국민들이 놀고 있을 게 아니라 생산적인 일을 해야 한다는 취지에서였다. 이때 공장에서 만들던 성냥의 상표도 ‘태극표’였다고 한다. 상표를 태극표로 정한 일도 『주역』의 영향이다. 부여 은산면 가곡리에다가는 직조공장을 차리기도 했다. 끊어진 실이나 폐품이 된 실을 모아 재생해 베를 짜는 공장이었다. 끊어진 실을 이음으로써 분단된 국가를 잇는다는 의미도 내포하고 있었다.

대둔산 석천암에 머물던 시절에는 산 아래 마을의 제자들에게 대나무와 종이를 이용해 퀄련을 만드는 사업을 시키기도 했다. 해방 직

조용헌의 사주명리학 이야기

후 군정 때 이 사업을 함으로써 석천암에서 공부하는 학인들의 생계 수단으로 삼았다. 6·25 직후에는 부여 백마강 일대의 노는 땅에다가 땅콩을 심어놓았다. 이러한 모든 일이 현실적인 문제의 해결을 위해서였다. 야산은 『주역』만 한 것이 아니라 여러 가지 사업을 통해 경제적인 문제의 해결을 시도했다는 측면을 주목해야 한다고 이이화 씨는 필자에게 강조한 바 있다.

이러한 인생을 살다 간 야산은 과연 어떤 사람이었는가? 야산의 생년월일시를 손자인 이응국 씨에게 물어보았다. 1889년 음력 9월 16일 진시. 만세력에서 육십갑자를 뽑아보니 기축(己丑)년 갑술(甲戌)월 기미(己未)일 무진(戊辰)시가 나온다. 소위 말하는 진술축미(辰戌丑未) 사주다. 흔히 제왕격의 사주라고 한다. 야산의 사주를 감정한 당대의 술사들은 '후토성군(後土聖君)'의 사주라고 평가했다고 한다. 지지에 이처럼 토가 많이 있는 사주는 정치 쪽으로 가지 않더라도 대체적으로 종교나 도학과 인연이 깊다.

야산과 혼사를 맺은 사돈들도 모두 당대의 기라성 같은 도인들이었다. 야산의 셋째아들인 간화(艮和)의 장인은 송을규(宋乙奎)였는데, 그는 지리산 문 도사(文道士)의 제자였다. 송을규의 별호는 성성주인옹(惺惺主人翁)이었다고 할 만큼 한가락 하는 인물이었다. 송을규의 스승이었던 지리산 문 도사는 구한말 조선의 4대 기인의 한 사람이었다. 당시 도꾼들이 꼽았던 4대 기인은 김일부, 강증산, 박만수(경상도에서 활동함), 문 도사였다고 한다.

문 도사는 지리산 청학동으로 내려오는 선맥(仙脈)을 계승한 인물이라는 것이 손자인 이응국 씨의 설명이다. 지리산파의 비중 있는 인물이었음에 틀림없다. 아쉽게도 문 도사에 대한 별다른 자료는 남아 있지 않다. 야산의 생애와 일화를 대충 더듬다 보니 불현듯 산에 들어가고 싶은 충동이 인다. 산신령이 나를 부른다.

4부

사람 따라 체질 따라,
'사주팔자기행'

"운명에 저항하면 끌려가고, 운명에 순응하면 업혀간다."
희랍의 철학자 세네카가 한 말이다.
어차피 가기는 가는 것인데 끌려가느냐 아니면
등에 업혀서 가느냐의 차이가 있다는 말.
뒤집어보면 운명을 미리 알면 강제로 질질 끌려가느냐,
등에 업혀서 가느냐의 선택은 할 수 있다는 논리가 성립된다.
끌려가기보다는 업혀가는 게 훨씬 낫지 않은가!

드라마틱한 삶의 주인공,
그의 팔자는 어떠한가

식신생재, 베풀어 인심 사면 돈은 따라온다

명리학 용어 가운데 식신생재(食神生財)라는 말이 있다. 식신(食神)은 다른 사람에게 음식을 먹이는 기질을 가리킨다. 상대방이 맛있게 먹는 장면을 바라보면서 이를 흐뭇하게 생각하는 사람들은 팔자에 식신이 발달돼 있다고 보면 틀림이 없다. 다른 사람 먹이는 것을 그 자체로 즐기는 것이다. 이런 기질이 큰돈을 벌어들인다는 게 식신생재의 개념이다.

주변에서 돈 버는 사람들을 관찰해보니까, 식신도 세 가지로 세분화된다. 첫째는 적선(積善)이고, 둘째는 기마이며, 셋째는 뇌물이다. 적선은 인정이 발동해 나온다. 대가를 바라지 않고 베푸는 행위가 적선이다. 기마이는 다분히 낭만적인 스타일이다. 마음에 들고 기분에 맞으면 돈을 쓰는 기질은 기마이가 좋다고 한다. 어떻게 보면 씀씀이가 헤픈 낭비형 타입으로 전락할 수도 있지만, 어찌됐든 베푸는 기질은 기본적으로 갖춘 셈이다.

뇌물은 대가를 계산하고 베푸는 것이다. 공짜가 아니다. 자기 목적을 달성하기 위해 상대방을 유혹하는 전략이다. 그렇지만 이 뇌물 주는 것도 밑바탕에는 베푸는 기질이 깔려 있어야만 실천이 가능하다. 배짱도 있어야 한다. 아주 인색하고 소심한 사람은 뇌물 주는 것도 아까워한다. '이렇게 건네줬는데도 상대방이 들어주지 않으면 어떻게 하지?'라는 의문이 꼬리를 문다. 이런 의문이 꼬리를 물면 뇌물 주는 것도 벌벌 떨기 마련이다. 뇌물이 도덕적인 행위는 아니지만, 재물 그 자체는 도덕을 초월하는 속성을 갖는다.

왜정 때 경북 영천에는 문명기(文明琦, 1878~1968)라는 이름을 가진 어물(魚物) 장수가 있었다. 경주, 포항, 영덕 등지에서 나오는 생선을 사다가 영천시장에 내다 파는 장수였다. 문명기는 묘한 스타일이었다. 당시 영천 경찰서장은 일본인이었는데, 이 영천 서장의 집 대문에다가 청어를 한 두름씩 몰래 갖다놓곤 했다. 한 두름이라고 하면 20마리다. 일본 사람은 고등어를 특히 좋아하는 습성이 있다. 일본어로 고등어를 '사바'라고 한다.

왜정 때 일본 사람에게 부탁을 할 때 고등어를 몇 마리 갖다주면 매끄러운 기름칠이 됐다고 전해진다. '사바사바'는 여기에서 유래했다. 청어는 고등어보다 한 급 위의 고급 생선이다. 문명기는 한 달에 두세 번씩 경찰서장 집 대문 고리에다가 청어 꾸러미를 걸어놓고 사라지곤 했다. 이걸 몇 번 받아먹던 일본인 서장은 '누가 이 청어를 갖다놓고 사라지는가.' 궁금했다. 마침내 그 주인공이 조선인 문명기라는 생선 장수임을 알게 됐고 그에게 물었다. "왜 내 집에다가 청어를 매번 갖다놓았느냐?"

"저는 영천시장에서 생선을 팔아 재미를 봤습니다. 다른 지역 시장에서 생선을 팔 때는 치안이 좋지 않아서 깡패들에게 세금을 많이 뜯겼는데, 영천은 치안이 확보돼 뜯기지를 않았습니다. 그래서 영천 경찰서장님께 고마운 마음이 들었고, 깡패들에게 뜯기지 않은 만큼을 서장님께 현물로 갖다드려야겠다는 결심을 하게 된 것입니다." 이 말을 듣고 보니 그럴듯했다. 서장 입장에서도 치안이 확보돼 장사하기 좋아졌다고 하는 말은 기분 나쁜 말이 절대 아니었기 때문이다.

문명기라는 생선 장수의 얼굴 생김새도 두툼하게 돈이 붙어 보였고, 조리 있게 말하는 스타일이 마음에 든 서장은 도와줄 마음이 생겼다. '이거 싹수 있는 놈이네!' 그다음에 나오는 말은 "너 민원 사항이 뭐냐?"로 이어지기 마련이다. "제가 어물장사를 해서 어느 정도 밑천을 모았습니다. 이 밑천을 갖고 종이장사로 전환을 해보고 싶습니다. 종이장사를 하려면 신용이 필요합니다. 신용이 있어야 제가 외상으로 많은 종이를 매입할 수 있습니다. 한꺼번에 많은 종이를 매입해놓아야만 이문이 크게 남는데, 외상 매입을 하려면 제 신원을 누군가 보증해줘야만 그게 가능합니다."

"그래. 내가 자네 보증을 해줄게."

적선과 기마이, 뇌물의 삼위일체

1907년 영천 경찰서장의 보증을 등에 업고 문명기는 자기 자본의 열 배나 되는 금액의 종이를 외상으로 매입할 수 있었다. 당시 경북 영덕에서 청송 가는 길에 지품면(知品面)이 있었는데, 이 지품면에는 속곡, 눌곡이라는 유명한 한지 생산지가 있었다. 한지 원료인 닥나무가 많았던 것이다. 왜정시대 지품면 사람들은 이 종이를 만들어 판 돈으로 영해 들판을 샀다는 이야기가 전해진다. 문명기는 한지를 몽땅 구입해놓고 팔리기를 기다렸지만, 한지를 구입해가던 중국 상인들이 태클을 걸었다. "시세의 반값이 아니면 안 사겠다"고 중국 상인들이 버텼다.

이 상황을 예의 주시하던 문명기는 세게 나갔다. "반값에는 절대 안 팔겠다. 차라리 불에 다 태워버리겠다." 실제로 장작에 불을 피워놓고 한지 다발을 던지기 시작하는 장면을 보고 중국 상인들은 문명기의 말이 엄포가 아님을 깨달았다. "제대로 가격 쳐줄게", "아니야. 나 너희들 하는 행동에 열 받아서 장사고 뭐고 다 태워버릴 거야", "부탁이야. 팔아줘", "그렇다면 따따블로 값을 쳐줘."

이렇게 해서 문명기는 정상 가격의 몇 배를 받고 자신이 거의 독점하고 있던 한지를 중국인에게 팔았다. 떼돈을 벌었던 것이다. 문명기는 제지업에서 번 돈을 갖고 1932년 금광업에 뛰어들었다. 광산을 인수했던 것이다. 어느 날 문명기는 순금으로 된 명함을 두 장 만들었다. 명함 전체가 순금이었으니 명함 한 장이 50돈 무게는 나가는

조용헌의 사주명리학 이야기

명품 명함이었다. 경성의 총독부를 찾아간 문명기는 총독 비서에게 순금으로 제작된 자기 명함을 건넸다. 그리고 명함 한 장을 비서에게 더 주면서 말했다. "이거는 총독에게 보여드려라. 문명기라는 사람이 면회 신청한다고."

금덩어리로 만든 명함을 처음 봤으므로, 총독도 면회를 받았다. "용건이 뭐냐?", "내가 천황폐하의 은덕으로 돈을 벌게 됐다. 그 보답으로 천황에게 비행기를 헌납하려고 한다. 언제까지 하겠다." 총독으로서는 매우 반가운 일이었다. 조선 총독은 일본 천황에게 문명기의 비행기 자진 헌납 사실을 보고했다고 한다. 이 총독은 6대 총독 우가키 가즈시게(宇垣一成)였을 것이다. 그러나 헌납 약속 시일이 돼도 비행기는 오지 않았다. "왜 비행기가 안 오느냐?"

"금광이 안 팔려서 그런다. 금광만 팔리면 바로 비행기 헌납하겠다." 천황에게 한 약속을 어길지 모른다는 조바심으로 애가 탄 우가키 총독은 문명기의 금광을 팔리게 하려고 자기가 동분서주했다. 마침내 당시 일본의 전기 재벌인 노구치(野口)에게 이 건을 부탁했다고 한다. 노구치는 수풍 발전소를 비롯해 장진강, 부전강 발전소를 갖고 있던 일본의 재벌이었다. 노구치도 우가키에게 잘 보이고 싶었다. 그래서 문명기의 금광을 시세보다 비싼 가격으로 매입해줬다. 당시 금액으로 12만 원이었다고 한다.

문명기는 이 돈에서 10만 원을 떼어 비행기 값으로 헌납했고, 나머지는 자기가 챙겼다. 물론 문명기로서는 비행기 헌납하고도 남는 장사였다고 전해진다. 해방 후 문명기는 반민특위의 조사를 받았고,

현재는 친일파 명단에 올라 있는 문제적인 인물이다. 친일파라는 점은 비판받아야 맞지만, 그가 큰 재물을 갖게 된 원인은 무엇일까를 곰곰이 생각해보게 된다. 서장에게 갖다준 청어는 적선이었고, 한지를 장작불에 던지는 배짱은 기마이에 해당하며, 순금 명함은 뇌물로 분류하면 어떨까. 이 삼위일체를 종합해보자. 문명기는 식신생재의 팔자였음이 분명하다.

먹구름이 몰려오자 라스베이거스에 집을 사다

지난 2009년 1월 초에 갑작스럽게 천정궁(天正宮)에 가게 됐다. 천정궁은 경기도 가평군 설악면의 장락산(長樂山, 630미터) 중턱에 자리 잡고 있는 통일교 본부 건물로 문선명 총재가 자주 머무르는 곳이다. 건물 전체가 온통 하얀색의 대리석으로 되어 있어 매우 독특한 분위기다. 그 규모도 대단할 뿐더러 바깥 외양도 미국 국회의사당 비슷하게 생겼다. 돌기둥 하나가 지름 2미터에 육박할 정도로 육중하면서도 압도하는 힘이 있는 건축물이다.

여기에 가게 된 이유는 문 총재가 갑자기 만나자는 요청을 했기 때문이다. 필자가 2002년 당시 대선주자였던 노무현 후보를 시라소니로, 이회창 후보를 매(鷹), 권영길 후보를 산양(山羊), 이한동 후보를 황소에 비유해 설명했던 내용이 일간지 기사로 났었는데, 미국에 체류하고 있던 문 총재가 이 동물 관상 기사를 보고 필자 이름을 기

억해두었다고 했다. '레
버런드 문(외국에서 주
로 부르는 호칭)'은 자기
가 만나고 싶은 사람만
만난다. 만나고 싶지 않
은 사람은 절대 안 만
난다고 한다. 이쪽에서
먼저 만나자고 해서 만
날 수 있는 인물이 아
닌 것이다.

경기도 가평 설악면 장락산 중턱에 자리 잡고 있는 통일교 본부 건물. 주변 산들이 이 터를 중심으로 호위하듯 둘러싸고 있다.

　석조로 된 바로크 분위기의 VIP 접견실에서 문 총재와 이야기를 나눴다. 내가 풍수 이야기를 꺼냈다. "이 천정궁 마당에서 보니까 주변의 산들이 이 터를 중심으로 호위하듯이 둘러싸고 있다. 주변 산들을 내려다보는 느낌이 든다. 이 터는 군신봉조(群臣奉朝, 여러 신하가 인사를 드리는 형국) 자리로 보인다", "군신봉조가 아니라 군왕봉조(群王奉朝) 자리다. 신하가 아니라 여러 왕들이 와서 인사를 드리는 자리다."

　"천정궁이 장락산 7부 능선쯤의 높은 곳에 자리 잡아서 터가 매우 세게 느껴진다. 총재께서는 어떻게 보시는가?", "센 편이다. 그래서 내가 적어도 3년간은 이 터에 자주 머무르면서 터를 눌러줘야 한다." 통상 터가 센 곳은 이를 눌러줘야 하는데, 그 방법은 여러 가지다.

　첫째는 젊은 학생들 수백 명이 자주 들락거리도록 하면 된다. 그래서 터가 센 곳엔 학교를 만들면 된다. 군인들이 상주해도 된다. 젊은 기운들이 왔다 갔다 하면서 머무르면 그 센 기운을 여러 사람이 흡수해주는 작용이 일어난다. 아울러 사람에게서 뿜어지는 기운이 그 터에 또한 작용을 일으킨다. 아니면 많은 사람이 오가는 가게나 집회장으로 이용하는 것도 터를 누르는 방법이다.

둘째는 큰 돌탑을 세우거나 연못을 파는 방법이다. 이는 불교 사찰에서 많이 쓰는 방법이다. 셋째는 땅에서 올라오는 지기(地氣)를 몸으로 흡수해 소화할 수 있는 역량을 지닌 고단자가 그 터에 머무르는 방법이다. 고단자는 땅에서 올라오는 지기를 흡수해도 오버를 하지 않을 정도의 심리적 단련이 돼 있는 사람을 가리킨다. 보통사람들은 기운이 강한 터에 있으면 이상하게 오버하는 경향이 있다. 터가 좋지 않은 곳에는 사기(邪氣)나 악령(惡靈)이 머물러 있는 경우가 있다. 이때도 고수가 밤에 잠을 자거나 명상을 하면서 잡들이를 해야 한다. 잡들이를 못하면 역(逆)트랜스에 걸려 오히려 자기가 다친다.

문 총재는 말을 이어나갔다. "내가 천정궁 건물을 짓고 이사를 온 뒤에 꿈을 꿨다. 시커먼 먹구름이 이 천정궁 쪽으로 몰려오는 장면을 봤다. 이 먹구름을 보고 뭔가 불길한 기운이 오고 있구나 하고 판단했다. 그래서 미국 라스베이거스에다 집을 하나 샀다. 살아보니까 꿈보다 해몽하기가 더 어려운 법이다."

문 총재의 말을 듣다 보니 이해하기 힘들고 궁금한 대목이 많았다. 통일교 같은 거대조직을 운영할 수 있는 영발(靈發)의 소유자도 자신의 꿈을 해석하기가 어렵다고 느낀단 말인가? 먹구름이 오는 것과 도박판인 라스베이거스에다 집을 샀다는 이야기는 어떤 연관이 있다는 말인가? 필자도 지난 20년 넘게 한중일의 도교와 불교계의 수많은 도사들을 만나 얘기를 해본 사람인데, 얘기를 나누다가 면전에서 "이 두 개가 어떻게 연관이 됩니까?" 하고 물어보지 못한다. 왜냐하면 자존심이 있으니까. "그런 것도 몰라?" 하고 상대가 반문하는 상황이 되면, 그 순간 나는 대화에서 완전히 을(乙)로 전락하기 때문이다.

몰라도 적당히 아는 척하면서 다른 주제로 대화를 이어가는 배짱과 인내력이 있어야 한다. 더군다나 고단자는 설명을 자세하게 하지 않는다. 점을 찍듯이 한마디씩 톡톡 던지기만 하는 화법을 쓰는 경우가 많다. 자세하게 설명하지도 않는다. 절대로 논리적인 서술형 화법을 사용하지도 않는다. 이 얘기 저 얘기를 하는데 지나고 보면 그게 그물코처럼 다 연관이 있다. 사건이 함축하고 있는 다차원과 입체적 측면을 표현하기 위해서는 선가(禪家)의 횡설수설 화법이 필요한 것이다.

꿈과 비보 '죽을 운명도 살리는 땅의 기운'

그날 대화는 점심 이후부터 시작해서 네 시간쯤 이어졌다. 정감록과 풍수, 그리고 미륵신앙에 깊은 관심을 갖고 있었던 자신의 할아버지에 대한 이야기, 어렸을 때부터 앞일이 눈에 보였다는 이야기, 14세에 처음 학교에 가게 됐던 사연, 일본에 유학 갔을 때 겪은 여러 가지 경험, 인간의 운명이 어떻게 결정되는가에 대한 이치, 세계의 유명 지도자들에 대한 에피소드, 팔자가 좋으려면 적선을 많이 해서 복을 지어야 한다는 이야기 등등이었다. 이런 이야기를 두 시간쯤 하다가 갑자기 그 연관 관계가 머릿속에 들어왔다. '그렇구나! 먹구름 꿈은 헬기 추락한 사건과 관련이 있는 이야기구나!'

레버런드 문은 2008년 7월 19일에 탑승하고 있던 헬기가 장락산에 추락하는 사고를 당했다. 당시 언론에 이 헬기 추락 사건이 보도 됐다. 보통 헬기가 추락하면 90퍼센트가 사망하거나 중상을 입는다고 한다. 헬기는 공중에서 갑자기 뚝 떨어지는 사고가 많기 때문이다. 그런데 이날 사고에서 레버런드 문은 죽지도 않았고 중상을 입지도 않았다. 이거 드문 일이다. 운이 좋았던 것인가?

먹구름이 몰려오는 꿈은 누가 생각해도 좋지 않은 징조에 해당한다. 안 좋다는 것은 다 안다. 그러나 구체적으로 어떻게 안 좋다는 것인가를 아는 일이 중요하다. 인수분해할 줄을 알아야 하는 것이다. 그래야 대응을 할 것 아닌가. 먹구름이 몰려오니까, 레버런드 문은 라스베이거스에 집을 샀다. 이건 비보책(裨補策)이다. 라스베이거스는 도박판이다. 돈을 따려고 눈에 불을 켜는 도박장 아닌가. 상갓집에 가면 통상 고스톱을 많이 치는 이치와도 같다.

라스베이거스는 건조한 사막이라는 입지조건, 거기에다 불이 밤새도록 켜져 있고, 돈에 대한 욕망이 돌처럼 뭉쳐진 곳이기 때문에 음기(陰氣)가 침입하기 매우 힘든 곳이다. 먹구름이 몰려오는 것에

조용헌의 사주명리학 이야기

대한 대비책으로 라스베이거스에다 집을 사놓고 레버런드 문은 한 번씩 도박판을 순례했던 것이다. 물론 돈을 따기 위해서가 아니라 도박판을 정화하기 위한 조치였겠지만 말이다.

이 양반도 먹구름이 헬기 떨어지는 사건인 줄은 몰랐다는 얘기도 된다. 해몽하기가 어렵다는 말은 이 뜻으로 이해된다. 그렇지만 불길하니까 대비는 하자. 그래서 라스베이거스로 한 번씩 갔고, 그 비보책 덕분인지 헬기가 장락산에 떨어지는 절체절명의 상황을 겪었어도 본인은 죽지 않고 살아났다. 이런 식의 설명방식은 물론 필자의 매우 주관적인 관점이다. 왜 헬기가 떨어졌음에도 불구하고 89세 노인이 죽지 않고 살아났을까 하는 의문에 대한 내 나름대로의 이해방식인 것이다.

우리들 꿈의 네 종류

꿈의 종류에는 네 가지가 있다. 먼저 선견몽(先見夢)이다. 미래를 미리 보는 꿈이다. 앞일이 어떻게 돌아갈지를 미리 예시해주는 꿈이라 하겠다. 둘째는 전생몽(前生夢)이다. 전생의 자기 모습을 보여주는 꿈이다. 이 전생몽은 아무나 꾸는 게 아니다. 의식이 아주 맑은 사람들이 꿀 수 있다.

셋째는 혼백불화몽(魂魄不和夢)이다. 사람이 잠을 잘 때는 의식이 쉬기 때문에 혼(魂)과 백(魄)이 화합을 하게 된다. 혼은 '개체의식'이고, 백은 '집단의식'에 해당한다. 낮에 활동할 때는 혼과 백이 서로 분리돼 작용을 하지만, 밤에 잠을 잘 때는 다시 뭉치게 된다. 혼백이 화합해야 깊은 잠에 들어간다. 그러나 스트레스가 심하거나, 정신이 너무 산란하면 잠을 잘 때에도 혼백이 화합하지 못하는 수가 있다. 이때 꾸는 꿈은 개꿈이다. 개꿈의 특징은 전혀 맞지 않는다는 점이다. 개꿈 갖고는 미래를 예측할 수 없다.

넷째는 천상몽(天上夢)이다. 천상세계의 장면을 보여주는 꿈을 말한다. 천상몽은 총천연색으로 꾸는 수가 많다. 보통 꿈은 흑백인데, 컬러로 꾸면 천상몽이 많다. 보통 꽃밭이나 아름다운 광경이 컬러로 보이면 천상몽이다. 이런 천상몽을 꾸는 사람들은 의식이 고양된 사람이다. 한 달 이상 기도에 집중적으로 몰입하면 평소 잘 안 꾸던 천상몽을 꾸는 경우를 봤다.

이 네 가지 꿈 가운데 실생활에서 가장 필요한 꿈이 선견몽이다. 이럴까 저럴까 하는 갈림길의 상황이나 절체절명의 위기상황에 직면해서 꿈을 꿀 수 있는데, 이때 나오는 꿈 중에 선견몽이 많다. 주미대사를 하다가 몇 달 전에 무역협회장을 맡게 된 한덕수 씨 부부와 식사를 한 적이 있다. 지난 정권에서 총리를 지냈으면서도 이번 정권에서 주미대사와 무역협회장을 지냈으니 관운(官運)이 좋은 팔자다. 이 관운은 어디에서 왔는가?

남편의 관운을 맞힌 아내의 꿈

한덕수 씨는 상대방에게 편안한 느낌을 준다. 자기를 별로 내세우지 않는 겸손함이 장점이다. 그런데다 성실하니까 대통령의 인정을 받는 것 같다. 그런데 한덕수 씨 부인이 인물이었다. 서울대 미대를 나온 화가이기도 하지만, 이 사모님은 눈에 보이지 않는 정신세계에 많은 관심을 갖고 있었다. 특히 꿈의 세계에 대해서는 일가견이 있어서 필자도 한 수 지도를 받았다.

한덕수 씨가 공무원 시절 초반에는 승진이 늦었는데, 어느 날 부인이 꿈을 꾸니까 어느 높은 산을 등산하고 있더란다. 그런데 어디서 헬기가 나타나더니 헬기에 탄 조종사가 한덕수 부부를 향해서 권총을 여러 발 쏘아댔다. 권총이 나타났다! 이게 무슨 꿈인가 싶어서 평소에 한 번씩 찾아가던 영발도사(靈發道士)에게 자문을 해보니, 권총은 권세 '권(權)'을 의미한다는 것이다. 벼슬하는 꿈이다. 얼마 있다가 한덕수 씨는 그렇게 고대하던 정부부처 국장보직으로 승진을 했다.

총리가 되기 전에도 부인에게 특별한 꿈이 나타났다. 어두컴컴한 지하에서 골목길처럼 복잡한 미로를 이리저리 헤매고 다니는 꿈이었다. 그런데 어디를 가보니까 위에서 밝은 빛이 새어나오고 있는 게 아닌가. 그 빛을 따라가보니 맨홀 뚜껑의 틈새에서 나오는 빛이었다. 맨홀 뚜껑은 무쇠로 돼 있어서 무겁다. 있는 힘을 다해 두 손으로 그 맨홀 뚜껑을 열고 밖으로 나오는 꿈을 꿨다. 이게 무슨 꿈인가 싶어서 기다려보니까, 일주일 있다가 총리로 임명됐다.

무거운 맨홀 뚜껑을 열고 나갔다는 대목이 포인트다. 무거운 뚜껑을 열고 나왔으니, 경쟁을 뚫고 총리에 임명될 수 있었다고 보인다. 뚜껑 못 열었으면 어려웠을 것이다. 올해(2012) 초 무역협회장이 되기 전에는 특별한 꿈이 없었느냐고 필자가 물어봤다. 아니나 다를까 있었다. 꿈에 대통령 내외가 잠옷만 입고 한덕수 씨 부부 침실에 들어왔다. 대통령 내외가 잠옷만 입고 침실에 들어오니 깜짝 놀랄 수밖에. 그 꿈을 꾸고 나서 전혀 생각하지도 않았던 무역협회장을 맡게 된 것이다.

우주와 통하다, 미래를 보는 꿈 '선견몽'

정치인 서청원. 지뢰를 밟고 다니는 험난한 삶을 사는 정치인임에도 불구하고 이 양반은 꿈이 정확하다. 지난 총선이 끝나고 선견몽에 대한 이야기를 듣게 됐다. 투표 일주일 전에 꾼 꿈인데, 커다란 비단구렁이 두 마리가 나란히 기어가는 꿈이었다. 무늬가 아주 화려한 구렁이였다. '아하! 나하고 친한 사람 두 명이 국회의원에 당선되겠구나'라고 짐작했다. 보통 구렁이나 뱀 꿈은 길몽에 속한다. 아니나 다를까 투표함을 열어보니 두 명이 실제로 당선됐다.

그는 인생의 주요 고빗길마다 선견몽을 꿨는데, 지나고 보면 그 꿈이 거의 다 맞았다고 한다. 왜 꿈이 맞는가 하고 생각해보니 돌아

조용헌의 사주명리학 이야기

가신 부모님이 못난 자식을 도와주려는 사랑에서 비롯된 것 같아, 매일 저녁 잠을 자기 전에 벽에 걸린 부모님 사진을 향해서 '보살펴주셔서 고맙습니다.' 하고 절을 하는 습관이 생겼다고 한다.

한덕수 씨 부인의 말에 따르면 본인들이 지금 살고 있는 신문로의 단독주택에 40여 년 전 처음 이사 오기 전에도 홍수가 집을 덮치는 꿈을 꿨다고 한다. 이때는 물의 청탁(淸濁)이 기준이 된다. 맑은 물이 덮치면 좋은 꿈이고, 탁한 흙탕물이 덮치면 나쁜 꿈이다. 맑은 물이 집에 가득 차는 꿈을 꿨으니, 그 뒤로 인생행보에서 신문로 집터의 덕을 봤다고 볼 수 있다.

전남 구례의 섬진강을 걸어가다가 접하게 된 어떤 사업가의 꿈도 흥미로웠다. 이 사업가는 돈을 빌렸다가 갚지 못해서 구속될 지경에 몰려 있었다. 구속 여부를 결정하는 재판을 하루 앞두고 돌아가신 외할아버지가 낚싯대를 들고 나타나는 꿈을 꿨다. 자신이 강물에 빠져 허우적대고 있는 상황에서 도포를 입고 갓을 쓴 외할아버지가 갑자기 나타나 낚싯대 줄을 자기에게 던졌다. 그 낚시 갈고리로 허리띠를 걸어 잡아당기니, 자신이 단번에 강변의 뭍으로 끌어올려졌다. 다음 날 희한하게도 구속이 연기되는 결정이 나왔다고 한다. 이 일을 겪은 뒤로 무신론자였던 그는 제사 때마다 외조부 영전에 술잔을 정성스럽게 올려놓는 습관이 생겼다. '눈에 보이지 않는 신명(神明)의 세계가 있는 것이구나!' 하고 말이다.

필자의 꿈도 하나 소개해야겠다. 2000년 무렵에 꾼 꿈이다. 꿈에 나의 제사상이 차려져 있었다. 그런데 이 제사상의 높이가 좀 높았다. 보통 밥상이 아니라 1미터가 좀 넘는 높이의 제사상이었다. 양쪽에서 각각 아주머니 한 사람씩이 제사상에 백설기 떡과 피 묻은 돼지고기를 올려놓고 있었다. 그런데 백설기 떡은 제사상에 올려놓을 때마다 계속 쌓여서 높이 올라가는데, 피 묻은 돼지고기는 제사상에 올려놓을 때마다 바닥으로 계속 떨어지는 게 아닌가!

올려놓으면 또 떨어지고, 올려놓으면 또 떨어지는 상황이 반복됐다. 왜 백설기는 계속 높이 올라가는데, 돼지고기는 땅바닥으로 떨어진단 말인가? 무슨 조짐이란 말인가? 십수 년이 지난 지금 생각해보니까, 백설기는 글 쓰는 일이고, 돼지고기는 돈이 아닌가 싶다. 글을 써서 이름은 계속 알려지지만 돈은 되지 않는다는 사실을 예시해주는 예지몽(豫知夢)이었다.

불교 유식학(唯識學)에서는 의식(意識)을 3단계로 설명한다. 6식(識), 7식, 8식이 그것이다. 6식은 지성과 판단력을 의미한다. 7식은 에고(ego)다. 길을 가다가 갑자기 축구공이 머리를 향해 날아오면 반사적으로 몸을 숙인다. 반사적으로 몸을 숙이는 행동은 7식에서 나온 것이다. 8식이 가장 깊숙이 들어 있는 근원의식인데, 이 8식은 모든 것을 알고 있다. 우주 전체와 통하는 의식이다. 인간은 누구나 8식을 지니고 있으므로, 자기 내면에 미래를 알 수 있는 거울을 모두 갖고 있는 셈이다. 이 8식에서 영험한 꿈이 나온다.

조용헌의 사주명리학 이야기

팔자에 끌려가는 삶,
운명에 업혀가는 삶

갑부가 된 노비, 그의 축재는 어떻게 가능했나

나라의 운세가 흥할 때도 부자가 나오지만, 나라가 망해가는 난리의 시대에도 새로운 부자가 나온다. 국운이 융성할 때 등장하는 부자는 '석세스 스토리'로 포장돼 주목을 받지만, 나라가 망할 때 등장한 부자에게는 어두운 그림자가 붙어다닌다. 우리 근대사에서 그 어두운 그림자의 이름은 매국노와 친일파라는 딱지였다. 그런데 사실상 돈을 버는 일은 도덕과 윤리, 민족, 애국 등등과는 상관이 없다는 세상사의 이치를 역사는 보여주고 있다. 돈과 정신은 상관이 없다는 말이다. 이 역사적 이치를 가장 잘 보여주는 인물 가운데 하나가 공주 갑부 김갑순(金甲淳, 1872~1961)이다.

김갑순에 대한 공식적인 기록은 매우 소략하다. 여러 갈래의 구전(口傳)에서 들을 만한 내용이 전해질 뿐이다. 필자가 10년 전쯤 기차를 타고 서대전 역을 지나가다가 나이 지긋한 70대 중반의 영감님이 옆자리에 올라타면서 우연히 김갑순에 대한 이야기를 듣게 됐다. 이 영감님의 아버지가 생전에 김갑순과 교류가 있어서 김갑순에 대한 이야기를 어렸을 때부터 많이 들었다고 했다.

김갑순은 공주 장터의 주막집 주모(酒母)의 아들로 태어났다고 한다. 조선시대에 국밥과 술을 파는 주모의 아들로 태어났으면 천민(賤民)에 해당한다. 관의 심부름을 하는 관노(官奴)였다. 노비 신세로 태어난 팔자가 어디 갈 데가 있었겠는가? 10대 초반 시절부터 공주 감영의 사또(?) 요강 청소 담당으로 일을 해야만 했다. 조선시대 사또는 밖에 있는 화장실에 들락거리는 일이 귀찮으면 방 안에다가 요강을 갖다놓고 여기다가 용변을 보았다. 그러면 아랫것들이 이 요강의 똥과 오줌을 수시로 비워내고 씻어두었다.

김갑순은 하루에도 7~8회씩 사또의 방 안을 들락거리며 이 요강 씻는 일을 했는데, 부지런함과 성실함을 보여줬다. 겨울이 되면 놋쇠 요강을 씻어서 자기 품 안에 안고 있다가 사또 방 안에 갖다두는 재치가 있었다. 사또 궁둥이가 놋쇠요강에 닿을 때 차갑지 않도록 하기 위한 배려였다. 도요토미 히데요시가 오다 노부나가 말잡이를 할 때 노부나가가 신발을 자기 품 안에 넣어 따뜻하게 해서 갖다놓았다는 이야기와 비슷하다.

그는 겨울에 눈이 오면 새벽부터 감영 마당에 쌓인 눈을 부지런히

조용헌의 사주명리학 이야기

쓸었다. "갑순아! 이리 와서 화로에 손을 녹였다가 쓸어라!" 해도 "아닙니다 나으리, 이거 마저 쓸겠습니다." 이렇게 성실하니 윗사람의 인정을 받을 수밖에 없었다. 요강 당번이 최하층 천민의 더러운 일이지만, 바꿔 생각하면 윗사람들과 직접 얼굴을 대면할 수 있는 기회이기도 했다. 이렇게 윗사람의 인정을 받아서 김갑순은 공주감영의 아전(衙前)이 될 수 있었다고 한다. 천민이 가장 말단 9급이기는 하지만 공무원이 된다는 것은 노예가 시민권을 딴 셈이다.

김갑순은 공무원 월급을 타면 윗사람에게 모두 상납할 만큼 처세를 잘했다. 자신은 부스러기 부수입으로 생활을 했으니, 윗사람이 볼 때 '저놈은 참 기특하고, 사람 되었다'였다. 그러니 승진할 수밖에. 이 대목에서 또 다른 이야기가 전해온다. 김갑순이 어느 날 투전판으로 노름꾼을 잡으러 갔다가 인질로 붙잡혀 있던 젊은 여인을 구해주고 의남매를 맺었는데, 나중에 이 여자가 충청감사의 소실로 들어가게 됐고 감사에게 김갑순 이야기를 잘해서 아전이 됐다는 설도 있다.

이런 걸 보면 김갑순이 의협심도 있고 사람에 대한 인정도 있었던 모양이다. 김갑순의 인간미를 보여주는 또 다른 대목. 어느 날 석양 무렵, 공주감영에 허름한 행색의 선비가 공주 목사에 대한 면회 신청을 했다. 공주 목사의 어릴 적 친구였는데 목사가 면회를 거절했다. 면회를 거절당한 이 선비가 낙담해 터벅터벅 돌아가려는 것을 보고 불쌍하다고 여긴 김갑순이 어떤 사연으로 왔는지 묻게 됐다. "집으로 돌아갈 노잣돈은 있소?", "노잣돈이 어디 있겠소. 간신히 여기까지는 어떻게 왔는데 해는 지고 돈은 없고 돌아갈 길도 막막하오."

"공주감영에는 뭣 땜에 온 거요?", "과년한 딸을 시집보내려는데 혼수 비용이 하나도 없소. 어릴 적 친구인 공주 목사에게 어떻게 부탁을 할까 했는데 만나주지도 않는구려." 딱한 이야기를 듣게 된 김갑순은 요즘 화폐 가치로 400~500만 원 정도의 돈을 그 낙담한 선비에게 빌려줬다고 한다. "나중에 잘되면 갚으시오." 몇 년 뒤에 공주 감영으로 서울에서 보낸 심부름꾼이 김갑순을 찾았다. 호조판서께서 김갑순을 무조건 서울로 모시고 오라 하셨다는 분부였다.

서울의 품계 높아 보이는 어느 기와집에 도착해보니 집주인이 서 있는데, 그 얼굴을 보는 순간 깜짝 놀랐다. 몇 년 전에 김갑순이 돈을 보태줬던 그 선비 아닌가. 그 선비는 그 뒤로 호조판서가 된 다음에 공주감영의 김갑순에게 신세 진 것을 잊지 않고, 아전 신분이었던 김갑순을 고위 벼슬로 끌어올려줬다는 이야기도 전해진다. 김갑순이 세금을 걷는 요직인 봉세관(捧稅官)을 비롯해 충남 일대의 여러 지역 군수를 지내게 된 계기가 바로 이 호조판서 덕분이었다는 것이다.

모든 것이 조상 묏자리 덕

김갑순은 친일파였다. 그가 친일로 가게 된 계기는 무엇이었을까. 1894년에 동학혁명이 일어났다. 동학에서 가장 크고 인명 살상이 많았던 전투가 공주 우금치(牛禁峙) 전투다. 우금치 전투가 동학혁명의 분수령이었고, 이 전투에서 동학군이 일본군에게 패배해 실패하

조용헌의 사주명리학 이야기

게 된 것이다. 우금치는 현재 공주교대 뒷산에 해당하는 지역이다. 동학군 1만 1천 명과 관군이 일본 연합군 2,500명 정도와 맞붙은 전투였다. 일본군의 기관총 앞에 구식 화승총 몇 십 정과 나머지는 죽창, 쇠스랑으로 무장한 동학군은 전투를 치른 것이 아니라 거의 학살을 당했다고 봐야 한다.

동학군은 마지막에 500명 남고 다 죽었다. 김갑순은 우금치에서 처절하게 일본군에게 당하는 장면을 눈으로 직접 목격했다. 김갑순이 1872년생이니까, 1894년 동학은 그의 나이 23세 때 사건이다. 이후부터 김갑순은 '시대가 바뀌었구나. 일본에 철저하게 붙어야겠다'고 판단하지 않았나 싶다. 김갑순은 봉세관과 군수를 지내면서 돈을 모으기 시작했고, 특히 일제가 대대적으로 토지조사를 하기 시작하면서부터 요직에 있었던 그는 공주와 대전 일대의 많은 땅을 헐값에 사들이거나, 주인이 애매한 땅들은 자기 앞으로 돌려놓았다.

일제가 1910년 무렵부터 조선의 토지등기부를 작성하기 시작했는데, 그 이전까지는 대강 눈짐작으로 '네 땅 여기까지, 내 땅 여기까지'를 가늠했기 때문에 눈먼 땅이 많았던 것이다. 1930년대에 김갑순이 공주, 대전 일대에 갖고 있던 땅은 대략 1,011만 평이었다. 대전의 땅 40퍼센트가 그의 땅이었다. 1900년 초에 경부선이 대전을 통과하게 된다는 정보를 일본으로부터 미리 입수한 김갑순은 논밭과 구릉지대였던 대전의 땅을 집중적으로 매입했다. 이후 대전이 신도시로 개발되면서 땅값이 수백 배로 뛰었고, 김갑순은 떼부자가 된 것이다.

그는 1961년에 죽었으니까 90세까지 장수했다. 구한말, 동학혁명, 일제시대, 해방정국을 모두 겪은 그가 남긴 명언이 하나 있다. '민나 도로보데쓰(전부가 도둑놈이다)!' 돈이라는 것은 윤리와 도덕을 초월한다. 노비로 태어나 90세까지 장수하면서 당대의 재벌이 된 김갑순의 팔자는 드라마틱하다. 풍수가에서는 그의 조부 묘가 명당이라서 큰 부자가 됐다고 믿는다. 근래까지 그 묏자리가 전국 풍수가들의 사례 연구감이 되기도 했다.

미신업의 두 팔자, 역술가와 무속인

미신(迷信)종사업이라는 업종이 있었다. 미신에 종사하는 직업이라는 뜻이다. 1980년대까지만 하더라도 문화관광부 직업분류표에 보면 사주팔자를 보거나 점(占)을 치는 사람들은 미신종사업자로 분류됐다. 지금은 이런 표현이 바뀌었는지 모르겠다. 점을 치는 사람들도 두 가지 유형으로 분류된다. 하나는 역술가(曆術家)이고, 다른 하나는 무속인이다.

역술가는 책으로 공부해서 팔자를 보는 사람이고, 무속인은 신내림으로 즉 접신(接神)이 돼 어느 날 팔자를 보는 능력이 갑자기 생긴 사람을 일컫는다. 역술에 관한 책도 다양하고 어렵다. 『명리정종(命理正宗)』, 『적천수(滴天髓)』, 『궁통보감(窮通寶鑑)』, 『서자평(徐子平)』 등등의 고전을 섭렵해야 한다. 이 고전들을 이해해야 할 뿐 아

　　　　　　　　　　　　　조용헌의 사주명리학 이야기

니라 머릿속에 일정 부분은 암기해야 한다. 번역된 내용들도 한문투로 돼 있어 이해하기가 쉽지 않다.

이런 명리학의 고전들을 이해하려면 최소한 10년 정도는 공부해야 한다. 타고난 소질이 없으면 중도에 포기한다. '차라리 고시공부를 하고 말지 이런 거는 못하겠다'가 된다. 책으로 역술공부를 하려면 머리가 좋아야 한다는 말이다. 암기력, 종합력, 추리력이 요구된다. 그래서 절에서 고시공부하다가 호기심으로 역술책들을 보고 역술에 조예를 갖게 된 고시생들이 상당수 있다.

법조계에도 검사나 판사들 가운데 역술의 아마추어급 고수들이 있는 것을 봤다. 고시 공부하는 머리로 사주책을 보면 접근이 가능하다. 더군다나 법조계에 있다 보면 널뛰기 팔자들을 많이 목격하게 된다. 떼돈을 벌었다가 어느 날 사기죄로 구속되는 경우도 있는 등, 가지가지 인간 군상들의 인생 널뛰기를 현장에서 직접 목격하다 보니까, 자연히 팔자와 운명에 관심이 가는 것이다.

도계에게 사주팔자를 본 한 고시생이 사법시험 합격 후, 명리학이란 무엇인지 의문을 품고 공부한 뒤 쓴 『사주정설』. 이 책을 집필할 때 그는 현직 검사였다고 한다.

1970년대에 나온 『사주정설(四柱精說)』이라는 책은 지금까지도 이 분야의 베스트셀러로 자리 잡고 있는데, 그 설명방식이 군더더기가 없고 간단명료해서 보기 좋기 때문이다. 이 『사주정설』의 저자는 당시 현직 검사였다고 전해진다. 절에서 고시공부할 때부터 사주책을 보다가, 검사로 있으면서 현장 경험을 덧붙여서 본인이 아예 사주 고전을 쓰게 된 것이다.

책으로 공부해서 실력을 쌓은 역술가는 어떤 장단점이 있는가? 전체를 보는 안목은 발달하는데, 미세한 부분을 집어내는 데는 약한 경향이 있다. 어떤 사람의 사주팔자를 보고 '이 사람은 관운이 좋다', '그 관운은 40대 후반부터 오겠다', '처덕이 있다', '물장사를 해서 돈을 벌겠다', '부동산보다는 투기사업을 해야 돈을 번다', '처궁(妻宮, 아내가 있는 자리)에 불을 질러서 장가를 세 번 가겠다.' 등의 예측은 할 수 있다. 그러나 지금 당장에 내가 당면한 문제에 대해서는 맞추기가 어렵다. 쉽게 말하면 족집게 도사는 어렵다는 말이다.

족집게는 무속인 중에 많다. 점집을 찾아갔는데, 문지방을 넘어 들어가자마자 '당신 승진 문제로 왔구먼, 이번에는 승진 어려워.' 하는 식의 얘기를 던지면 그 사람은 접신된 사람이라고 보면 맞다. 역술가는 이런 식의 얘기를 못한다. 역술가는 생년월일시를 물어보고, 만세력을 보고 이를 간지로 뽑아보고, 팔자를 훑어본 다음에 그 사람의 성격, 운세 등을 얘기하는 경우가 대부분이다. 그렇지만 무속인은 생년월일시를 물어볼 필요가 없다. 얼굴을 보자마자 곧바로 따발총을 갈기듯이 얘기하는 스타일도 있고, 핵심적인 멘트 한마디만 곧바로

조용헌의 사주명리학 이야기

날리는 수도 있다.

　무속인이라도 차분하게 생년월일시를 물어보는 경우도 있지만, 이는 형식적인 요소다. 들어오자마자 곧바로 점사(占辭)를 들이대면 고객(내담자)이 얼떨떨하게 생각한다는 사실을 알고 일부러 뜸을 들이는 것이다. 뜸을 들여야 고객이 훨씬 자신에 대해 존중감을 느끼게 된다는 사실을 알고 있다고나 할까.

원조 백운학의 점발이 쿠데타를 적중

몇 년 전 필자는 중풍으로 몸이 불편하던 JP(김종필)를 서울 강남의 음식점에서 만나 세 시간가량 인터뷰를 했던 적이 있다. 5·16 전에 만난 도사가 누구였는가가 인터뷰의 화제였다. 5·16 거사를 계획하고 이를 실행할 날짜가 다가오니까 미래가 궁금하기도 하고, 만약 실패하면 어떻게 되나 하는 두려움도 있었고 하니까 용하게 맞힌다는 도사를 만나기로 했다. 거사를 불과 일주일 정도밖에 남겨놓지 않은 1961년 5월 초쯤이었다고 한다.

　죽느냐 사느냐, 성공하면 영웅이고 실패하면 반역자로 사형당할 것이라는 각오를 다지고 있을 무렵이었다. 찾아간 도사는 당시 종로의 여관에 장기간 머물면서 영업을 하던 백운학(白雲鶴)이라는 인물이었다.

　"당시 군대 동기로 같이 근무하던 석정선(石正善)이라는 친구는

예부터 우리에게 점을 치는 행위는 낯선 것이 아니었다.
서양의 고대 점성술과 마찬가지로 사주명리 역시 반복적인 자연현상에 근거한다.
그림은 오명현의 〈점괘도〉이다.

사주팔자 보는 것을 좋아했다. 석정선이 서울에서 용하다고 소문났으니까 한번 가보자고 해서 아침 일찍 석정선과 함께 백운학이 있던 여관으로 갔다. 오전 9시 넘어가면 사람이 많이 오니까 사람 오기 전에 가자고 해서 7시쯤 갔던 것으로 기억난다. 이른 시간이었는데도 불구하고 사람들이 이미 몇 명 와 있었다. 그래서 나는 방 건너편의 의자에 멀찌감치 앉아서 대기하고 있었는데, 백운학이 나를 보더니 만 대뜸 '거기 의자에 앉아 있는 손님, 이리 와보셔. 가만있자, 얼굴을 보니 세상을 뒤엎으려고 하네.' 하는 게 아닌가."

순간 JP는 엄청 당황했다고 한다. '이거 일급 기밀인데, 여러 사람 있는 데서 이런 얘기가 누설되면 큰일 나는데.' 하는 생각이 들었다. 우선 같이 간 친구 석정선도 5·16 거사 계획을 모르고 있었던 상태였다고 한다. 이 중요한 비밀을 예상 밖의 상황에서 친구한테 들킨 셈이 됐다. 이어서 백운학이 날린 멘트는 "뒤엎겠어! 성공하겠어"라는 게 아닌가. 이 말을 들으니까 한편으로는 안심도 됐다고.

백운학을 만나고 나오는 골목길에서 JP는 친구 석정선에게 다짐을 받았다. "거사 계획을 들었으니 너도 같이 가담해라." 하니까, 이 친구는 "나는 처자식이 있어서 못하겠다." 하고 발을 뺐다. "그러면 너 이 사실을 누구에게도 누설하면 안 된다. 만약 누설하면 너에게 총을 쏠 수밖에 없다." 하고 단단히 다짐을 받았다. 그 다짐을 받으며 종로 여관을 나왔던 게 벌써 50년 전이 됐다. 당시 백운학은 50대 중반의 남자였다고 한다. 족집게였다. 상대방을 보자마자 일격에 날리는 점사는 적중률이 90퍼센트쯤 됐을 것이다. 해방 이후 백운학이라는 이름을 사용한 도사는 수십 명이 넘는다.

원조 백운학은 대원군의 장자방을 했던 청도 출신 백운학이고, 이 원조 백운학이 죽은 이후로 그 후광을 이용하려고 이름을 도용했던 백운학이 수십 명이다. 1990년대 중반 YS정권 시절에 전국에서 백운학이라는 이름을 사용하는 도사를 국정원에서 조사해보니까 23명이 나왔다고 한다. 1961년 5월에 종로의 어느 여관에서 방을 잡아놓고 영업을 하던 백운학도 그 수많은 백운학 중의 하나였을 것이다. JP를 봐줬던 백운학은 책으로 공부한 역술가가 아니라, 접신이 됐던 무속인 과(科)였을 것으로 짐작된다.

접신이 되면 들어온 신이 인공위성처럼 무속인의 귀에다 대고 알려준다. '저 사람 뭣 때문에 왔다. 바로 이거다.' 하는 식이다. 하지만 접신과(接神科)는 한계가 있다. 바로 티오(TO)다. 점발에도 티오가 있는 것이다. 무한정 맞는 것이 아니다. 예를 들면 10년 동안 5만 명이 티오일 수 있다. 자동차 살 때의 워런티(보증) 기간과 비슷하다고나 할까. 이거 넘으면 잘 안 맞는다. 배터리는 유한한 법이다. 이 티오 넘어가면 상대방이 잘 안 보인다. 티오 떨어지기 전에 쫓아가서 보는 것이 지혜다.

공자는 나이 오십에 천명을 알 수 있었을까

'연월일시 기유정(旣有定)인데 부생(浮生)이 공자망(空自忙)이라',

조용헌의 사주명리학 이야기

타고난 사주팔자가 이미 정해져 있는데, 정해져 있다는 사실을 모르는 뜬구름(浮生) 같은 인생들이 공연히 스스로 바쁘다는 말이다. 필자가 30대 중반에 이 말을 처음 접했을 때에는 긴가민가했다. 운명의 비의(秘義)를 탐색하는 학문인 명리학을 한창 공부하던 시절이라서, 팔자를 완전히 부정할 수도 없었고, 그렇다고 전적으로 팔자가 있다고 확신하기에는 인생 경험이 모자라던 시절이었기 때문이다.

팔자가 정해져 있다면 노력해도 소용없는 것인가? 감나무 아래에서 입 벌리고 있으면 감 떨어지는가? 모든 게 정해진 운명이라면 인간의 자유의지는 없다는 말인가? 하는 의문이 사주학 고전인 『명리정종(命理正宗)』을 읽으면서도 머릿속에서 뭉게뭉게 일어났다.

사람이 어떤 사실이나 원리를 받아들이려면 몸과 가슴의 체험이 반드시 필요하다. 머릿속의 가설이나 이론만 갖고는 부족하다. 일단 이론이 머릿속에 들어와서 이게 가슴까지 내려가야만 확신이 서는 법이다. 머리에서 가슴으로 내려갈 때 거치는 관문이 하나 있는데, 그게 바로 눈물이라는 거다. 눈물을 흘려봐야 확실히 알아진다. 눈물을 흘리면서 확인할 때 확실히 아는 거지, 눈물 없이 도서관에서 책만 읽는다고 감히 인생이 알아지겠는가? 그래서 세월이 필요한 것 같다.

이 대목에서 등장하는 것이 공자의 '인생단계론'이다. 공자는 사십에 불혹(不惑)하고, 오십에 지천명(知天命)하며, 육십에 이순(耳順)이라고 설파했다. 나이가 들어감에 따라 인생과 세계를 이해하고 받아들이는 변화 과정을 매우 보편적으로 표현한 말이라고 한자문화권의 식자층들은 2천 년 동안 수긍해왔다. 그런데 필자는 '오십에 지천명' 대목에서 의문이 드는 게 있다. 공자는 과연 오십에 천명을 알 수 있었을까, 알았다고 한다면 자신의 천명은 무엇이라고 파악했을까 하는 의문이다.

공자는 50세를 넘긴 56세 무렵부터 69세 무렵까지 약 14년간 전국을 정처 없이 떠도는 낭인 생활을 한 팔자다. 낭인 생활이 무엇인가. 그날그날 먹을 것과 잠잘 곳을 걱정해야 하는 신세가 낭인이다. 『사기(史記)』에서 사마천은 '상갓집의 개 같은 삶을 살았다'고 공자를 평가하지 않는가. 그야말로 '개팔자처럼' 밑바닥 생활을 전전해야 했던 것이 공자 말년의 삶이었다. 그것도 자그마치 14년간이나.

공자는 주유천하(周遊天下), 즉 낭인과(浪人科) 생활로 접어들기 직전에 자신의 앞날이 매우 순탄치 않을 것이라는 예감이 있었던 것 같다. 이때 공자는 주역의 괘(卦)를 뽑아 봤다. 공자는 가죽끈이 세 번이나 끊어지도록 주역을 공부해왔던 주역 애호가였음에 비춰볼 때 점(占)을 쳐본 것은 당연하다. 사람은 자고로 딜레마에 빠져봐야 점을 쳐보는 법이다.

공자와 주역의 관계를 전문적으로 연구한 황태연 동국대 교수에 따르면 공자가 50대 중반 무렵에 뽑은 괘는 '화산려(火山旅)'였다고 한다(『공자와 세계』 3권). 위에 불이 있고, 아래에 산이 있는 형상의 괘가 화산려다. 산에 불이 난 모습이기도 하다. 왜 고대인들은 이 모양을 보고 여(旅)를 추상해냈을까? 어찌됐든 이 괘의 핵심은 여에 있다. 여인숙(旅人宿)의 여다. 나그네로 산다는 뜻이다.

조용헌의 사주명리학 이야기

끌려가기보다 업혀가는 게 낫지 않은가

공자는 자신의 앞날에 '바람을 반찬 삼고 이슬을 이불로 덮어야 하는' 풍찬노숙(風餐露宿)의 나그네 팔자가 기다리고 있다는 사실을 예감하지 않았나 싶다. 싫지만 이를 거부할 수도 없다. 오직 받아들이는 수밖에 없는 것이 우리 인생 아닌가. 공자도 거부할 수단은 없고, 오로지 자신 앞에 놓인 비포장의 험난한 팔자에 그저 순응하는 수밖에 별다른 도리가 없었을 것이다. 운명이라는데, 팔자가 그렇다는데 어떻게 하겠는가. 요즘 식으로 이야기하면 주님의 섭리가 그렇다는데 어떻게 하겠는가. 그렇다고 주님에게 맞짱 뜨겠는가?

69세에 낭인생활 종지부를 찍고 돌아와 73세에 죽었으니 불과 4년 동안 말년의 여유가 있었고, 이 말년 기간에 제자들과 함께 자신의 인생을 정리하는 저술들을 남겼던 것으로 보인다.

공자도 오십에 천명을 제대로 알기는 어려웠다고 본다. 그만큼 자신의 운명을 알기는 어렵다. 운명이 피할 수 없는 것이라면 미리 알아본들 어떤 효과가 있는가 하는 의문을 제기할 수 있다. 이 부분에 대해 희랍의 철학자 세네카가 한 말이 있다. "운명에 저항하면 끌려가고, 운명에 순응하면 업혀간다." 어차피 가기는 가는 것인데 끌려가느냐, 아니면 등에 업혀서 가느냐의 차이가 있다는 말이다. 이를 뒤집어보면 운명을 미리 알면 강제로 질질 끌려가느냐, 등에 업혀서 가느냐의 선택은 할 수 있다는 논리가 성립된다. 끌려가는 것보다는 업혀가는 게 훨씬 낫지 않은가!

팔자라고 하는, 운명이라고 하는 이 비의학(秘義學)에 접근하는 통로는 여러 가지 길이 있다. 필자도 여러 가지 길이 있다는 사실을 파악하는 데만 줄잡아 20년은 걸린 것 같다. 이 길 저 길 가서 아니면 되돌아오고 시행착오를 겪느라고 수업료도 상당히 지불했다.

그 길을 아는 방법은 여러 가지다. 첫째, 자신의 꿈이다. 중요한 사건 사고는 자신이나 또는 주변 가족의 꿈에 미리 예시되는 경우가 많다. 둘째, 접신(接神)된 샤먼(무당)을 만나 아는 방법이다. 셋째, 명리학 또는 주역을 공부해 아는 방법이다. 넷째, 정신수양을 많이 한 스승을 만나 아는 방법이다. 이 가운데 역술 전문가들을 찾아가서 자신의 팔자를 감정 받아보는 방법이 가장 대중적인 방법이기도 하다.

역술가의 3단계 수준

역술가의 수준은 대략 3단계로 나뉜다. 첫째는 칼잡이 수준이다. 십몇 년 전에 어떤 조폭을 만났는데, 이 조폭이 양복 윗도리 안쪽에 여러 개의 칼을 꽂아 갖고 다니는 모습을 본 적이 있다. 왼쪽 주머니에 서너 개, 오른쪽 주머니에 두세 개를 갖고 다녔다. 상대를 제압하려고 할 적에는 칼을 갖고 있는 양복 윗도리를 활짝 열어젖힌다. 양쪽에 꽂힌 칼들을 상대에게 보여주는 것이다. '나 이렇게 칼이 많아.' 칼을 자랑하는 셈이다.

명리학에서 말하는 칼은 책 또는 자기가 공부한 스승을 지칭한다.

어떤 역술가를 만나면 "내가 그동안 명리학 공부하면서 읽은 책이 이렇게 많아." 하고 자랑한다. 『서자평』, 『명리정종』, 『궁통보감』, 『적천수』, 『초씨역림(焦氏易林)』 등등에 나오는 문구들을 입에서 줄줄 인용한다.

이론상으로는 명리학 박사급이다. 격국(格局)이 어떻고, 용신(用神)이 어떻고를 논한다. 이론에는 해박하지만 정작 실전 사주풀이에 들어가면 적중률이 떨어진다. 재물복이 없는 사람을 재물이 많다고 예측하기도 하고, 운이 좋지 않은 해에 오히려 운이 좋다고 단정해 낭패를 보게 만든다. 이론은 해박하지만 실전에는 약한 수준이 바로 칼잡이 단계다. 칼은 많지만 고기를 제대로 썰지 못한다.

그러다가 어느 단계에 이르면 보유했던 칼을 모두 버린다. 그리고 10킬로그램짜리 해머 하나만 챙겨든다. 해머를 어깨에 메고 강호를 다니다가 적수를 만나면 이 해머로 상대방을 가격한다. 이게 해머급 단계라고 하는 것이다. 상대를 만나면 "당신 지금 다니던 직장을 그만두고 다른 분야로 가겠구먼!"이라고 한마디 내뱉는다. 해머급은 핵심적인 멘트 한마디 정도는 거의 적중하는 단계를 일컫는다.

인생 팔자, 과연 고치거나
바꿀 수는 있는 것일까

간절한 사람이 약발을 받는 법

팔자를 바꾸는 방법 가운데 하나가 스승을 만나는 경우다. 어떻게 해야 스승을 만날 수 있는 것인가? '나에게는 이 시점에서 스승이 정말 필요하다'는 간절한 생각을 항상 품고 있어야 한다. 간절한 생각이 없으면 옆에 스승이 있어도 모른다. 제자가 준비가 돼 있을 때만 스승이 나타난다. 준비라는 것은 충고를 받아들일 만큼의 자기성찰과 겸허한 마음, 그리고 자기가 무엇이 부족한지에 대한 스스로의 인식이 있어야 한다는 것이고, 그래야 스승의 지도를 수용할 수 있다. 그렇지 않으면 튕겨버린다.

여자 사업가 K씨. 사업하면서 여러 가지 한계 상황을 느끼다 보니

조용헌의 사주명리학 이야기

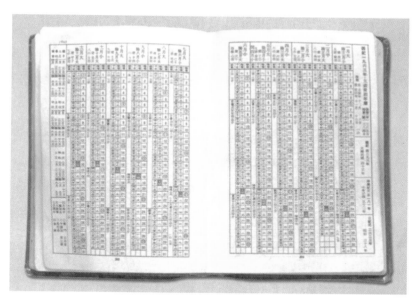

만세력은 사주팔자를 보려면 꼭 필요한 달력이다. 일명 염라대왕 장부책으로 생년월일시를 육십갑자로 표
시했다. 만세력이 없으면 사주를 볼 수 없다.

까, 항상 자기를 바른 길로 지도해줄 스승을 찾았다. 그러다가 필자
소개로 어느 도사를 알게 됐는데, 그 도사는 '팔공산 도사'였다. 도사
를 소개해줘도 대강 한두 번 스치는 인연으로 끝내는 사람도 많은데,
K씨는 팔공산 도사의 말에 귀를 기울이면서 하라는 대로 잘 따랐다.

어느 날 K씨는 전원주택을 하나 사게 됐다. 그의 남편이 서울에서
직장생활을 하다 보니까, 서울을 떠나 시골의 한적한 야산 밑에서 집
을 하나 짓고 사는 것이 소원이었다. 하지만 K씨의 자금 사정이 압박
을 받아 빚만 늘어나 있는 상태에서 새로 전원주택을 구입할 여력이
도저히 없었다. 그래도 남편은 시골집을 하나 갖기를 소망했다. 팔공

산 도사에게 이 문제를 상의했다. "지금 사정이 어려워도 초가집을 하나 사주시오. 빚을 내서라도 사주는 것이 좋습니다. 남편이 타고나기를 명(命)이 짧게 타고났는데, 시골에다가 조그마한 집을 하나 사면 수명을 연장할 수 있을 것입니다."

집을 하나 사는 것이 어떻게 수명 연장과 연결될 수 있다는 말인가. 얼른 이해가 안 됐지만, 도사님 말씀이니까 하라는 대로 따랐다. 설령 연장이 안 되더라도 남편에게 벤츠 한 대 사준 셈치고 은행 대출을 받아 덕유산 자락에다가 어떤 사람이 살다가 내놓은 조그만 별장을 구입했다. 남편은 어린애처럼 좋아했다. 시간만 나면 서울에서 평일에도 밤늦게 차를 몰고 와서 이 집을 고치고 다듬었다. 남편이 건축 관련 일을 하고 있었기 때문에 본인이 손수 집을 고치는 데 열성이었던 것이다.

어느 날은 집의 축대를 고쳐야만 했다. 축대를 좀 더 확장하기 위해서였다. 그런데 남편 회사에서 해외에 출장 갈 일이 생겼다. 남아프리카공화국에서 수주한 공사가 하나 있었는데, 현장 실사를 나갈 일이 생겼던 것이다. 아프리카는 평소에 가보고 싶었던 곳이고, 케이프타운은 꼭 한번 여행하고 싶었던 지역이었다. 거기에다가 출장경비 1만 달러를 전액 회사가 부담해주는 좋은 조건이었지만, 이 남편은 아프리카에 출장 가는 일을 포기했다. 덕유산 집의 축대를 공사하는 중이었기 때문이다.

공사 인부들 불러다놓고, 자기만 몸을 빼서 보름 일정의 아프리카 여행을 갈 수는 없는 노릇이었다. 말하자면 집 고치는 일이 아프리카가는 일보다 더 좋았다고나 할까. 그래서 이 남편 대신에 직장의 다른 후배가 출장을 갔다. 그 후배는 출장을 가면서 "선배님 대신에 저를 갈 수 있게 해주셔서 고맙습니다. 케이프타운에 가면 어떤 선물을 사다드릴까요? 원두커피를 사다드릴까요?"라고 말했다.

그러나 며칠 후에 청천벽력 같은 비보가 들려왔다. 아프리카에 출장 갔던 후배가 죽은 것이다. 자동차가 갑자기 도로에서 벗어나 절벽에서 추락하는 사고가 났다. 자동차에 탑승했던 인원 전부가 사망한 참혹한 사건이었다. 새벽에 전화로 이 사고 소식을 전해 듣는 순간 그 부부는 가슴이 얼어붙는 듯한 충격을 받았다.

현실적인 태음인 예언 잘 안 믿어

'아! 내가 죽는 팔자였구나!' 만약에 집의 축대를 고치는 일을 벌이지 않았으면 거기에 가서 죽을 운명이었다는 깨달음이 왔다. 그 깨달음은 부인인 K씨에게 절절하게 다가왔다. 팔공산 도사가 집을 사야만 남편 명을 잇는다는 말을 부인에게만 은밀하게 전해줬던 것이다. 부인은 남편에게 '이 집을 사면 당신 명을 잇는다'와 같은 이야기는 하지 않았다. 남편이 이런 예언을 믿지도 않을 뿐더러, 자기 명 짧다고 하면 기분 좋다고 할 사람 아무도 없다. 거기에다가 '저 여자가 자기 남편 좋아서 집을 산 게 아니라, 엉터리 도사 말 믿고 집을 산 것이다'라는 조롱을 듣기 싫어서였다.

이런 상황에서는 아무리 부부간이라도 말을 하지 않고 보안을 지키는 것이 지혜로운 태도에 속한다. 왜냐하면 체질적으로 여자는 점(占)을 좋아하고, 남자는 카지노(현찰)를 좋아하는 경향이 있기 때문이다. 남자 체질 중에서도 예언과 점을 가장 밝히는 체질은 태양인이다. 태양인은 멀리 내다보는 일을 중시하기 때문에 주역과 도사, 그리고 예언을 좋아한다. 반대로 태음인이 가장 점을 믿지 않는다. 태음인 중에는 눈앞의 현실만을 숭배하는 철저한 리얼리스트가 많기 때문이다. 눈에 보이지 않는 것은 일단 믿지 않는다는 것이 태음인의 인생관이다.

태음인 다음으로는 소음인이 점을 믿지 않는다. 눈앞의 현실에 충실하자는 것이 소음인의 가치관이다. 결과만을 놓고 보면 이 경우는 집을 사서 남편의 명을 이었다고 볼 수 있다. 팔자의 스리쿠션은 이렇게 미묘한 부분을 함축하고 있어서, 그 과정을 처음부터 합리적으로 이해하기가 쉽지 않다.

실력 있는 도사를 만나야

필자도 한번 이 팔공산 도사의 도움을 받았던 적이 있다. 2006년은 육십갑자로 병술(丙戌)년이었는데, 이 병술은 오행으로 풀면 불이 폭발하는 해였다. 필자 팔자에는 불이 많이 들어 있어서, 불을 피하고 물을 만나야만 운이 좋아진다. 그래서 이 병술년이 오는 것을 아주 두려워했다. 불에다 또 불을 붓는 격이었기 때문에 어떤 불길한 사건이 올지 두려웠다. 필자는 그 사건이 혹시 자동차 사고 같은 일로 오지 않을까 하고 방비를 했다. 차를 아주 조심했다.

그러나 사건은 몸에서 왔다. 병술년에 심장이 안 좋아지기 시작했던 것이다. 심장은 오행으로 불(火)에 해당한다. 불이 과도해지니까 심장이 약해지기 시작했던 것이다. 이 시기는 필자가 신문 칼럼 연재에 한창 열중해 있을 때였다. 일주일에 서너 개의 칼럼을 써댔으니 아무리 건강한 몸이라도 과부하가 걸릴 상황이었다. '과도한 글쓰기가 내 몸을 망쳤구나! 얻은 것은 허명(虛名)이요, 잃은 것은 건강이로다!' 이런 신세 한탄을 하면서 신문 연재를 중단하려고 마음먹었었다.

그때 문제의 팔공산 도사가 한마디 조언을 해줬다. "조 선생님, 글 쓰는 일은 중단하면 안 됩니다. 조상의 영혼들이 시키는 일이므로 칼럼 쓰다가 죽는 일은 절대 없습니다. 지금 중단한다 하더라도 조금 쉬면 다시 또 써야 할 팔자입니다. 어차피 쓸 일 같으면, 힘들더라도 견디면서 계속 쓰는 게 낫습니다."

당시 필자는 이 한마디 말에서 많은 위로와 안심을 얻었다. 아울러 팔공산 도사는 이사를 권했다. 살고 있는 집을 옮기는 것도 운을 바꾸는 방법 중 하나에 속한다. 혹시나 저승사자가 찾아오는 일이 발생할지라도, 번지수가 바뀌면 저승사자가 길을 잃고 만다. 그래서 운 나쁠 때는 이사 가는 것도 운을 바꾸는 전통적인 처방 가운데 하나다. 삶의 위기상황에서 실력 있는 도사를 만나는 것도 커다란 인연복이라고 생각한다.

팔자 고치는 여섯 가지 방법

인도철학에서 오랜 시간 동안 논쟁을 했던 주제가 결정론이다. '운명이 이미 결정되어 있는가, 아니면 중간에 바꿀 수 있는가'이다. 바꿀 수 없다는 입장이 인중유과(因中有果)론이고 바꿀 수 있다는 입장이 인중무과(因中無果)론이다.

인중유과론의 주장은 원인(因) 가운데 이미 결과가 내장돼 있다는 것이다. 어떤 행위를 하는 순간에 이미 그 결과가 정해진다는 입장이다. 따라서 좋은 행위를 하면 나중에 좋은 결과가 오고, 나쁜 행위를 하면 언젠가는 거기에 상응하는 나쁜 결과가 온다. 완전히 결정론이다. 그 결정의 배후에는 원인이 문제가 된다고 보는 원인중시론이 깔려 있다. 애시당초 행동을 잘해야 한다.

인중무과는 입장이 다르다. 원인 가운데 결과는 없다는 것이다. 중간에 바꿀 수 있다는 입장이다. 인중무과의 입장은 인간의 자유의지나 노력에 의해 팔자를 바꿀 수 있다고 본다. 유과론과 무과론이 박 터지게 싸우다가 타협을 본 중재안이 7.3론이다. 운칠기삼(運七技三)이 그것이다. 결정된 요소가 70퍼센트, 노력이 30퍼센트라는 설이다.

필자의 생각은 팔자론에 기운다. 팔자가 정해져 있다. 어지간해서는 바꿀 수 없다. 자기 팔자대로 산다. 그래서 9.1론을 생각한다. 그렇다면 바꿀 수 있는 방법은 전혀 없는가? 10퍼센트는 있다. 그 10퍼센트 방법이 무엇인가?

첫째는 적선(積善)이다. 서울 경찰청 근방의 동네 이름이 적선동

(積善洞)이다. 참 좋은 동네 이름이다. 다른 사람의 가슴에 저금을 들어놓는 것이 적선이다. 고아원에 돈을 갖다주는 것도 적선이지만, '자기가 죽이고 싶은 사람을 죽이지 않고 용서해주는 것'이 좀 더 효과 높은 적선이라고 한다. 재물로 하는 적선도 있지만, 마음으로 배려해주는 것도 적선이다. 평소에 성질 안 내는 것도 적선이고, 고통을 들어주는 것도 적선이다.

적선이라는 것은 주변 사람들이 자기에게 우호적인 감정을 갖도록 투자하는 이치와 같다. 주변이 우호적인 사람들로 둘러싸여 있으면 그 사람은 덕(德)이 있는 사람이다. 따라서 덕이 있다는 것은 자기 둘레에 우호적인 사람의 층이 두껍게 쌓여 있는 것을 말한다. 외호(外護)가 두텁다는 말이다.

둘째는 스승을 만나야 한다. 스승이 있고 없고는 결정적인 순간에 차이가 난다. 인생의 중요 고비에서 이쪽인가 저쪽인가를 고민할 때 상의해주고 해법을 제시해줄 수 있는 스승을 만난다는 것은 대단한 인연이자 복이다. 전두환 전 대통령은 스승이 없었기 때문에 광주 5·18 민주화운동에서 사람이 죽는 불행한 일이 일어났던 것이다. 그때 스승이 있었더라면 '지금 가만히 있어도 정권은 네 손에 들어오게 된다'는 충고를 들었을 것이다. 그렇다면 1980년 광주의 비극은 없었다고 여겨진다. 스승이 없으니까 자기 맘대로 서두르다가 천추에 씻지 못할 불명예를 남겼다.

만약에 이성계를 도왔던 무학대사 같은 인물이 주변에 있었더라면 전두환 전 대통령이 그런 섣부른 행동을 하지 않았을 것이다. 스승은 제자가 찾아나서야 발견된다. '스승이 있었으면 정말 좋겠다'는 마음이 간절해야만 스승이 생기는 법이다. 그래서 옛날 도인들은 스승 좀 만나게 해달라고 전국의 명산을 돌아다니며 산신(山神) 기도를 했다고 전해진다.

셋째는 독서다. 독서는 역사적으로 뛰어난 인물들과 대화를 나누는 일이다. 운이 나쁠 때는 밖에 나가지 말아야 한다. 운이 좋지 않을 때 밖에 나가면 대부분 재수 없는 사람을 만나기 쉽다. 운이 좋을 때는 길바닥에서도 자기 도와주는 사람을 만나지만, 운이 좋지 않을 때는 만나는 사람마다 사기꾼이기 쉽다. 이때는 집 밖을 나가지 말아야 한다. 집에서 독서나 하면서 시간을 보내는 것이 좋다.

1970년대 정보부장을 지내며 권세를 휘둘렀던 이후락 씨. 이후락 씨는 박정희 전 대통령이 죽고 난 뒤에 자기 시대가 끝났음을 절감하고 이천의 도자기 공장으로 숨었다. 밖으로 나오지 않았다. 만약에 국회의원을 해야 되겠다고 밖으로 나왔다면 노후가 편치 못했을 것이다. 이후락 씨는 자기가 잘나가던 전성기 때에도 여러 고승이나 도사들을 찾아다니며 수시로 앞날 운세에 대해 자문했다. "내 운이 언제까지입니까?" 그런 다음에 운이 갔다고 여겨지니까, 이천 도자기 공장에서 도자기나 만들든지 아니면 고금의 역사책을 몽땅 갖다놓고 봤을 것이다. 권력을 누렸지만 누구에게 크게 보복당하지도 않고 비교적 천수를 누리며 고향에서 죽었다. 이것도 지혜다.

조용헌의 사주명리학 이야기

넷째는 기도다. 하루에 한 시간씩 기도, 명상, 참선을 하는 것도 팔자를 바꾸는 방법이다. 브레이크가 없으면 부딪치기 십상이다. 하루에 한 시간씩 브레이크 밟고 자기를 되돌아보면 아무래도 실수가 적어진다. 기도가 어려우면 한 시간씩 운동을 하는 것도 방법이다. 자본주의 사회에서 중년에 운동하지 않으면 십중팔구 병에 걸리게 된다. 필자는 아주 바쁠 때는 음식점 방석에서라도 앉아 몇 가지 요가 자세를 취한다. 옆에서 보든지 말든지 상관 안 한다. 쟁기 자세와 후굴 자세, 그리고 파스치모타나 아사나(전굴 자세)를 취한다. 몸이 시원해진다. 식전에 10분이라도 한다.

다섯째는 명당을 써야 한다. 명당에는 음택(陰宅)과 양택(陽宅)이 있다. 음택은 묫자리고 양택은 집터다. 시대가 바뀌어서 음택은 쓰기가 어렵게 됐다. 화장이 대세다. 화장을 하면 무해무득(無害無得)이다. 왜냐하면 뼈(骨)를 불에 태워버리면 뼈에 붙어 있던 백(魄)이 사라진다. 혼(魂)은 사람이 죽기 일주일 전쯤에 하늘로 올라간다. 옛날 어른들의 '불 나간다'는 말은 혼불이 나가는 모습을 보고 한 말이다. 그 대신 백은 뼈에 붙어서 묫자리 속에 보존되는데, 이 뼈를 매개체로 해서 망자(亡者)와 후손이 교신을 한다.

명당에 들어가면 "나 잘 있다 오버. 너 사업 잘돼라 오버"로 무전을 때린다. 만약 물이 있는 묫자리에 들어가면 "나 물속에서 물 먹고 있다. 너 부도나라 오버, 너 교통사고 나라 오버"로 무전을 때린다. 화

동양학에서 천문이 시간이라면 풍수는 공간을 의미한다. 풍수에서 가장 중요한 부분은 지령(地靈)의 문제다. 사진은 같은 동양권인 베트남에서 만들어진 소형 패철(佩鐵)의 모습이다. 이사하거나 집 안에 가구를 배치할 때 사용했다.

장을 해버리면 이 무전기를 폭파해버리는 셈이다. 골치 아픈 전화는 받지 않는 것이 최고다. 그래서 화장을 하면 해도 없고 득도 없는 것이다.

집터(양택)가 명당이면 잠자리가 편안하다. '백(百) 커피가 불여일숙(不如一宿)'이라는 말도 있다. 백 번 커피 마시는 것보다 한 번 잠자보는 것이 더 중요하다는 뜻이다. 집터도 마찬가지다. 잠을 자봐서 숙면이 되고 편안하면 명당이다. 이런 명당에서 살아야 승진도 하고 돈도 생긴다. 우선 명당에서 살면 건강해지기 때문이다. 그 집터가 명당인지 아닌지를 잠을 자보기 전에 아는 방법은 없는가? 있다. 꿈이다.

그 집터를 보고 와서 다음 날 꿈을 꿨는데, 큰 구렁이가 꿈틀거리

조용헌의 사주명리학 이야기

는 꿈을 꿨다든지, 조상이 나타나 열쇠를 줬다든지 하는 꿈을 꾸는 수가 있다. 이런 집은 자기가 들어가서 살아도 좋다는 뜻이다. 인연이 있다. 명당이라는 판단을 해도 좋다. 이런 영몽(靈夢)은 대개 여자들이 꾼다. 와이프가 꿈도 못 꾸면 남편이 큰 사업을 하기 힘들다.

팔자를 바꾸는 여섯 번째 방법은 자기 사주팔자를 아는 것이다. 내 팔자가 밴텀급인지, 웰터급인지, 미들급인지를 알아야 한다. 그러면 크게 헛손질을 하지 않는다. 내 팔자는 관운이 있으니까 돈은 적게 벌더라도 조직생활을 해야겠구나, 내 팔자는 물이 많으니까 요식업이나 유흥업을 해야겠구나 하는 것을 대강 알고 있으면 아무래도 고생을 덜 한다.

이상의 여섯 가지가 지난 20년 동안 필자가 고금의 문헌들을 보고 주변 사례들을 목격하면서 정리한 팔자 바꾸는 방법이다.

사진 백종하

중앙대학교 사진학과와 동 대학원을 졸업하였다. 1980~90년대 농촌을 기록한 〈비탈〉, 해인사 팔만대장경을 기록한 〈고려팔만대장경〉, 선(禪) 풍경을 담은 〈경계〉〈흐름〉〈달을 보다〉〈무상(無常)〉 등 10회에 걸쳐 개인전을 열었으며, 단체전 참여도 20여 회 했다. 국립현대미술관, 강원도청, 고토갤러리 등에 작품이 소장되어 있다. 우리 고유의 문화를 사진으로 기록하고 재해석하는 작업을 지속적으로 하고 있으며 현재 프리랜스 사진가로 활동하고 있다.

조용헌의 사주명리학 이야기

1판 1쇄 발행 2014년 5월 9일
1판 14쇄 발행 2024년 3월 13일

지은이 조용헌
사진 백종하

발행인 양원석
편집장 김건희
영업마케팅 조아라, 이지원, 한혜원

펴낸 곳 ㈜알에이치코리아
주소 서울시 금천구 가산디지털2로 53, 20층 (가산동, 한라시그마밸리)
편집문의 02-6443-8902   **도서문의** 02-6443-8800
홈페이지 http://rhk.co.kr
등록 2004년 1월 15일 제2-3726호

ISBN 978-89-255-5275-0 (03150)